Markus Lindermayr | Janne Jörg Kipp | Christoph Schnabel

Inflation oder Deflation?

Markus Lindermayr
Janne Jörg Kipp | Christoph Schnabel

Inflation oder Deflation?

So schützen Sie sich vor allen Szenarien

FinanzBuch Verlag

Bibliografische Information der Deutschen Nationalbibliothek
Die Deutsche Nationalbibliothek verzeichnet diese Publikation in der Deutschen Nationalbibliografie;
detaillierte bibliografische Daten sind im Internet über **http://d-nb.de** abrufbar.

Für Fragen und Anregungen:
lindermayr@finanzbuchverlag.de
kipp@finanzbuchverlag.de
schnabel@finanzbuchverlag.de

1. Auflage 2012

© 2012 FinanzBuch Verlag, ein Imprint
der Münchner Verlagsgruppe GmbH
Nymphenburger Straße 86
D-80636 München
Tel.: 089 651285-0
Fax: 089 652096

Satz: HJR, Manfred Zech, Landsberg am Lech
Druck: CPI, Ebner & Spiegel, Ulm

ISBN 978-3-89879-637-8

Weitere Infos zum Thema
www.finanzbuchverlag.de
Gerne übersenden wir Ihnen unser aktuelles Verlagsprogramm

INHALT

EINE GEBRAUCHSANWEISUNG ...

Meine Absicht als Buchautor ist es, jeden Leser − unabhängig von seinem Bildungsstand − bei jedem Gedankengang mitzunehmen. In diesem Buch werden also weder Hochschulabschluss noch Kenntnisse in höherer Mathematik noch kaufmännische Kenntnisse vorausgesetzt, jedoch erfordert es von einem Leser ohne wirtschaftliche Vorbildung schon eine gewisse Konzentration und auch etwas Arbeit. Womöglich wird es notwendig sein, auch mal einen Begriff im Lexikon nachzuschlagen.

Mein Ziel ist, mit diesem Buch in möglichst unterhaltsamer Weise dem ganz »normalen« Menschen den Einstieg in die ökonomische Gedankenwelt zu ermöglichen; denn Kenntnisse von Geld, Kredit und Wirtschaft sind für den mündigen Bürger unverzichtbar. Die jüngsten Krisen des Finanzsystems haben den Menschen die Tragweite ökonomischer Entscheidungen und die Bedeutung der Rolle des Geldes vor Augen geführt. Die meisten haben jedoch das unbehagliche Gefühl, dass sie nicht wirklich verstehen, was geschieht und welche Auswirkungen die Entscheidungen unserer Volksvertreter eigentlich haben. Mit diesem Buch möchte ich dazu beitragen, dass sich der Leser eine eigene Meinung zu ökonomischen Themen bilden kann. Als Käufer dieses Buches erwarten Sie zu Recht einen echten Nutzen für sich selbst.

Das erste Kapitel, »Economix-4-you«, beginnt mit einer Einführung, die Neulingen einen Einblick in die ökonomische Gedankenwelt verschaffen soll. Im zweiten Kapitel vertiefen wir das Wissen um Geld, Kredit und Wirtschaft. Im dritten Kapitel des Buches geht es um historische Episoden von Inflation und Deflation. Im darauf folgenden Kapitel »Deflation und die Natur des Zyklischen« zeige ich die großen Muster hinter der Geschichte auf. Im fünften Kapitel wird beleuchtet, was eine Deflation im modernen Geldsystem kennzeichnet. Im sechsten Kapitel schildere ich die globalen Trends in Gesellschaft und Ökonomie, um dann im siebten Kapitel über verschiedene Basisszenarien für die Weltwirtschaft zu spekulieren, die aus den Ungleichgewichten der Weltwirtschaft resultieren könnten. Im Folgekapitel »Wohin mit dem Geld?« wird analysiert, wie sich Investoren auf solche Szenarien einstellen sollten.

Wichtige Fachbegriffe und Schlagwörter werden im Text *fett kursiv* dargestellt. Zusammenfassende Abstraktionen werden ebenfalls fett hervorgehoben, damit der Leser den wesentlichen Sachverhalt trotz weiterer, detaillierter Ausführungen schnell erfassen kann. Ich empfehle Ihnen, die einzelnen Kapitel des Buches in ihrer Abfolge zu lesen, da die jeweils erläuterten Begriffe in den Folgekapiteln als bekannt vorausgesetzt werden.

... UND EINE EINLEITUNG ZUM THEMA

Bereits im Jahr 1999 hat der renommierte Ökonom Paul Krugman in seinem Buch »Return of Depression Economics« (deutscher Titel: »Die große Rezession«) auf die Gefahr einer deflationären Entwicklung der globalen Wirtschaft hingewiesen. Vor dem Erscheinen des Buches hatten die asiatischen Volkswirtschaften eine heftige Wirtschafts- und Finanzkrise durchlebt. Ökonomen wie Krugman sahen in der »Asienkrise« zu Recht einen Vorboten weiterer, zukünftiger Krisen. Sie befürchteten für die Zukunft eine Situation, in der die einbrechende Nachfrage nicht mehr durch die stimulierende Wirkung fallender Zinsen aufgefangen werden kann, weil die kurzfristigen Zinssätze bereits nahe bei null angekommen sind. Diese befürchtete Situation, in der selbst Nullzinsen die Kreditvergabe nicht mehr beleben können, nennt man in der Ökonomie *»Liquiditätsfalle«*. In einer Welt, in der fast alles Geld durch Kredit entsteht, ist es natürlich brisant, wenn das Volumen aller Kredite zurückgeht. Die Folgen wären eine fallende Geldmenge und geringere Nachfrage. Die Preise und Einkommen fallen mit der Nachfrage. Es droht die Gefahr einer deflationären Depression.

Krugman hatte drei Patentrezepte formuliert, um zukünftige Nachfragekrisen dieses Typs zu verhindern:

Erstens: schnelle Leitzinssenkungen – notfalls bis auf 0 %. **Zweitens:** massive staatliche Defizite, um die Wirtschaft anzukurbeln. **Drittens** sollten die Notenbanken, wenn all dies nicht mehr hilft, neues Geld über den Kauf von Anleihen schaffen.

Der erste Pfeil im Köcher dieser Nachfragepolitik, durch niedrige Zinsen und immer weitere Kreditexpansion den Nachfragerückgang umzukehren, führte um die Jahrtausendwende zu einer gewaltigen globalen Aktienmarktblase. Besonders irrational waren damals Technologieaktien bewertet. Von Januar 1995 bis Januar 2000 stieg der Index amerikanischer Hochtechnologie-Aktien von 817 auf 4.573 Punkte, also um ca. 460%. Beim folgenden Crash fiel der Index dann bis Ende Juni 2002 wieder auf 1.172 Punkte. Die Nachfrage nach Technologieaktien war global. Auch der »Neue Markt« in Frankfurt folgte diesem Trend.

Als Reaktion auf das Platzen der Aktienblase besann sich die Federal Reserve unter Führung von Alan Greenspan auf das altbewährte Rezept und versuchte, mit niedrigsten Zinssätzen die Wirtschaft wieder anzukurbeln.

Dadurch wurde die bisher größte Immobilienblase der USA geschaffen. Deren Platzen im Jahr 2007 führte zu einer weltweiten Kreditkrise. Dieses Mal war die Situation so gravierend, dass auch das zweite und dritte Rezept Krugmans zum Einsatz kamen.

Weltweit reagierten die Notenbanken mit einer ultralockeren Geldpolitik. Fast alle Staaten mussten massive Haushaltsdefizite in Kauf nehmen, um die wirtschaftliche Nachfrage zu stabilisieren. Den Kollaps des Finanzsystems vor Augen, kaufte die US-Notenbank große Mengen am Markt unverkäuflicher Anleihen aus den Büchern von großen amerikanischen Handelsbanken. Unter der Regie des neuen Fed-Vorsitzenden Ben Bernanke wurde dann durch Käufe von US-Staatsanleihen eine gigantische Anleihenblase geschaffen. Die Fed (Federal Reserve) als »Hüterin der Weltreservewährung« hat die ganze Weltwirtschaft auf diesen Ritt mitgenommen. Wie vorauszusehen war, verbreitete sich diese Geldflut schnell weltweit und löste überall Booms und Spekulationen aus.

Die Nebenwirkungen dieser Nachfragepolitik nach den Rezepten von Krugman und Co. werden immer sichtbarer. Die Staatschulden steigen in vielen Staaten deutlich stärker als die Volkseinkommen. In der Zukunft könnten die Folgen dieser Politik noch verheerender sein.

Die Wurzeln des Problems reichen weit in die Vergangenheit zurück. Seit dem Ende des Zweiten Weltkriegs expandieren Wirtschaft und Kredite. Doch in den letzten drei Jahrzehnten hat das Wirtschaftswachstum in den führenden Industriestaaten mit der Expansion der Geldmenge nicht mehr Schritt halten können. Besonders akut scheint die Situation in den USA, wo infolge der Immobilienkrise die Verschuldungsfähigkeit der Privatwirtschaft das Ende der Fahnenstange erreicht hat.

Nur dank massiver Staatsverschuldung konnte das Rad noch einmal weitergedreht werden. Betrachtet man die ungeschminkten Zahlen, so stagniert die US-Wirtschaft trotz der Nullzinspolitik. Um eine deflationäre Depression abzuwenden, wurde das dritte Rezept Krugmans angewendet. Der verzweifelte Kniff bestand darin, dass die Notenbank mit frisch erzeugtem Geld Anleihen kaufte und dadurch die Geldmenge extrem aufblähte. Auf der Kaufliste standen Ramschpapiere und US-Staatsanleihen, die am Markt nicht mehr verkäuflich waren.

Wie wird diese größte Kreditexpansion aller Zeiten enden?
Werden die USA die Kredite durch eine Geldflut entwerten und anschließend eine Währungsreform durchziehen – oder wählen sie den harten Weg der Haushaltssanierung und damit die Deflation? Werden die Gläubiger der USA direkt per »Schuldenamnestie« (Bankrott) zur Ader gelassen? Werden die Gläubiger nach historischem Vorbild in Stellvertreterkriege verwickelt? Und was geschieht mit den anderen hoch verschuldeten Staaten? Zuletzt bleibt nur die Hoffnung, dass weltweite Kooperation und ein starkes, globales Wachstum die verschuldeten Staaten aus dem Sumpf ziehen.

Markus Lindermayr

August 2011

15

Teil I

Markus Lindermayr

mit Christoph Schnabel

Markus Lindermayr (links) ist Chefredakteur der *Lindermayr's Depesche*, eines Onlinediensts zu Fragen der Vermögenssicherung. Zudem schreibt er regelmäßig zum Thema Nebenwerte für den Börseninformationsdienst GeVestor.

Christoph Schnabel (rechts) ist Geschäftsführer der Falken GmbH, die als Herausgeber der *Lindermayr's Depesche* fungiert. Schnabel publiziert wie Lindermayr auch regelmäßig Beiträge auf dem Nebenwerte-Portal von GeVestor.

A. Economix-4-you – Elementares Grundwissen für Leser und Staatsbürger

In diesem ersten Kapitel werden alle wichtigen Begriffe erklärt, die in den weiteren Abschnitten des Buches verwendet werden. Dem Leser wird empfohlen, diesen Teil vor dem Hauptteil zu lesen, auch wenn er es vor Spannung kaum aushalten kann und sich lieber auf die wesentlichen Aussagen konzentrieren will. Vor allem für den ökonomischen Laien ist es unabdingbar, sich zunächst mit den grundlegenden Begriffen zu befassen. Die Theorie mag hier und da grau sein, aber nur mit ihr erschließen sich die oft komplexen Vorgänge im weltwirtschaftlichen Geschehen. Dem Leser ohne ökonomische Vorbildung empfehle ich zudem, die einzelnen Kapitel dieses Buch in ihrer genauen Abfolge zu lesen. Nehmen Sie sich so viel Zeit, wie Sie dazu brauchen. Sie werden im Verlauf der Lektüre mit Erkenntnissen belohnt, die Ihre Sicht auf die Welt verändern werden und Ihnen zudem helfen, mit dem, was auf uns alle zukommt, besser umzugehen.

Da eine komplexe Wirtschaft mit Geld eine arbeitsteilige Gesellschaft voraussetzt, soll mit dem Begriff der *Arbeitsteilung* begonnen werden. Nur wenn sich Menschen auf bestimmte Tätigkeiten spezialisieren, um wirtschaftliche Leistungen zu erbringen und Werte zu schaffen, wird überhaupt ein Austausch von Waren und Dienstleistungen ermöglicht, und dafür wird Geld benötigt.

1. Arbeitsteilung

Eine Spezialisierung von Unternehmen und Arbeitskräften auf bestimmte Tätigkeiten ist, wie gesagt, für eine komplexe Wirtschaft unverzichtbar. Erst diese Spezialisierung ermöglicht Überschüsse und damit die Bildung von *Kapital* (Werkzeuge, Bauten etc.). Mit dem höheren *Kapitalstock* können wiederum eine höhere Produktivität und damit noch mehr Überschüsse erzielt werden. Überschüsse werden aber nicht nur dazu verwendet, eine kapitalintensivere Wirtschaft zu entwickeln, sondern ermöglichen immer auch eine höhere Bevölkerungsdichte.

Eine zivilisierte Gesellschaft zeichnet sich durch komplexe wirtschaftliche Strukturen aus, deren Entwicklung eine immer stärkere Spezialisierung erfordert. Ökonomen sprechen daher auch von einer *arbeitsteiligen Gesellschaft.*

Die moderne, *globalisierte Wirtschaft*, in der nicht jede Region autark ist, sondern sich auf ihre relativen (komparativen) Vorteile spezialisiert, ist auch nur eine internationale Variante der Arbeitsteilung. Damit ist noch nicht gesagt, dass der Vorteil aus der globalen Arbeitsteilung, »Globalisierung« genannt, auch fair geteilt wird. Mehr dazu im Abschnitt A.17., »Ein massives Argument für Freihandel: Komparative Vorteile«.

2. Das volkswirtschaftliche Einkommen

Die Summe aller Produkte in der arbeitsteiligen Gesellschaft entspricht der Summe aller Einkommen, über welche die Individuen dieser Gesellschaft verfügen. Natürlich haben alle geschaffenen Werte auch einen Nutznießer. In einer komplexen Wirtschaft mit Geld lässt sich die Summe der Einkommen, d. h. der Wert aller geschaffene Produkte, relativ leicht ermitteln.

Unter dem *volkswirtschaftlichen Einkommen* versteht man in der ökonomischen Zunft die Summe der Wertschöpfung, also der Wert (nach

Marktpreisen) aller Produkte und Dienstleistungen. Dies wird als die *Entstehungsseite* des volkswirtschaftlichen Einkommens bezeichnet. Die *Verteilungsseite des Einkommens* errechnet sich aus der Summe aller Erträge aus selbstständiger und abhängiger Arbeit sowie aller Kapitalerträge und Gewinne in einer Volkswirtschaft vor dem Abzug von *Abschreibungen* auf Anlagen und Gebäude. Wie bereits erwähnt, müssen beide Seiten der Rechnung auf die gleiche Summe kommen.

Etwas anderes ist die *Verwendungsseite des volkswirtschaftlichen Einkommens.* Das Einkommen kann logischerweise entweder **konsumiert** oder nicht konsumiert werden. Die Einkommen, welche nicht in den *Konsum* gehen, können einerseits bei einer Bank angelegt oder als Bargeld **gehortet** werden. Die Bank wird die **gesparten** Einlagen in der Regel als Kredite weiterreichen oder als Reserven zurückhalten. Diese Zurückhaltung von Reserven wirkt wie die Hortung von Bargeld durch Privatleute. Das Einkommen kann also entweder für den Konsum oder für Investitionen verwendet oder aber gehortet werden. Die Summe aller konsumierten, investierten oder gehorteten Beträge stimmt wieder mit dem volkswirtschaftlichen Einkommen überein. Da die moderne Geldpolitik den Hortungseffekt mit einer Ausweitung der Geldmenge kompensiert, kann man die Verwendungsseite auf folgende Formel bringen: Einkommen = Konsum + Investitionen.

Die Erklärung für die Begriffe Konsum, Ersparnisse, Abschreibungen, Investitionen und Kapital wird im folgenden Kapitel nachgeholt.

3. Konsum, Ersparnisse, Investitionen und Kapital

»Reich wird man nicht durch das, was man verdient, sondern durch das, was man nicht ausgibt.«

HENRY FORD, AMERIKANISCHER INDUSTRIELLER (1863–1947)

Die Begriffe Konsum, Ersparnisse und Investitionen stehen im Zusammenhang mit der Verwendung des volkswirtschaftlichen Einkommens, welches alle Teilnehmer am Wirtschaftsgeschehen erzielt haben. Zu den Einkommen zählen Arbeitseinkommen (Löhne und Gehälter), Mieterträge, Kapitaleinkünfte sowie Transferleistungen des Staates. Einkommen können, wie gesagt, grundsätzlich entweder sofort konsumiert werden oder gespart werden.

Alle privaten Ausgaben für Lebensmittel, Miete, Mietnebenkosten, Urlaub, Kleidung und den Kauf von *langlebigen Gebrauchsgütern* wie Möbel, Autos oder Haushaltsgeräte gelten für Ökonomen als *Konsumausgaben.*

Der Teil des Einkommens, den man nicht ausgegeben hat, wird meistens bei der Hausbank angelegt. Diese hortet in der Regel kein Geld, sondern vergibt es als Kredit. Diese Kredite werden von Unternehmen oder öffentlichen Händen investiert. Somit werden die *Ersparnisse,* also alle Einkommen, die nicht für Konsumausgaben verwendet wurden, als Kredite für Investitionen vergeben. *Investitionen* sind Ausgaben für die Schaffung neuer Kapitalgüter wie zum Beispiel Maschinen, Gewerbeimmobilien, Software, Kommunikationssysteme oder Transportanlagen.

Der Kauf von Kapitalgütern wie Aktien, Immobilien (Grund und Boden, Gebäude) oder Sammlergegenstände wird von Ökonomen nicht als Investition bezeichnet, da hier bereits bestehende Güter erworben werden. Wenn Sie beispielsweise 100 Aktien am Aktienmarkt kaufen, verkauft ihnen ein anderer Aktionär diese 100 Aktien. Es werden 100 Aktien ge- und 100 verkauft. Netto wird dabei nichts investiert. Nebenbei bemerkt ist es schon amüsant, wenn Börsenkommentatoren sagen:»Es gab heute mehr Verkäufer als Käufer am Markt.«Auf jede verkaufte Aktie kommt natürlich genau eine gekaufte Aktie.

Anders verhält es sich nur, wenn ein Unternehmen im Rahmen einer Kapitalerhöhung neue Aktien ausgibt. Die Anzahl der Aktien nimmt dann zu, und das Unternehmen kann damit *reale Investitionen* tätigen.

Vielen Leuten scheint nicht klar, wie Kapital überhaupt entsteht: Es erfordert einen Konsumverzicht für einen Teil des erzielten Einkommens. Dieses nicht konsumierte Einkommen wird als Ersparnis investiert und bildet Kapital. Ökonomen setzen in ihren Modellen *»Ersparnisse = Investitionen«* an. Unter der Annahme, dass kein Bargeld gehortet wird oder die Banken keine »überschüssigen Reserven« aufbauen, trifft diese Gleichsetzung natürlich zu. Was sollte sonst auch passieren mit dem Geld, das nicht konsumiert wird?

Da Kapitalgüter abgenutzt werden, muss der **Kapitalstock** einer Volkswirtschaft (Summe aller Kapitalgüter) immer wieder durch Investitionen ersetzt werden. Man nennt diese Investitionen auch **Ersatzinvestitionen.** Den Wertverlust von Kapitalgütern durch Abnutzung bezeichnet man als **Abschreibung.** Nur Investitionen über diese Abnutzung hinaus *(Neuinvestitionen)* ermöglichen ein Wachstum des Kapitalstocks und damit einen höheren Wohlstand (Einkommen) der Menschen in einer Volkswirtschaft.

4. Die Nachfrage

Die Verwendung des volkswirtschaftlichen Einkommens, also der Konsum und die Investitionen, entspricht der sogenannten *gesamtwirtschaftlichen Nachfrage* nach Gütern und Dienstleistungen. Nun berücksichtigen wir zusätzlich noch *Exporte, Importe* und die Ausgaben des *öffentlichen Sektors.* Exporte werden die ans Ausland verkauften Güter und Dienstleistungen genannt. Importe sind die vom Ausland erworbenen Güter und Dienstleistungen. Exportaufträge erhöhen die inländische Nachfrage, wohingegen Importe diese reduzieren. Auch durch die Ausgaben des Staates erhöht sich die Nachfrage nach Gütern und Dienstleistungen im Inland.

Die inländische Nachfrage nach Gütern und Dienstleistungen kann auch als Gleichung dargestellt werden:

Nachfrage =
Konsum + Investitionen + Staatsausgaben + (Exporte − Importe)

Diese gesamtwirtschaftliche Nachfrage nach Gütern und Dienstleistungen führt wieder zurück auf das volkswirtschaftliche Einkommen. Das ist auch irgendwie logisch, denn die Ausgaben der einen sind immer die Einnahmen der anderen! Wenn sich die Wirtschaft im Gleichgewicht befindet, muss die geplante Nachfrage folglich mit dem erzielten Einkommen übereinstimmen. Das heißt, es wird immer gleich viel ausgegeben und verdient.

Wenn die geplante Nachfrage nach Gütern und Dienstleistungen niedriger wäre als das erzielte Einkommen, müssten die zukünftigen Einkommen abnehmen. Wenn alle weniger ausgeben und ihr Geld in die Matratze stopfen, werden auch alle zusammen später weniger verdienen. Sollen die Wirtschaftspläne aller Marktteilnehmer jedoch übereinstimmen, dann müssen Ausgaben und Einnahmen gleich hoch sein. Wenn man noch die Steuern berücksichtigt, dann gilt: **Einkommen = Nachfrage**

oder:

$$\text{Einkommen} - \text{Steuern} =$$
$$\text{Konsum} + \text{Investitionen} + (\text{Staatsausgaben} - \text{Steuern}) +$$
$$(\text{Exporte} - \text{Importe})$$

Die Steuern kann man aus der Gleichung streichen. Somit ist es dieselbe Gleichung wie oben, nur steht anstelle der Nachfrage das Einkommen. Aus der unterstellten Stabilitätsbedingung Nachfrage = Einkommen kann man ableiten: **Veränderung der Nachfrage = Veränderung des Einkommens.**

Im Abschnitt B.8., »Geldmenge und Preisniveau«, wird die Wechselwirkung von Nachfrage und Einkommen anhand eines Auktionsmodells anschaulich vertieft.

Das gesamte Einkommen einer Volkswirtschaft wird als **Bruttosozialprodukt** bezeichnet. Dazu zählen auch alle von Deutschen im Ausland erzielten Löhne und Erträge. Die Summe der Einkommen, die im Land erwirtschaftet worden sind, ist **das Bruttoinlandsprodukt**

(BIP). Zu dieser Größe gehören zum Beispiel auch eine BASF-Dividende, die ein US-Investor bekommt, und Mieterträge, die an ausländische Investoren gehen, oder die Gehälter von in Deutschland lebenden indischen Computerfachleuten.

Die beiden obigen Größen werden allgemein als Kennziffern für den Erfolg (Wachstum) einer Volkswirtschaft verwendet.

Verzerrung des BIP durch Neuverschuldung des Staates

Wenn Sie die letzte Gleichung etwas genauer studieren, dann fällt Ihnen vielleicht auf, dass das gesamte Einkommen in der Wirtschaft steigt, wenn die Staatausgaben stärker ansteigen als die Steuereinnahmen, der Staat also größere Haushaltsdefizite macht. Die staatliche Nachfrage erzeugt dann über den Weg der Neuverschuldung eine angenehme Steigerung des gesamten Einkommens. Es ist eine gravierende Schwäche dieser beiden Kennzahlen, dass die Neuverschuldung des Staates als Ursache wirtschaftlichen Wachstums nicht berücksichtigt wird.

Eine bessere Kennzahl würde sich nach Meinung des Verfassers dadurch ergeben, dass die Zunahme des Nettovermögens einer Volkswirtschaft und die Konsumausgaben in dem betreffenden Jahr addiert werden. Eine solche Kennzahl würde den Schuldenstaat als Farce entlarven. Zudem könnten Wertverluste von Naturschätzen als Abschreibung auf immaterielle Werte in der volkswirtschaftlichen Rechnung erfasst werden.

5. Markt, Gleichgewicht und Preise

Voraussetzung für die Existenz eines Marktes sind private Anbieter und/oder Nachfrager, die freiwillig an dem Preisfindungsprozess namens »Markt« teilnehmen. Man kann die Märkte grob in drei Kategorien einteilen: solche für *Güter und Dienstleistungen, Arbeitsmärkte* sowie *Geld- und Kapitalmärkte.*

Der *Markt* wird oft nur als der Ort angesehen, an dem Dinge gehandelt werden. Ökonomisch gesehen ist ein Markt jedoch das Geschehen, welches Nachfrage und Angebot miteinander in Verbindung bringt. Denken Sie nur an die Internet-Handelsplattform E-Bay – ein perfektes Beispiel für einen Markt. Die Teilnehmer einer Auktion können praktisch in jedem Winkel der Erde sitzen.

Auf jedem Markt wird der *Preis* durch *Angebot* und *Nachfrage* **bestimmt.** Die Preise für Güter und Dienstleistungen, Vermögenswerte, Löhne und Zinssätze bewegen sich immer in die Richtung, wo Angebot und Nachfrage zur Deckung kommen. **Man sagt, dass der Markt geräumt ist, wenn sich der Preis genau so einpendelt, dass keine Anbieter oder Nachfrager übrig bleiben.** Doch ganz so einfach wie bei den E-Bay-Auktionen mit einem Euro als Startpreis ist es nicht immer.

Jeder Teilnehmer am Wirtschaftsgeschehen, sei er nun Unternehmer, Arbeitnehmer, Konsument oder Sparer, hat gewisse Erwartungen an die Zukunft, *wirtschaftliche Pläne.* Diese Pläne passen aber in der Summe nicht immer so gut zusammen wie gewünscht. So kann es sein, dass die geplanten Investitionen der Unternehmen die geplanten Ersparnisse aus allen erwarteten Einkommen wertmäßig übersteigen. **Dem Markt kommt nun die heikle Aufgabe zu, die wirtschaftlichen Pläne aller Beteiligten zur Deckung zu bringen.** In diesem Fall käme es zu steigenden Zinssätzen, welche die Unternehmen dazu brächten, weniger zu investieren, oder die Einkommensbezieher dazu, mehr zu sparen.

Umgekehrt wäre es, wenn der Wert der geplanten Investitionen niedriger wäre als die geplanten Ersparnisse aller Einkommensbezieher. Der Markt wird dies mit einer Mischung aus fallenden Zinsen, sinkender Sparbereitschaft und höherer Investitionsbereitschaft ausgleichen.

In einer Marktwirtschaft mit flexiblem Lohnniveau würden auch die Pläne der Arbeitnehmer und Arbeitgeber durch den Marktpreismechanismus zur Deckung gebracht. Wenn die Arbeitgeber mehr Arbeitskräfte suchen, als auf dem Arbeitsmarkt verfügbar sind, werden die Löhne zwangsläufig steigen. Wenn jedoch der Bedarf der Unternehmen hinter dem Angebot an Arbeitskräften zurückbleibt, wird das Lohnniveau sinken – somit ist der Markt geräumt.

Rein theoretisch dürfte es keine Arbeitslosigkeit geben, weil der Arbeitsmarkt geräumt ist. Jedoch ist ein *flexibles Lohniveau* eben ziemlich theoretisch. In der Praxis gibt es Arbeitsverträge, Gewerkschaften und oft auch Mindestlöhne. Wenn alle Einkommen (auch Kapitalerträge) um denselben Prozentsatz fallen würden, gäbe es gar kein Problem; denn wenn alle Preise um denselben Prozentsatz fallen, erleidet niemand einen Kaufkraftverlust!

Da ein sinkendes Lohnniveau nicht alle Einkommen gleichermaßen treffen würde, wehren sich die Arbeitnehmer – nicht ganz zu Unrecht – gegen fallende Löhne. Somit ist hier eine *Einschränkung des Marktmechanismus* erkennbar, die verhindert, dass die Pläne aller Marktteilnehmer vom Markt zur Deckung gebracht werden können.

Eine weitere Einschränkung des Marktmechanismus ergibt sich durch eine gefährliche Verknappung lebenswichtiger Ressourcen wie beispielsweise Lebensmittel. Hier würde der Preismechanismus zu einer als »ungerecht« empfundenen Verteilung führen. Die Wirtschaftsgeschichte zeigt, dass es in solch extremen Fällen regelmäßig zur *Rationierung* kommt. Rationierung ist eine beschränkte Pro-Kopf-Verteilung von knappen lebenswichtigen Waren (Beschränkung des Pro-Kopf-Konsums). Durch die Rationierung wird der Verteilungsmechanismus des Marktes ausgeschaltet, der Güter demjenigen zuspricht, der sie am höchsten wertschätzt, also mehr zahlen will und kann. Unterschiedliche Kaufkraft führt hier jedoch zu unerwünschten Ergebnissen des Marktes: Während die einen hungern, horten andere einen unnötig großen Vorrat.

Eine ähnliche Einschränkung existiert beim Zinsmechanismus, wo das Zinsniveau für Kredite nicht unter null fallen kann. Wenn das Zinsniveau diese Barriere erreicht, kann die Investitionstätigkeit nicht mehr über niedrigere Zinssätze stimuliert werden. Auch hier endet die Möglichkeit der Marktkräfte, geplante Investitionen auf das Niveau der geplanten Ersparnisse zu heben. Es kommt zur Hortung von liquiden Reserven bei Banken und Haushalten. Dies ist die sogenannte *Liquiditätsfalle*.

Wenn man es genau nimmt, kann der Zinssatz im freien Spiel der Marktkräfte nicht unter einen Zinssatz fallen, der Investoren nach Steuern für die Preissteigerungen kompensiert (Realzins größer als null). Nur eine monopolistische Notenbank kann die Geldmarktsätze für eine begrenzte Zeit tiefer treiben. Allerdings mit den gefährlichen Nebenwirkungen, die solch manipulierte Zinssignale mit sich bringen.

Innerhalb der gezeigten Grenzbereiche sind die Marktmechanismen jedoch hervorragend dazu geeignet, die wirtschaftlichen Pläne aller Akteure zu koordinieren. Es wäre fatal, alle Marktmechanismen durch staatlich festgesetzte Preise, Löhne und Zinssätze abzuschalten. Das wäre so, als würde man bei einem Auto die Bremskabel durchzwicken. Ein gravierendes Steuerungsproblem wäre dann einfach nur eine Frage der Zeit.

Betrachten wir noch ein weiteres Gleichgewicht, welches sich durch den Marktmechanismus einstellen soll. Stellen Sie sich ein abgeschlossenes wirtschaftliches System vor, eine isolierte Wirtschaft, die keinen Austausch von Waren, Leistungen oder Geld nach außen (mit anderen Wirtschaftsräumen) kennt. Für die gesamte Weltwirtschaft trifft dieses Modell auf jeden Fall zu, da die Menschen keinen außerirdischen Handel treiben und auch keine Kredite vom Mars bekommen.

Im stabilen Gleichgewicht muss bei solch einem *abgeschlossenen System* die Summe aller Ausgaben der Summe aller Einnahmen entsprechen. Das ist trivial: Jeder ausgegebene Euro oder Dollar wird auch wieder eingenommen werden, das gesamte Einkommen muss also der gesamten Nachfrage entsprechen. Da sich bei der Betrachtung der Weltwirtschaft als System die gesamten Exporte und Importe die Waage halten und somit gegenseitig aufheben, vereinfacht sich die Gleichgewichtsformel wie folgt:

$$\text{Einkommen} - \text{Steuern} =$$
$$\text{Konsum} + \text{Investitionen} + (\text{Staatsausgaben} - \text{Steuern})$$

Was passiert nun, wenn die geplante Nachfrage (beabsichtigte Konsumausgaben und Investitionen aus den Einkommen) geringer ist als das aktuelle Einkommen? Hier kommt wieder der Marktmechanismus ins Spiel. Der Mechanismus wird die Zinsen senken, um die Nachfrage zu heben.

Reicht die Zinsbewegung nicht mehr aus, um die Nachfrage zu stärken, dann wird das Einkommen auf das Niveau der geplanten Nachfrage absinken. Wenn die *nominale* (geldmäßige) Nachfrage abnimmt, dann werden entweder die Preise oder das Volumen der nachgefragten Güter und Dienstleistungen sinken. **Die Kontraktion der Nachfrage führt also zu einer Deflation.**

6. Verschiedene Leistungsanreize

Einkommen fallen nicht vom Himmel. Sie sind der Gegenwert für geschaffene Werte und Leistungen (plus Kreditaufnahme, wie gezeigt). Die Schaffung von Werten und die Erbringung von Leistungen nennt man wirtschaften. Wirtschaftliche Tätigkeit in einer arbeitsteiligen Gesellschaft erfordert allerdings eine Motivation der beteiligten Individuen. Die Tatsache, dass der kommunistische Ostblock den wirtschaftlichen Wettstreit der Systeme gegen den Westen verlor, stellt die Frage, warum der Westen zu höherer Leistung motivieren konnte. Abgesehen von latent vorhandenen inneren Motivationen (Ideen, Begeisterung oder Altruismus) *ergeben sich drei grundsätzliche Möglichkeiten, wie Individuen systematisch zu einer erhöhten ökonomischen Leistung angespornt werden können.*

Da ist **erstens** die Dankbarkeit und Anerkennung durch die Mitmenschen. Gesellschaftliche **Würdigung von Leistungen** war immer ein starker *Leistungsanreiz (englisch: incentive)* für Individuen, sich zu engagieren. Dazu gehören berufliche Reputation, gesellschaftliches Ansehen, die Würdigung ehrenamtlicher Tätigkeit, Lob und öffentliche Huldigung, Orden für Soldaten und vieles mehr. In der Sowjetunion wurden regelmäßig »Helden der Arbeit« gekürt. Anstecknadeln, Orden, Urkunden sollten zu Leistungen ohne Abgeltung ermutigen. Nicht nur im kommunistischen Wirtschaftssystem ist diese günstige Entlohnungsmethode zu finden. Auch McDonald's kürt den »Mitarbeiter der Woche«. Jede Gesellschaft und Unternehmung setzt auf diese Motivation. **Die Anerkennung von anderen Menschen zu erlangen, ist eine starke, aber natürlich keine anrüchige Motivation. Sie wird aber gerne zu Ausbeutungszwecken eingesetzt.**

Die **zweite Anreizmöglichkeit** hat für mich als Individualisten, der sich den Lebensentwurf nicht von der Gesellschaft diktieren lassen möchte, einen sehr unangenehmen Beigeschmack. Gemeint ist der **kollektive oder staatliche Zwang.** Totalitäre, faschistische oder kommunistische Regime greifen zu diesem Mittel, wenn die erste Variante überdehnt wird und nicht mehr fruchtet. All jene, die im Sowjetkommunismus nicht zu den begeisterten Anhängern der neuen Gesellschaftsordnung gehörten und nicht die volle Leistung brachten, machten im Arbeitslager, in Bergwerken und in Fabriken Bekanntschaft mit dieser »Motivationstechnik«. Jene, die auf Belohnung nach der dritten, altmodischen Variante beharrten und nicht auf materielle Entlohnung verzichten wollten, mussten wie unzählige Bauern in Stalins Arbeiterparadies mit ihrem Leben bezahlen. Ich möchte hier nicht verschweigen, dass auch das kapitalistische System über die Verschuldung einen subtilen Zwang ausüben kann.

Die **dritte und stärkste der drei Anreizmöglichkeiten,** die nur im Westen existierte, besteht in dem Recht und der Möglichkeit, sich gegenüber anderen Menschen materiell besserzustellen – sozusagen das Recht auf wirtschaftliche Ungleichheit. Das Recht auf wirtschaftliche Ungleichheit ermöglicht es dem Individuum, sich wirtschaftlich gegenüber anderen hervorzuheben, also ein höheres Einkommen zu erzielen. Dieses höhere Einkommen kann grundsätzlich auf zweierlei Weise verwendet werden – für den direkten *Konsum* oder für Investitionen. Konsequenterweise beinhaltet ein höherer Konsum auch die Möglichkeit, Luxusgüter zu erwerben, und Investitionen setzen natürlich die Möglichkeit des Erwerbs von Eigentum an ökonomisch nutzbaren Gütern voraus. **Auf den Punkt gebracht: Diese Anreizform setzt auf wirtschaftliche Ungleichheit in Form von Eigentum und Luxus.**

Die erste Variante der Motivation von Individuen (Dank, gesellschaftliche Anerkennung und sozialer Rang), ihre Fähigkeiten der Gesellschaft zur Verfügung zu stellen, reicht trotz ihrer berechtigten und dauerhaften Bedeutung in der Regel nicht aus, um einen freiwilligen Einsatz der Menschen bis hin zur Belastungsgrenze zu bewirken. Selbst die Zwangswirtschaft kann dies nicht bewerkstelligen. In der ehemaligen DDR – Deutsche Demokratische Republik (für diejenigen, die sie schon vergessen haben) – gab es einen spöttischen Witz über verordnete Leistung: »Sie tun so, als würden sie uns bezahlen, und wir tun so, als würden wir arbeiten.« **Echte Motivation kann man eben nicht verordnen.** Im Wettbewerb der wirtschaftlichen Systeme oder Regionen sind jene unterlegen, die wirtschaftliche Ungleichheit in Form von Eigentum und Luxus nicht zulassen.

Somit wird auch das Recht auf Eigentum ein Charakteristikum für eine Gesellschaft, die besonders wirtschaftlich motivierte Menschen hervorbringt. Ein aufmerksamer Beobachter konnte in der ehemaligen DDR nach der Wende leicht erkennen, welche Häuser im Privat- und welche noch in Staatseigentum waren. Die Ersteren wurden in Schuss gehalten, die Letzteren verfielen. Schließlich ermöglicht erst das Eigentumsrecht bei Produktivkapital, dass eine Gruppe von Menschen – Unternehmer und Selbstständige – sich im Rahmen der persönlichen Entscheidungsfreiheit mit voller Energie in den wirtschaftlichen Prozess einbringt.

Man kann einwenden, dass nicht alle Menschen gleich günstige Voraussetzungen haben, um Eigentum zu erwerben. Das ist wahr. Wahr ist auch: Verwandelt sich eine Eigentümergesellschaft durch asymmetrische Kapitalansammlung in eine Feudalgesellschaft, fällt die dritte Anreizmöglichkeit weg. Die Dynamik des Kapitalismus stirbt dann.

7. Eigentum und Besitz

An dieser Stelle wird es Zeit, den Begriff *Eigentum* etwas näher zu fassen. § 903 Absatz 1 des Bürgerlichen Gesetzbuches definiert das Recht an Eigentum wie folgt: »Der Eigentümer einer Sache kann, soweit nicht das Gesetz oder Rechte Dritter entgegenstehen, mit der Sache nach Belieben verfahren und andere von jeder Einwirkung ausschließen.«

Eigentum ist also ein Recht, über Gegenstände nach eigener Maßgabe zu verfügen. Dies schließt auch immaterielle Schutzrechte wie die von Marken und Patenten ein. Je nach Gesetzesgrundlage können Eigentumsrechte unterschiedlich eingeschränkt sein. Diese Einschränkungen können natürlich auch den wirtschaftlichen Nutzwert eines Eigentumsrechts mindern. Die Verpflichtung des Eigentümers einer Landfläche, für die im Grundbuch die Nutzung als Waldfläche vorgeschrieben wird, kann eine erhebliche Einschränkung des wirtschaftlichen Nutzens einer Fläche darstellen, wenn zum Beispiel eine alternative wirtschaftliche Nutzung ertragreicher wäre.

Wirtschaftlich betrachtet, beruht der Wert von Eigentum auf seinem Nutzungsrecht, abzüglich des Wertes der daraus entstehenden Verpflichtungen. Im Prinzip könnte somit ein juristisches Eigentumsrecht einen negativen ökonomischen Wert haben. Stellen Sie sich einfach nur ein Grundstück mit einer ökologischen Sanierungsaltlast vor. Wenn die Kosten der Sanierung den Nutzwert des Grundstücks überschreiten, wird der wirtschaftliche Wert des Grundes negativ sein!

Stellen Sie sich weiter vor, jemand würde Ihnen einen Apfelbaum auf seinem Grund schenken, jedoch mit der Auflage verknüpft, dass sie an dem Baum nichts verändern und auch keine Früchte pflücken dürfen. Betreten dürfen Sie sein Grundstück auch nicht. Was wäre Ihnen nun das Eigentum an dem Apfelbaum wert? Wahrscheinlich nicht viel, denn Sie können es nicht nutzen. Der Wert des Eigentums beruht auf der freien Verfügung über die Eigentumssache.

Vollkommene Eigentumsrechte beinhalten nicht nur die Nutzung einer Sache, sondern auch die Möglichkeit, anderen den Nutzen zu übertragen, also beispielsweise ein Grundstück zu verpachten oder eine Immobilie zu vermieten. Der Pächter oder der Mieter wäre dann im **Besitz** der Sache, also Besitzer, und der Eigentümer bleibt auch weiterhin Eigentümer. Jedoch hat er den Besitz gegen Entgelt zeitlich befristet abgetreten.

Zum wirklich vollkommenen Eigentumsrecht gehört natürlich auch das *Veräußerungsrecht*. Eine Blockade der Möglichkeit des Verkaufs wäre eine wesentliche Beschränkung des Eigentums.

Ein weiteres wichtiges Merkmal des Eigentumsrechts ist das Verpfändungsrecht, außerdem das Recht des Gläubigers, in verpfändete Gegenstände zu vollstrecken. Die Möglichkeit, ein Grundstück mit einer *Hypothek* oder *Grundschuld* zu belasten, ist für die Vergabe von Krediten und damit für unser Kreditgeldsystem sehr bedeutend. Diese Pfandrechte an Immobilien dienen einer Kredit gewährenden Bank als *Sicherheit*. Zu den typischen Pflichten von Eigentümern gehört es, eine Grundschuld im Falle der Insolvenz über eine *Zwangsvollstreckung* zu tilgen.

Damit wären wir beim Schlüsselelement des kapitalistischen Systems angekommen, dem Kredit.

8. Der Kredit

Der *Kredit* entsteht, wenn Leistung und Gegenleistung zwischen zwei Parteien (Personen oder Gesellschaften) eines Vertrags zeitlich auseinanderliegen. Wenn sich ein Landwirt von einem anderen Landwirt 200 Kilo Saatgut geben lässt und ihm verspricht, ein Jahr später 250 Kilo zurückzugeben, dann entspricht das einem *Warenkredit* mit einer 25%igen Verzinsung.

Allerdings sind Kredite in der Regel *Geldkredite.* Das Wort Kredit leitet sich vom lateinischen Wort »credere« ab und bedeutet, jemandem zu glauben oder ihm etwas anzuvertrauen. Der *Gläubiger* ist dabei der Kreditgeber, und der *Schuldner* jener, der die Rückzahlung schuldet. Der Gläubiger vertraut also darauf, dass der Schuldner seiner *Verbindlichkeit* nachkommt. Man sagt, der Gläubiger hat eine *Forderung* gegen den Schuldner. Eine *Transferleistung,* die ohne Erwartung oder Aussicht auf eine Rückzahlung oder Gegenleistung erbracht wird, ist kein wirklicher Kredit!

Die Rückzahlungen unterteilt man dabei in **Tilgungen und Zinsen.** Dabei sind die Einzelbeträge nicht immer eindeutig zu unterscheiden. Wenn Sie jemandem 1000 Euro Kredit geben und in drei Jahren 1157,63 Euro zurückbekommen, so entspricht das einer *internen Verzinsung* von 5 %. Es wäre dasselbe, wenn sie nach dem ersten und zweiten Jahr jeweils 50 Euro Zinsen bekämen und am Ende des dritten Jahres 1050 Euro Tilgung und Zinsen.

Bedenken Sie beim Nachrechnen, dass Sie die 50-Euro-Zinszahlungen zwischenzeitlich wieder anlegen könnten. Um solche Zinsrechnungen selbstständig durchzuführen, braucht man nur ein paar Kenntnisse der Investitionsrechnung.

9. Der feine Unterschied zwischen Liquidität und Solvenz

Das Adjektiv »liquide« stammt vom lateinischen Wort »liquidus« für flüssig. Als *liquide* bezeichnet man jemanden, der zahlungsfähig ist, also genügend Zahlungsmittel hat, um seine laufenden Verbindlichkeiten zu begleichen. Solvenz ist etwas ganz anderes. *Solvent* ist ein Unternehmen oder eine Privatperson, wenn die Höhe seiner Vermögenswerte den Wert seiner Schulden und Verbindlichkeiten übersteigt. Man kann also das Problem, dass man gerade nicht flüssig (liquide) ist, mit dem Verkauf von Vermögenswerten lösen. Das lateinische Verb »solvere« bedeutet lösen, solvent ist also eine sehr passende Bezeichnung. Wer solvent, aber nicht liquide ist, muss sein Vermögen verflüssigen (liquidieren) oder mit neuen Krediten belasten. Das Wort liquidieren entspricht historisch wohl dem Einschmelzen von Schmuck und anderen Gegenständen aus Edelmetall, um sie in Geld auszuprägen oder einzutauschen.

Eine systemische Liquiditätskrise kann zu umfangreichen Verkäufen von Vermögenswerten und damit wiederum zum Fallen der Marktpreise für Vermögensgegenstände führen. **Eine Liquiditätskrise kann somit auch ursprünglich solvente Unternehmen insolvent machen.**

10. Von Werten und Preisen

»Die Schönheit der Dinge lebt in der Seele dessen, der sie betrachtet.«

DAVID HUME (1711–1776)

»Die Erscheinung ist vom Betrachter nicht losgelöst, vielmehr in die Individualität desselben verschlungen und verwickelt.«

JOHANN WOLFGANG VON GOETHE

Genau wie die Schönheit liegt auch der Wert von Objekten im Auge des Betrachters – *jeder Wert ist subjektiv.* Jeder sieht den Nutzen einer Sache oder eines Rechts anders und bewertet diesen deshalb auch unterschiedlich. Ohne ein bewertendes Subjekt gibt es keine Bewertung und somit keinen Wert für Objekte. Ohne Lebewesen auf der Erde würde es niemanden geben, der ein Werturteil abgeben könnte. Der Planet Erde wäre wert- und nutzlos. Das mag für Sie subjektiv eine schockierende Aussage sein, aber für das Problem gibt es eine Lösung. Durch die Erfindung eines göttlichen Wesens, welches immer da war und sein wird, die Erde erschaffen hat und wertschätzt, lässt sich diese psychologische Unannehmlichkeit elegant beheben. Der Planet und das Universum hätten einen andauernden Wert durch die göttliche »Wertschätzung«. **Ohne Wertschätzung existiert eben kein Wert.**

Nicht nur handelbare Waren und Dienstleistungen, Arbeitskraft, Kapitalgüter und Immobilien unterliegen einer subjektiven Bewertung. Beispielsweise sind auch die Urwälder und die Artenvielfalt der Biosphäre Gegenstand einer zunehmend höheren subjektiven Bewertung. Es findet ein sogenannter »Wertewandel« statt, eine veränderte Wertschätzung, die in diesem Fall auch durch mein persönliches subjektives Werturteil unterstützt wird.

Bei handelbaren Gütern bildet sich ein **kollektives subjektives Werturteil** aus den unzähligen subjektiven Werturteilen aller Marktteilnehmer. *Marktpreise* entstehen quasi in Abstimmungen per Kaufvertrag. Diese Preise enthalten die subjektiven Nutzenurteile aller Markteilnehmer und haben deshalb eine höhere Aussagekraft als das kollektive Werturteil einer nur kleinen elitären Gruppe, auch wenn sich diese für besonders erleuchtet halten mag. **Wertschätzung und damit Werte kann man eben nicht anordnen oder erzwingen.**

Ohne Unterschiede bei der subjektiven Wertschätzung würde es keinen Handel geben, es würde kein Tausch und kein Vertrag zustande kommen. Nur weil ein schickes Mobiltelefon vom Konsument höher bewertet wird als vom Hersteller findet überhaupt ein Verkauf statt. Der Produzent einer Ware bewertet diese insgeheim mit seinen Kosten. Dazu zählen auch *Kapitalkosten,* also eine risikoadäquate Kapitalverzinsung der eingesetzten Mittel. Unterhalb dieser Schwelle würde man das Geschäft bald sein lassen. Der Konsument bewertet das Produkt »Xphone« mit seinem persönlichen (subjektiven) Nutzen.

Die Differenz zwischen dem subjektiven Kundennutzen und dem subjektiven Wert des Produktes für das Unternehmen kann enorm sein. Das Unternehmen erzielt eine hohe Rendite, wenn es ihm gelingt, den Großteil dieser Bewertungsdifferenz für sich zu reklamieren. Die Verteilung dieser *ökonomischen Rendite* macht **den** Unterschied zwischen Superprofiten und risikoüblichen Gewinnen aus.

Allerdings gilt das ökonomische Gesetz, dass solche überschüssigen Renditen, die man auch *ökonomische Gewinne* (Profite) nennt, nur vorübergehender Natur sind und aufgrund des Wettbewerbs mit der Zeit erheblich schrumpfen. Diese Gesetzmäßigkeit wird als das *Gesetz der abnehmenden Profitrate* bezeichnet. Das heißt nicht, dass Unternehmensgewinne allgemein gegen null tendieren, sondern dass sich die Gewinne oberhalb der Kapitalkosten zugunsten des Konsumenten verringern.

Vor der weiteren Behandlung dieses Themas in den beiden nächsten Kapiteln und Bemerkungen zur dauerhaften ökonomischen Rendite noch etwas zu den »Werten«. Es mag einige Leser etwas befremden, wenn man nur über **subjektive** Werte schreibt.

Gibt es denn nicht auch so etwas wie einen ökonomischen »inneren Wert« einer Sache? Allerdings – subjektive Werteurteile können sich nicht dauerhaft, abgehoben von der Realität, durchsetzen. Es gibt einen ökonomischen Boden der Realität, auf den Werte und damit Preise immer wieder zurückkehren.

Dieser »objektive« Wert wird in der Literatur oft als innerer Wert, Arbeitswert oder Ähnliches beschrieben. Dieser Wert bildet sich aus allen Arbeitsaufwendungen, die ein Produkt oder eine Dienstleistung über alle Wertschöpfungsstufen hinweg beinhaltet. Gemäß der Arbeitswertlehre nach David Ricardo sind hierin auch die risikoüblichen Profitraten des Kapitals enthalten. **Das Konzept des Arbeitswertes haben Denker verschiedener Richtungen entdeckt: Theologen, Marxisten und Philosophen der Marktwirtschaft wie David Ricardo, aber auch Spekulanten.** Den einen ging es dabei um faire Marktpreise, den anderen darum, den »inneren Wert« zu erforschen und den zukünftigen Wert einer Sache zu prognostizieren. Im Kapitel »Deflation im modernen Fiatgeld-System«

werden wir die auf dem Arbeitswertkonzept basierenden Wiederbe-
schaffungswerte der Unternehmen betrachten.

**Die Abweichung der Marktpreise von den »inneren Wer-
ten« gemäß der obigen Theorie ist kein unnötiger Fehler
der Märkte.** Gerade die überschüssigen Renditen ermöglichen es,
Kapital und Arbeit besonders effizient einzusetzen. Das Geld fließt
daher dorthin, wo es den größten wirtschaftlichen Nutzen bringt.
Würden alle Preise (Waren, Löhne) von einer Behörde gemäß der
Arbeitswertlehre ermittelt, wären die Märkte orientierungslos. Jede
Bewegung und gezielte Entwicklung wäre nur mit einer Planungsbehörde möglich. Es ist das Kennzeichen einer funktionierenden
Marktwirtschaft, dass Preise, Löhne, Zinsen und Profitraten um ein
natürliches Niveau frei schwanken! Das schließt nicht aus, dass aus
politischen Gründen einzelne Preise zeitweise reguliert werden.

**Im Klartext: Ohne Preisschwankungen gibt es keine funk-
tionierende, zielorientierte Marktwirtschaft.** Bei einer orien-
tierungslosen Marktwirtschaft bleibt nur das Konzept der Planwirtschaft für die Steuerung übrig. Planwirtschaft bedeutet wiederum
Motivation durch institutionellen Zwang anstatt über Erfolgsorientierung und Gewinnstreben. An einer funktionierenden Marktwirtschaft führt daher kein Weg vorbei.

11. Marktmacht und dauerhafte ökonomische Renditen

Es gibt Unternehmen, die sich dem oben geschilderten Gesetz der
abnehmenden Profitrate entziehen können. Manche schaffen dies,
indem sie immer geschwind auf Marktsignale (Preise) reagieren
und in Bereiche investieren, die eine besonders hohe Rendite versprechen. Diese ökonomischen Profite sind keineswegs verwerflich,
sondern lediglich eine Prämie für die Innovation von Waren und
Dienstleistungen sowie eine effizientere Gestaltung der Produktionsprozesse. Unternehmen mit einer gewissen **Marktmacht** können jedoch dauerhaft überschüssige Renditen erzielen.

Die erste Möglichkeit dauerhafter Marktmacht besteht in der *Macht der Anbieter.* Durch ein *Monopol* (alleiniger Anbieter) oder ein *Oligopol* (nur wenige Anbieter) könnten ökonomische Renditen gefestigt werden. In diese Kategorie passen Unternehmen wie Microsoft oder E-Bay.

Die zweite Möglichkeit besteht in einer *Macht der Nachfrager.* Ein oder wenige Nachfrager haben bei konkurrierenden Anbietern eine Preismacht gegenüber dem Anbieter. Lange Zeit hatten zum Beispiel die Automobilkonzerne die Renditen ihrer sehr zahlreichen Zulieferer gedrückt. Doch die Zulieferindustrie hat mittlerweile darauf reagiert und ihre Position durch eine Konsolidierung (Konzentrationsprozess) gestärkt. Die *Kartellbehörden* haben die wichtige wirtschaftspolitische Aufgabe, die erwähnten Machtkonzentrationen in Grenzen zu halten oder gar zu verhindern.

Eine weitere, sehr bedeutende Voraussetzung für dauerhafte ökonomische Renditen sind relative Kostenvorteile. Besonders zu erwähnen sind hier Minen mit den höchsten Erzkonzentrationen, einfach und billigst zu förderndes Erdöl oder besonders fruchtbare Agrarflächen.

Hier ein einfaches Beispiel: Nehmen wir an, es gibt nur vier Anbieter von Erdöl, die Produktionskosten pro Barrel Erdöl stehen in Klammern:

Saudi-Arabien (20 $), Irak (35 $), Venezuela (50 $) und Kanada (80 $) mit seinen Ölsanden. Jede Region produziert nun ein Viertel der Weltnachfrage. **Das teuerste geförderte und auch verkaufte Barrel Öl** *(Grenzkosten der Produktion)* **bestimmt den Weltmarktpreis!** Der Preis von 80 $ pro Barrel für das aufwendig produzierte Öl aus Kanada ist also maßgebend. Die Kanadier sind im Geschäft, in Alberta gibt es viele Arbeitsplätze – so weit, so gut. Doch die ökonomische Rendite pro Barrel beträgt für die Kanadier 0 Dollar! Das nicht geförderte Erdöl im Boden hat in diesem Beispiel noch gar keinen ökonomischen Wert. Dieser kommt erst durch die Förderung, durch den getätigten Aufwand zustande.

Ganz anders verhält es sich bei den Anbietern mit einem **relativen Kostenvorteil.**

Bei einem Weltmarktpreis von 80 $ für das Barrel wäre das Öl im Boden Venezuelas 30 $, im Irak 45 $ und in Saudi-Arabien sogar 60 $ wert. Das saudische Öl kostet auf dem Weltmarkt ja dasselbe wie das aus Kanada! **Die so erzielten *ökonomischen Renditen* kommen natürlich nur den Eigentümern der Ölquellen zugute,** hier den saudischen Scheichs und (vielleicht) ihrem Volk.

Die Sache würde sich etwas ändern, wenn nun Saudi-Arabien doppelt so viel fördern oder der Weltverbrauch um ein Viertel abnehmen würde. Kanada könnte dann nicht mehr wirtschaftlich produzieren und die Ölsand-Companys müssten die Produktion stoppen. Dann wäre Venezuela plötzlich der teuerste Anbieter, der noch rentabel produzieren und verkaufen kann *(Grenzanbieter):* Der Preis am Ölmarkt würde dann auf 50 $ pro Barrel fallen, die Förderkosten in Venezuela. Venezuela würde seine überschüssigen Renditen einbüßen und müsste den Gürtel enger schnallen. Das nicht geförderte Öl im Boden Venezuelas wäre nun wertlos.

Die Rolle als flexibler Schlüsselproduzent hat Saudi-Arabien viele Jahre lang tatsächlich wahrgenommen – und meistens dazu genutzt, den Ölpreis hochzuhalten.

Ähnliche relative Kostenvorteile und somit ökonomische Renditen haben auch Eisenerzgruben in Australien und Brasilien, Weizenproduzenten aus Kanada, Argentinien usw. Auch im ökologischen Zeitalter wird es solche relativen Vorteile geben. An den besten Windstandorten und auf den sonnigsten Solarflächen werden die großen Profite erwirtschaftet, nicht an Standorten mit durchschnittlichen Voraussetzungen.

Sie finden es ungerecht, dass manche Länder und Völker solche Vorteile nicht an alle Menschen weitergeben? Da sind Sie nicht allein. Was glauben Sie, worum es in all den Kriegen ging, die von Machthabern angezettelt wurden? Um minderwertiges Agrarland, auf dem die Bewohner nur gerade so viel anbauen können, wie sie selbst zum Leben brauchen, wurde selten hart gekämpft. Kriege waren immer Streitigkeiten um ökonomische Renditen. Imperien trachteten immer danach, Überschüsse in ihrem Einflussbereich abzuschöpfen und in ihrem Machtzentrum zu konzentrieren.

12. Ökonomische Renditen als Basis des risikolosen Zinses

Die ökonomische Rendite ist nicht nur eine sprudelnde Einnahmequelle für ihren Eigentümer. Der Gewinn aus solchen Rechten bestimmt auch den risikolosen Zinssatz. Stellen wir uns eine einfache Gesellschaft vor, in der Agrarland in privatem Eigentum liegt. Die Flächen, die gerade noch für Getreideanbau genutzt werden können, werfen 10 Scheffel Getreide pro Flächeneinheit und Saison ab. Nun muss 1 Scheffel für Saatgut zurückgehalten werden, 2 Scheffel werden für Werkzeuge eingetauscht, und die restlichen 7 Scheffel werden für die Entlohnung der Arbeitskräfte gebraucht. Die Wettbewerbskräfte des Marktes lassen keine Überschüsse auf diesen Grenzanbauflächen zu.

Doch nun gibt es in unserer Modell-Agrarökonomie Flächen, die im langjährigen Mittel 15 Scheffel pro Saison und Flächeneinheit einbringen. Die Kosten sind für den Eigentümer des fruchtbareren Landes nicht höher – warum sollte er auch mehr für Löhne und Werkzeug zahlen als die anderen? Damit ist klar, dass diese Fläche jede Saison 5 Scheffel Überschuss abwirft, also die *ökonomische Rendite.*

Nun wird es Sie nicht wundern, wenn man in dieser Ökonomie solche Flächen als wertvoll ansieht, während die reichlich vorhandenen Randlagen nichts wert sind. Wenn das Land im privaten Eigentum ist, kann es ge- und verkauft werden. Ab und an wird auch ein Landbesitzer genötigt sein zu verkaufen, sei es wegen Schulden, fehlender Erbfolge, hoher Steuerlast oder aus anderen Gründen. Nehmen wir an, die Fläche mit einem mittleren jährlichen Überschuss von 5 Scheffeln hat einen Marktpreis von 250 Scheffeln. Der Quotient aus der Landrendite und dem Kaufpreis beträgt 2%. Es ist eine risikolose Rendite, die der Käufer des fruchtbaren Landes mit seinem Kauf erzielen wird. Selbst eine Geldentwertung würde diese Rendite nicht unter Druck bringen, denn sein Überschuss würde mit dem Preisniveau anwachsen. Real steigende Kosten auf den mäßigen Grenzanbieterflächen würden seine Rendite sogar noch erhöhen.

Die Existenz einer realen und risikolosen ökonomischen Rendite, wie hier am Beispiel der Landrendite gezeigt, ist immer eine Alternative für Geldanleger bei ihren Investitionen *(Opportunitätskosten)*. Auch wenn diese Rendite nur niedrig ist, sorgt sie doch dafür, dass sich der risikolose reale Anlagezins (nach Geldentwertung) nie dauerhaft gegenüber der nachhaltigen realen Rendite auf Vermögenswerte verringern kann. Ein negativer Realzins für Anleger wird somit durch das Eigentumsrecht verhindert.

Von einer Notenbank erzeugte negative reale Kreditzinsen laden sogar zum spekulativen, kreditfinanzierten Aufkauf von realen Sachwerten ein, insbesondere von solchen, die »Rentencharakter« aufweisen.

13. Die wirtschaftliche Erfolgsrechnung

»Welche Vorteile gewährt die doppelte Buchhaltung dem Kaufmanne! Es ist eine der schönsten Erfindungen des menschlichen Geistes, und ein jeder guter Haushalter sollte sie in seiner Wirtschaft einführen.«

JOHANN WOLFGANG VON GOETHE IN »WILHELM MEISTERS LEHRJAHRE«

Die wirtschaftliche Erfolgsrechnung ist eine Voraussetzung, um zu erkennen, ob die wirtschaftliche Aktivität einer Unternehmung mehr Werte zerstört als sie geschaffen hat, also ob sie überhaupt wirtschaftlich sinnvoll war. Um dies zu bestimmen, braucht man eine kaufmännische Buchführung. Die sogenannte doppelte Buchführung wurde erstmalig im 15. Jahrhundert in Norditalien verwendet. Der Augsburger Kaufmann Jacob Fugger war einer der Ersten, die diese überlegene Technik der Erfolgsmessung nutzten. Er brachte sie um 1500 nach Süddeutschland und wandte sie in seinem Unternehmen an. Johann Wolfgang von Goethe nannte in »Wilhelm Meisters Lehrjahre« die Technik der doppelten Buchführung »eine der schönsten Erfindungen des menschlichen Geistes«. Mit ihrer Hilfe, so beobachtete er, kann der Geschäftsmann zu jeder Zeit das allgemeine Ganze überblicken, ohne sich in Einzelheiten zu verlieren.

Bei der doppelten Buchführung wird eine Bilanz erstellt, die sich aus vielen einzelnen Konten zusammensetzt. Umseitig habe ich zwecks Veranschaulichung ein Beispiel für eine einfache *Bilanz* eingefügt. Bei einer Bilanz werden, analog zu einer Balkenwaage, zwei Spalten einander gegenübergestellt. Auf der linken Seite stehen die *Aktiva.* Diese beinhalten alle Gegenstände und Werte, über deren Nutzung das Unternehmen verfügen kann. Auf der rechten Seite stehen alle offenen Verbindlichkeiten, die *Passiva.* Auf der Passivseite steht zudem die Differenz beider Seiten. Diese Differenz, die sich aus allen Vermögenswerten minus aller Verbindlichkeiten und Rückstellungen ergibt, nennt man *Eigenkapital.*

Der Gewinn eines Unternehmens besteht nun in der Veränderung des Eigenkapitals zwischen zwei Bewertungszeitpunkten (man berücksichtigt dazu auch Ein- und Auszahlungen an die Eigentümer). Jede Veränderung zwischen den Stichtagen wird im Buchungsjournal notiert und in den Unterkonten berücksichtigt. Das ursprüngliche (einbezahlte) Eigenkapital verändert sich mit den aufgelaufenen, nicht ausgeschütteten Gewinnen.

BILANZ Beispiel AG		Geschäftsjahr 2011	
Aktiva	in T€	Passiva	in T€
Anlagevermögen	2400	Eigenkapital	1185
Land	1000	Einbezahltes Gründungskapital	1000
Immobilien	500	Nicht ausgeschüttete Gewinne Vorjahre	135
Maschinen	750	Rücklage für geplante Dividende	50
Betriebsausstattung	150	Rückstellungen	455
Finanzanlagen	18	für Pensionszusagen an Mitarbeiter	270
Unternehmensbeteiligungen	15	für Steuern und Sozialabgaben	75
Wertpapiere	3	für Schäden, Prozesse u. a. Risiken	110
Umlaufvermögen	657	Verbindlichkeiten	1425
Rohstoffe	50	Platzierte Anleihen	450
Betriebsstoffe	45	Bankkredite	550
Forderungen gegen Kunden	400	Verbindl. aus Lieferungen u. Leistungen	350
Andere Forderungen	7	Sonstige Verbindlichkeiten	75
Wertpapiere, kurze Haltedauer	5		
Kasse und Bankguthaben	150		
Geleist. Anzahlungen etc.	35	Erhaltene Vorleistungen/Zahlungen	45
Summen	3110		3110

Quelle: Eigene Darstellung

In der *Gewinn-und-Verlust-Rechnung* werden der wirtschaftliche Erfolg und der betriebliche Hintergrund für die Veränderung des Eigenkapitals dargestellt. Dazu werden alle Kosten von den Umsatzerlösen abgezogen. Die Differenz bildet den bilanziellen Gewinn (oder Verlust), der auch die Veränderung des Eigenkapitals darstellt.

Wenn man vom *bilanziellen Gewinn* noch die *Kapitalkosten* abzieht, also quasi den »Pflicht-Gewinn«, ohne den der Kapitaleinsatz nicht wirtschaftlich ist, erhält man den *ökonomischen Gewinn.*

Die Erfolgsrechnung ist nicht nur für Investoren und Unternehmen der Erfolgsmaßstab, sondern auch für die gesamte Volkswirtschaft. Durch ein Unternehmen, das nachhaltig nicht einmal die Kapitalkosten erwirtschaftet, werden Werte vernichtet.

Die Dienstleistungen und Waren, die geschaffen wurden, haben im Falle eines defizitären Unternehmens am Markt einen geringeren Wert als die von ihm eingesetzten Materialien und Fähigkeiten der Mitarbeiter. Ein Pharmaunternehmen, dessen Wertschöpfung in

Form von Know-how und Patenten nicht den Kosten für die Universitätsausbildung seiner Wissenschaftler entspricht, vergeudet tatsächlich volkswirtschaftliche Ressourcen! Wenn man diese Aussage widerlegen wollte, müsste man belegen, dass der Markt falsche Bewertungen für die geschaffenen Produkte oder die eingesetzten Ressourcen bildet. In der obigen Wertediskussion wurde gezeigt, dass der Preismechanismus des Marktes in den meisten Fällen die besten verfügbaren Informationen über Werte liefert.

Somit kommt Unternehmen, die durch einen negativen ökonomischen Gewinn nachhaltig Werte vernichten, eher die Bedeutung eines zweiten Arbeitsmarktes zu, dessen Arbeitsplätze die öffentlichen Hände aus sozialpolitischen oder therapeutischen Gründen bestehen lassen. Von einem Privatinvestor kann man kaum erwarten, dass er zusieht, wie sein Vermögen vernichtet wird. Vom rein ökonomischen Standpunkt aus gibt es keinen Grund, den Untergang unprofitabler Unternehmen zu verhindern.

Arbeitsplätze ohne wirtschaftlichen Nutzen könnte der Staat ja beliebig schaffen. Dazu müsste man nur die Hälfte der Arbeitslosen vormittags Gräben ausheben und diese von der anderen Hälfte nachmittags wieder zuschütten lassen – Vollbeschäftigung, hurra! Dieses Beispiel stammt von John Meynard Keynes, dem wohl bedeutendsten Ökonomen des 20. Jahrhunderts, und es zeigt, dass Beschäftigung allein nicht das Problem der Arbeitslosigkeit ist. Um was es wirklich geht, ist die Wertschöpfung und darum, dass nach getaner Arbeit mehr Wert (Mehrwert!) existiert als zuvor. Den Gradmesser dafür kann nur die Erfolgsrechnung liefern. Ohne Marktpreise ist eine Messung dieses Erfolges übrigens gar nicht möglich. Auf dieses Messproblem des Kommunismus hatte Ludwig von Mises bereits 1922 in seinem Buch »Die Gemeinwirtschaft« hingewiesen. Weil im Kommunismus ohne Markt gar keine Marktpreise vorhanden sind, machen die fehlenden Größen für die Wirtschaftsrechnung die Messung der Wertschöpfung unmöglich. Dies führt unweigerlich zu einer Verschwendung. Deshalb prophezeite er bereits damals der ungläubigen Öffentlichkeit den Niedergang des kommunistischen Systems. Der polnische Ökonom Oscar Lange argumentierte, man könne doch einfach die Preise amerikanischer Produzenten für die Wirtschaftlichkeitsrechnung der kommunistischen Produktion hernehmen. Wenn die Planwirtschaft also die Zahlen aus der Marktwirtschaft benötigte, war das eigentlich schon die ideologische Bankrotterklärung für das Wirtschaften ohne Marktpreise. Ohne Unternehmen, die nach Marktpreisen Wertüberschüsse zu erzielen suchen, gibt es keine optimale Steuerung der Produktionsprozesse.

14. Das unternehmerische Gewinnmotiv

Grundsätzlich gibt es zwei Möglichkeiten, ein Unternehmen zu führen. Man kann sie wie eine Armee autoritär, über eine hierarchische Befehlskette, zentral steuern – oder jede Einheit eines Unternehmens arbeitet selbstständig, dezentral und am Gewinn orientiert. **Die erste Variante ist die bürokratische Steuerung,** bei der die einzelnen Betriebseinheiten nicht das Erfolgsziel im Vordergrund sehen, sondern die Umsetzung von Befehlen. Diese Methode ist **charakteristisch für eine Planwirtschaft.** Das Problem einer Befehlskette ist, dass jede Eigeninitiative ausgeschlossen wird, womit auch die Flexibilität auf der Strecke bleibt.

Nur bei **der zweiten Variante,** dem marktorientiert organisierten Unternehmen, **das in selbstständige wirtschaftliche Einheiten gegliedert ist und sich nur über den Nachweis der Wirtschaftlichkeit rechtfertigen muss,** sind optimale flexible Unternehmensentscheidungen möglich. Die Unternehmensführung untergeordneter Einheiten prüft vor jeder Investitionsentscheidung selbstständig, ob die geplanten Projekte voraussichtlich die *Kapitalkosten* erzielen werden oder nicht.

Wenn die Vorstände einer Kapitalgesellschaft Investitionen tätigen, die von vornherein gar keine Chance haben, diese »Pflichtrendite« zu erzielen, dann könnte durchaus ein Fall von Untreue gegenüber den Kapitaleigentümern vorliegen. Ich habe diese Mindestzielrendite oben schon etwas provozierend als »Pflichtrendite« bezeichnet. Diese Rendite entspricht dem Zinssatz einer risikolosen, gleich lang laufenden Anleihe zuzüglich einer dem Investitionsrisiko entsprechenden Prämie. Diese Prämien sind Preise für die Risiken, die sich am Kapitalmarkt bilden. Eine genauere Definition folgt im nächsten Abschnitt.

15. Rendite aus der Investorensicht

Aus der Sicht eines Investors zerlegt sich jede **Rendite in drei Komponenten.** **Die erste Komponente** besteht im Ausgleich für Preissteigerungen und damit den Kaufkraftverlust seines Kapitaleinsatzes. Diesen *realen Kapitalerhalt* strebt jeder Investor an, auch wenn er kein Risiko eingehen will. Die Alternative, in irgendeiner Halle haltbare Rohstoffe zu lagern, steht zumindest in einer freien Eigentümergesellschaft jedem frei. Aus der Sicht der Investoren ist auch der Kauf eines Grundstücks eine »Investition«. Doch jeder zu kaufende Hektar muss auch verkauft werden, somit heben sich ge- und verkaufte Flächen auf. Auf gesamtwirtschaftlicher Ebene ist das zwar keine Investition, doch dem Käufer bietet diese Transaktion in der Regel zumindest einen langfristigen Kapitalerhalt.

Ob sich ein Handwerker mit Rohren oder Kupferblechen fürs Lager eindeckt oder andere Waren lagert (»horten« wäre hier ein zu abwertender Begriff) – in einer Marktwirtschaft gibt es genug Möglichkeiten, einen negativen Zinssatz nach Steuern auf das nicht konsumierte Einkommen zu vermeiden. Das nennt man einen *realen Kapitalerhalt.* Die steuerrechtliche oder grundsätzliche Unmöglichkeit eines realen Kapitalerhaltes würde das Eigentumsrecht zur Farce machen.

Die **zweite Komponente** der Rendite ist der *risikolose reale Zinssatz.* Der verständige Investor fragt sich: »Welche Rendite erziele ich mit Anlagen ohne Risiko nach Steuern und Geldentwertung?« Diese reale Rendite war immer schon gering und manchmal sogar negativ. Wenn sie 1 bis 3 % betrug, war dies schon sehr hoch. In den Achtzigern gab es zwar hohe Zinsen, etwa 12 % bei 6 % Inflation. Doch nach Steuern waren es vielleicht nur noch 8 %. Und damit blieben

eben nur reale 2 % nach Steuern. Nach der gängigen Definition sind risikolose Zinserträge, die nach Steuern über dem Geldwertverlust liegen, »leistungslose« Einkommen. Dem kann man erwidern, dass in der Marktwirtschaft nicht nur körperliche und geistige Arbeit entlohnt wird. Der Markt belohnt auch die Verschiebung des individuellen Konsums in die Zukunft, wohlgemerkt wenn Kapital knapp ist. Wenn es mehr Leute gibt, die heute das Geld ausgeben wollen, das sie erst morgen verdienen, als solche, die ihr heutiges Einkommen erst morgen ausgeben wollen, muss der Zinssatz steigen. Das gilt umgekehrt natürlich auch für fallende Zinssätze – zumindest bei konstanter Geldmenge müsste es so sein.

Das begrenzte Geldangebot und die Nachfrage nach Krediten würden den Zinssatz bestimmen. Doch die modernen Notenbanken können den Preis für den Geldkredit (Zinssatz) beeinflussen, indem sie das Angebot an verfügbaren Krediten vergrößern. Der Zinssatz fällt dann natürlich, und das kann zu einem negativen realen Zinssatz führen. Die von der Zentralbank erhöhte Geldmenge wird dann durch die Geldschöpfung (siehe Kapitel B.4.c, »Kreditgeld«) der Geschäftsbanken weiter vervielfältigt und führt mittelfristig zu einer Wertminderung des Geldes (Inflation).

Die **dritte Komponente** der Rendite besteht in der Forderung der Investoren nach einer Prämie für eingegangene Risiken. Diese Prämie soll nicht nur die erwarteten Ausfälle ausgleichen, sondern auch gemäß den erwarteten Ausfällen (ex post) die Rendite erhöhen. Der Kapitalmarkt erwartet eben eine Belohnung für eingegangene Risiken, die sogenannte *Risikoprämie*. Alles andere wäre auch unlogisch, denn warum sollte man ein riskantes Investment tätigen, wenn ein risikoloses genauso viel einbringt? Die Finanzhistorie der US-Kapitalmärkte zeigt, dass die Risikoprämie durchschnittlich bei einem Drittel der erwarteten jährlichen Renditestreuung liegt (der annualisierten Standardabweichung der Projektrendite).

Nicht nur Kapitalanleger, sondern auch Fachkräfte werden für die Übernahme von Risiken entlohnt. Wer selbstständig arbeitet verdient in der Regel mehr als derjenige, der die gleiche Tätigkeit in einem Abhängigkeitsverhältnis ausübt. Zumindest gilt dies dann, wenn die Löhne sich durch freie Marktkräfte bilden.

Fazit: In einer Marktwirtschaft werden neben Leistung auch Konsumverzicht und Risikobereitschaft honoriert. Je seltener diese Eigenschaften sind, umso besser werden sie honoriert.

Die Renditeerwartungen von Investoren gliedern sich analytisch in die drei genannten Komponenten. Von diesen Überlegungen lassen sich Investoren bei ihren Investitionsentscheidungen leiten. Die nominalen (zahlenmäßigen) Renditeanforderungen, die sich daraus am Kapitalmarkt ergeben, nennt man Kapitalkosten. Erst Gewinne, die die Schwelle der Kapitalkosten überschreiten, nennt man ökonomische Gewinne. Aus der Sicht von Investoren sind alle Projekte »Flops«, wenn sie diese Anforderung nicht erfüllen und finanzmathematisch kalkulierbare wirtschaftliche Werte vernichten würden.

Es wäre falsch zu behaupten, dass dieses Erfordernis den Interessen einer Volkswirtschaft widerspricht. **Ein Unternehmen, das dauerhaft nicht die Deckung der Kapitalkosten erreicht, setzt die zur Verfügung stehenden Ressourcen schlechter ein als andere Unternehmen. Es ist somit vorteilhafter für den gesamten Wohlstand, wenn Arbeitnehmer und Kapital für andere Zwecke umgewidmet werden und das betreffende Unternehmen aufhört, mehr Werte zu verbrauchen, als es erschaffen kann.**

Die Abweichungen der erzielbaren Renditen von den Kapitalkosten haben zudem eine essenzielle Lenkungsfunktion in der Marktwirtschaft. Kein Wirtschaftsrat, keine Planungsbehörde könnte über Befehlsstrukturen die Kapitalressourcen so schnell und effektiv verteilen. Solche »Überschussrenditen« sind meistens einer geschickten und flexiblen Unternehmensführung zu verdanken und können im Wettbewerb nur begrenzt erhalten werden. Eine Ausnahme bilden jedoch Unternehmen, die eine große Marktmacht innehaben.

16. Was sind Optionen?

Schon sechs Jahrhunderte vor unserer Zeitrechnung soll der griechische Philosoph Thales von Milet (von ihm stammt auch der »Thalessatz« der Geometrie) mit Optionen gearbeitet haben. Er hat bei Eigentümern von Olivenpressen im Frühling die Option erworben, die Pressen in der Erntezeit zu einem vorher vereinbarten Preis pachten zu dürfen. Thales soll dadurch wohlhabend geworden sein.

Optionen sind Verträge zwischen zwei Parteien, die zum Kauf oder Verkauf eines wirtschaftlichen Gutes zu einem festgesetzten Preis und zu einem bestimmten zukünftigen Zeitpunkt berechtigen, aber nicht verpflichten. Wenn eine vertragliche Pflicht des Inhabers zur Ausübung vereinbart wird, dann handelt es sich um einen Future-Kontrakt und nicht um eine Option.

Ein Beispiel: Sie erwerben am Terminmarkt eine Option für eine Aktie mit dem aktuellen Wert von 100 Euro, sodass sie berechtigt sind, die Aktie nach zwei Jahren für 90 Euro zu kaufen. Der Abstand vom Marktpreis (Basispreis) zum Ausübungspreis (Strike) beträgt 10 Euro. Das ist der innere Wert der Option. Da eine Option aber ein einseitiges Wahlrecht des Inhabers darstellt, die Aktie zu kaufen, kommt zum inneren Wert der Option noch der Zeitwert hinzu. Der Zeitwert (Wert der Chance) bewertet die Chance, dass die Option noch wertvoller werden kann. Der faire Wert einer Option ergibt sich also aus seinem inneren Wert und seinem Zeitwert. Um den Wert der Option zu kalkulieren, muss man die implizite (erwartete) Volatilität der Aktie und den risikolosen Zinssatz kennen. Wenn wir für die erwartete Volatilität 15 % annehmen und den risikolosen Zinssatz bei 2,0 % ansetzten, dann erhalten wir nach der Formel von Black & Scholes einen Wert von 13,37 Euro für unsere Kaufoption.

Bei einer Verkaufsoption ist es umgekehrt. Hier erhält der Inhaber der Option das Recht, den Basiswert zu einem bestimmten Preis in der Zukunft verkaufen zu können. Mit Verkaufsoptionen können Vermögenswerte gegen Verluste abgesichert werden.

Kaufoptionen werden auch als Call- und **Verkaufsoptionen** als Put-Optionen bezeichnet.

17. Ein massives Argument für Freihandel: Komparative Vorteile

Nicht nur die Spezialisierung auf bestimmte Fertigkeiten und Aufgaben von Arbeitskräften und Unternehmen bringt eine gesamtwirtschaftliche Wohlstandsmehrung. Auch die internationale Arbeitsteilung bringt enorme Wohlstandsgewinne. Dies ergibt sich entweder aus Vorteilen, die ein größeres Produktionsvolumen birgt *(Skaleneffekte)* oder aus den sogenannten komparativen Vorteilen.

Der *komparative Vorteil* wurde zuerst 1815 von Robert Torrens in einem Aufsatz über Getreidegesetze beschrieben. Er kam zu dem Schluss, dass es für England von Vorteil wäre, Getreide in Portugal zu erwerben, auch wenn es in England billiger zu produzieren war als in Portugal. In der Literatur wird das Gesetz des komparativen Vorteils im internationalen Handel jedoch meistens David Ricardo zugeordnet.

Der Sachverhalt wird in dem folgenden fiktiven Beispiel mit willkürlichen Zahlen dargestellt. Einmal wird für die autarke Wirtschaft und einmal für den Fall des freien Handels kalkuliert. Portugal und England haben jeweils 1000 Produktionseinheiten. Im Fall ohne Handel setzt jede Wirtschaft 500 Einheiten für die Getreidegewinnung und 500 Einheiten für die Tuchproduktion ein. **England ist auf beiden Gebieten produktiver.** Es benötigt nur 10 Produktionseinheiten (PE) je Ballen Tuch und 6,66 PE je Tonne Getreide. Portugal hingegen braucht doppelt so viel Produktionseinheiten, um einen Ballen Tuch zu erzeugen, ist aber beim Getreideanbau um 50% produktiver als England.

Fall 1: Kein Freihandel

	PE		Produkte
Portugal	1000		
Getreideanbau	500	10 PE pro Tonne	50 Tonnen
Tuchproduktion	500	20 PE pro Ballen	25 Ballen
England			
Getreideanbau	500	6,66 PE pro Tonne	75 Tonnen
Tuchproduktion	500	10 PE pro Ballen	50 Ballen
Beide Länder zusammen			**125 Tonnen**
			75 Ballen

Fall 2: Freihandel

	PE		Produkte
Portugal	1000		
Getreideanbau	1000	10 PE pro Tonne	100 Tonnen
Tuchproduktion	0	20 PE pro Ballen	0 Ballen
England			
Getreideanbau	166,66	6,66 PE pro Tonne	25 Tonnen
Tuchproduktion	833,33	10 PE pro Ballen	83,33 Ballen
Beide Länder zusammen			**125 Tonnen**
			83,33 Ballen

Quelle: Eigene Darstellung

Im Falle der Autarkie, d. h. ohne Handel, werden in beiden Ländern zusammen 125 Tonnen Getreide und 75 Ballen Tuch produziert. Die Theorie des komparativen Vorteils legt nahe, dass sich jedes Land auf die Bereiche mit komparativen Vorteilen zurückziehen soll. Das bedeutet, dass Portugal die Tuchproduktion aufgibt und nur noch Getreide anbaut. Im Fall des freien Handels produzieren beide Staaten zusammen ebenfalls die 125 Tonnen Getreide, aber 83,33 Ballen Tuch, das sind 8 1/3 Ballen mehr als im Fall der autarken Wirtschaften!

Wenn es zum freien Warenaustausch kommt, wird der Marktwert der Produktionseinheiten unterschiedlich hoch sein. Es hängt von den Austauschverhältnissen ab – den *Terms of Trade* (wörtlich: Handelsbedingungen), wer wie viel von der gesteigerten Produktion profitiert. Die Terms of Trade müssen sich zwischen 1:2 und 2:3 einpendeln, sonst kommt gar keine Arbeitsteilung zustande. Wenn das

Verhältnis 1:1 beträgt, wird England einen Boom erleben und beide Wirtschaftszweige Portugals aus dem Geschäft drängen. Wenn das Wertverhältnis unter 1:2 liegt, also Portugals Produktionseinheiten um mehr als die Hälfte am Markt niedriger bewertet werden, wird Portugals Wirtschaft auf Kosten Englands wachsen und dort beide Produktionsbereiche verdrängen.

Doch die ungehinderten Marktkräfte lassen es nicht zu, dass die Terms of Trade sich so asymmetrisch entwickeln und der gesamte entstandene Freihandelszugewinn einem Land zufließt. Im freien Spiel der Marktkräfte wird sich das Wertverhältnis der Produktionseinheiten zwischen 1:2 und 2:3 einpendeln. Wäre Englands Währung zu niedrig bewertet, dann würde Portugal Tuch und Getreide einführen. Der Abfluss von Geld würde das Preisniveau in Portugal so lange sinken (Deflation) und in England steigen lassen (Inflation), bis die Terms of Trade sich wieder ausgleichen.

Wenn jedoch über wirtschaftspolitische Eingriffe (Zölle, Währungsbeeinflussung, manipulierte Kapitalströme etc.) eine nationale Wirtschaftspolitik (Merkantilismus) betrieben wird, können sich die geschilderten Nachteile für die eine oder die andere Volkswirtschaft einstellen.

Fazit: Im Beispiel lohnt sich für Portugal der unbehinderte Freihandel selbst dann, wenn es in beiden Bereichen weniger produktiv ist als England! In den Beispielen der einschlägigen Literatur werden Produktionseinheiten oft mit Arbeitsstunden gleichgesetzt. Genau genommen müssen aber alle Produktionsfaktoren mitgezählt werden, auch Kapitalkosten, Rohmaterialien und Leistungen, die aus dem Ausland bezogen werden. So kann es sein, dass die Lohnverhältnisse zwischen den Handelspartnern noch wesentlich ungleicher sind als die Terms of Trade selbst.

B. Das Wissen um Geld, Kredit und Wirtschaft

1. Herrschaftswissen – warum Sie das niemals in der Schule lernten

Das Wissen um das Geld, wie es entsteht, wer von seiner Produktion profitiert, wie man aus der Kontrolle über dessen Menge und damit dessen Wertes Vorteile ziehen kann – all dies ist Gegenstand privater oder politischer Macht. Die Mechanismen der Macht sind aber so gut wie nie Gegenstand einer organisierten Volksbildung. Deshalb sollten Sie sich nicht wundern, wenn Sie in der Schule von der Entstehung und der Macht der Gelderschaffung nichts gehört haben. Selbst in demokratischen Gesellschaften wird diese Bildung nicht so gepflegt wie dies für mündige Bürger notwendig wäre. Wenn Sie den später folgenden Textabschnitt »Die heimlichen Schattensteuern« lesen, wird Ihnen vielleicht ein Licht aufgehen. Ihnen wird klar werden, warum es nicht so vorteilhaft für die Führungsriege eines Landes ist, die sich für jede Wahlperiode neu wählen lassen muss, wenn das Publikum bereits alle Zaubertricks kennt.

2. Geld, was ist das eigentlich?

Jeder will es, jeder braucht es: Geld – und jeder kann es zählen – je mehr, desto besser. In Geschäften kann man dafür Waren bekommen oder man erhält dafür Dienstleistungen wie zum Beispiel einen Haarschnitt. Da die Leistungen einen Wert haben, muss das, was man dafür hergibt, eben auch einen Wert haben. Ich habe bereits im ersten Kapitel erläutert, dass alle Werte subjektiv sind. Dem Friseur wird das erhaltene Geld subjektiv mehr wert sein als sein Aufwand, und dem Kunden wird der Service einer neuen Frisur mehr bedeuten als der zu leistende Betrag, sonst würde er diesen Dienst nicht in Anspruch nehmen. Die Behauptung der Monetaristen (einer ökonomischen Denkschule), dass Geld grundsätzlich keinen »Wert« habe, stimmt so nicht. Es ist mir subjektiv mindestens ebenso viel wert wie das, was ich dafür erwerben will. Jeder hat aber andere Vorlieben, und nicht jeder wird bereit sein, den entsprechenden Marktpreis für bestimmte Güter und Dienste zu bezahlen. Je nach Einkommen und Wertschätzung wird seine Konsumentscheidung unterschiedlich ausfallen. Die Einkommenshöhe ist nicht unwesentlich: Wer 7 Euro in der Stunde verdient, wird eine Frisur für 50 Euro subjektiv anders bewerten als jemand, dem die Arbeitsstunde mit 100 Euro vergütet wird. Der Erste wird seine sieben Arbeitsstunden höher bewerten als die Gegenleistung und sich von seiner Freundin frisieren lassen. Der zweite wird die halbe Stunde seiner Lebenszeit sinnvoll verwendet sehen. Er könnte den Haarschnitt in der Zeit sowieso nicht selbst in der gleichen Qualität erledigen und nimmt den Vorteil der Arbeitsteilung in Anspruch. Der erste wird, wie gesagt, den Tausch von sieben Stunden Arbeit gegen eine halbe Stunde beim Friseur nicht vornehmen, nach einem preiswerteren Angebot suchen oder die Leistung außerhalb des offiziellen Sektors erledigen lassen.

Dieses Beispiel macht auch klar, dass hohe Steuern und Sozialabgaben eher davon abschrecken, für eine Stunde eigener Arbeit eine gleich hoch entlohnte Dienstleistung in Anspruch zu nehmen. Eine hohe Abgabenlast behindert folglich die Arbeitsteilung und fördert Eigenleistung sowie alternative Selbsthilfen.

Man kann Geld als **Tauschmittel** bezeichnen. Dabei wird jeder das Tauschmittel Geld subjektiv unterschiedlich bewerten, je nachdem, wie viel seiner begrenzten Lebensenergie er dafür opfern muss, um Geld zu erhalten, oder auch wie groß sein Vorrat an diesem **Lebensenergie-Derivat** ist. Sie werden mir sicher zustimmen, wenn ich behaupte, dass für einen Milliardär 1000 Euro subjektiv weniger wert sind als für jemanden, der diese Summe netto im Monat verdient. **Der Wert des Geldes ist ebenfalls subjektiv.**

Praktisch ist es schon, so ein *Tauschmittel.* Eine komplexe Wirtschaft könnte ohne Geld kaum funktionieren. Direkter Naturalientausch wäre mit einem riesigen Aufwand verbunden. In einer Tauschwirtschaft würde sich sehr schnell herausstellen, dass sich bestimmte Waren besser als Zwischentauschmittel eignen als andere und somit eine dominante Rolle einnehmen.

In der Geschichte hatten diverse Waren diese Rolle inne. Salz, Bronze, Kupfer, Eisen, Getreide, Rinder, Silber und Gold. Lange bevor Herrscher Metalle zu Münzen prägten, wurden diese bereits von Händlern als *Zahlungsmittel* gemäß ihrem Metallgewicht akzeptiert. Modernes Geld ist zwar kein Warengeld mehr, doch kann man im Bezahlvorgang durchaus einen Tauschvorgang von gespeicherter Lebensenergie gegen erhaltene Leistung sehen.

Anders gesehen ist Geld auch ein *Schuldentilgungsmittel.* Demnach ist Geld das Medium, mit dem man sich von einer zahlenmäßig (nominalen) vereinbarten Verbindlichkeit befreit. Auch beim Kauf mit Barzahlung entstehen juristisch gesehen zwei *Verbindlichkeiten und Forderungen.* Der Käufer hat die Pflicht, den vereinbarten Preis der Ware zu bezahlen (Verbindlichkeit) und erwirbt dafür das Recht auf Aushändigung der Ware. Der Verkäufer hat die Pflicht, die Ware auszuhändigen oder zu liefern, und erhält ein Recht auf Geldzahlung (Forderung). Die Betrachtung von Geld als Schuldentilgungsmittel trifft auch deshalb zu, weil Geld heute als *gesetzliches Zahlungsmittel* gilt. Das bedeutet: Jede Art von Schuld kann mit diesem Geld gelöscht werden. Die erste Betrachtungsweise von Geld als Tauschmittel kommt eher aus der ökonomischen Sicht einer Geldordnung, in der Transaktionen und Geldsorten freiwillig vereinbart werden können, während die zweite Funktion von Geld als Schuldentilgungsmittel eine juristische Komponente hat, weil klar festgelegt wird, wie der Leistungsaustausch abzulaufen hat. Die ökonomische Bedeutung von Geld wird im nächsten Abschnitt klarer, wo die drei potenziellen ökonomischen Funktionen des Geldes beleuchtet werden.

3. Die drei Funktionen des Geldes

Die *Zahlungsmittelfunktion (Medium of Exchange)* wurde schon im vorigen Kapitel benannt. Diese erste und wichtigste Funktion des Geldes wird auch durch eine erkennbare Kaufkraftänderung nicht beeinträchtigt. Nur eine sehr hohe Preissteigerungsrate kann diese Funktion (zer)stören. Die Funktion als *Schuldentilgungsmittel* für Verbindlichkeiten wird der Zahlungsmittelfunktion zugeordnet. Bei beiden Vorgängen werden vertragliche nominale Verbindlichkeiten beglichen.

Die zweite wichtige Funktion ist die Rolle des Geldes als *Rechnungseinheit (Unit of Account)* für die Wertermittlung. Im ersten Kapitel dieses Buches wurde bereits dargelegt, wie wichtig die Erfolgsrechnung für die Messbarkeit ökonomischer Wertschöpfung ist. Ohne eine verlässliche Recheneinheit, mit der Bilanzen und Gewinnkalkulationen dargestellt werden, wäre es unmöglich festzustellen, ob eine wirtschaftliche Tätigkeit unter optimalen Bedingungen erfolgt ist. Voraussetzungen für eine Messung der Wertschöpfung sind aussagefähige Marktpreise und eine stabile Rechnungseinheit. Schon geringe permanente Preissteigerungen machen es schwierig, echte Gewinne – die Schaffung von Werten – zu ermitteln.

Zum Beispiel werden Abschreibungen, die den Gewinn reduzieren, in Handels- und Steuerbilanzen auf die Anschaffungskosten der Anlagen bezogen. Nur eine genauere Kostenrechnung auf Basis der Wiederbeschaffungskosten zeigt dann den realen Gewinn. Schon bei Preissteigerungen von über 3 % sind die Verzerrungen ziemlich relevant für Unternehmensbewertungen. Gewinne erscheinen durch langfristige Preissteigerungen überhöht, wodurch die Forderung von Arbeitnehmervertretern nach einer besseren Umverteilung dieser vermeintlichen Gewinne begünstigt wird.

Auch für Konsumenten haben nachhaltige Preissteigerungen einen Verlust der Vergleichbarkeit zur Folge. Noch immer rechnen Leute im Laden Euro-Preise in ihre geliebte D-Mark um. Doch der Euro zum Zeitpunkt der Währungsumstellung ist nicht derselbe wie heute. Hundert Euro im Jahr 2002 (Bargeldumstellung 1. Januar 2002) waren deutlich mehr wert als 100 Euro im Jahr 2011. Den offiziellen Konsumentenpreis-Statistiken der *Europäischen Zentralbank (EZB)* zufolge hat der Euro 15 % seiner Kaufkraft verloren. Der gefühlte Kaufkraftverlust ist für die Verbraucher allerdings noch höher.

Ein Kleidungsstück, das im Jahr 2002 noch 100 Euro kostete, hat damit denselben Wert wie ein Kleidungsstück, das jetzt 115 Euro kostet! Es ist nicht so, dass der Pullover wertvoller wurde, vielmehr wurde der Euro weniger wert. Diese Entwicklung ist nicht zufällig, sie ist beabsichtigt. Die EZB hat ein Preisinflationsziel von zirka 1,5 bis 2 % pro Jahr. **Auch die D-Mark verlor von 1948 bis 2001 knapp drei Viertel ihrer Kaufkraft!** Eine Brezel kostete in Augsburg im Zeitraum von 1950 bis 1955 ca. 5 Pfennig, mit der Euro-Parität von 1,95583 Euro/DM umgerechnet sind das 2,56 Cent. Heute kostet eine Brezel in Augsburg je nach Angebot 60 Cent, also ungefähr das Vierundzwanzigfache! Die »Brezel-Kaufkraft« des Goldes hat sich dagegen sogar erhöht. Im Jahr 1950 hätte man für ein Gramm Gold 90 Brezeln kaufen können, und heute sind es 111!

Es gibt zwar Währungen wie den Schweizer Franken, den Singapur-Dollar oder den Kanadischen Dollar, die etwas langsamer abgewertet wurden. Jedoch sind alle heutigen nationalen Währungen prinzipiell nicht als *Wertspeicher (Store of Value)* konzipiert. Die Wertspeicherfunktion kann vom Investor nur erreicht werden, indem er sein Geld für Kredite an Dritte zur Verfügung stellt. Dies erreicht er entweder indirekt über verzinste Einlagen bei seiner Bank oder direkt über den Kauf verzinslicher Anleihen am Kapitalmarkt. So betrachtet, übt das System der permanenten Wertverluste des Bargelds natürlich einen Zwang aus, Geld nicht zu horten, sondern es »arbeiten« zu lassen.

Man sagt oft, dass Geld »arbeitet« oder sich durch Zinsen »vermehrt«. Das ist natürlich Unsinn. Nicht das Geld arbeitet, sondern die Menschen, die Geld auf Kredit erhalten. Das Geld vermehrt sich durch Zinsen auch nur aus der Sicht des Sparers. Geldscheine haben keinen Sex und vermehren sich nicht wie Lebewesen.

Der Umstand, dass ein Schuldner im Laufe der Zeit mehr Geld zurückbezahlt als er erhalten hat, bedeutet nicht, dass die gesamte Geldmenge im System deswegen zunimmt. Indirekt kann der Zinseszinseffekt zur Anhäufung großer Geldvermögen beitragen und eventuell einen Anstieg der Geldmenge im System erforderlich machen, um die Nachfrage zu stützen. Doch es bleibt dabei, Geld vermehrt sich nur scheinbar durch Zinsen.

Um der späteren Diskussion vorzugreifen: In unserem Schuldgeldsystem entsteht Geld durch die Kreditvergabe. Je niedriger der Zinssatz, desto mehr Kredite werden im Normalfall vergeben, desto schneller wächst auch die Geldmenge und desto schneller verliert das Geld an Kaufkraft. Ein nachhaltiger Nullzins ist im Schuldgeldsystem deshalb kaum mit der Preisstabilität vereinbar. Dazu später mehr.

4. Drei grundsätzlich unterschiedliche Geldarten

Wo kommt Geld her und wie entsteht es? Jeder kann es zählen, aber woher Geld kommt und warum es existiert, das bleibt für die meisten ein Geheimnis. In Gesellschaften, die Eigentum kennen (Eigentumsökonomie), wird solides Geld durch Belastung von Eigentum geschaffen. Eine Banknote der Bank of England im 19. Jahrhundert bedeutete ein jederzeit fälliges Lieferversprechen in Gold. Dieses Gold war tatsächlich vorrätig und somit durch eine Leistung gedeckt, die in der Vergangenheit erbracht wurde (Minenproduktion). Die privaten Geschäftsbanken hatten in jener Epoche auch Banknoten ausgegeben. Der Unterschied war nur, dass diese oft mit Kreditbriefen gedeckt waren, die wiederum auf Goldwährung lauteten. Diese Banknoten waren also durch eine versprochene zukünftige Leistung gedeckt.

Weil Versprechen vage sind, werden Kredite mit Eigentumswerten (aus vergangener Leistung) besichert (Pfand, Sicherheit) und durch die zukünftige Leistung des Schuldners getilgt. Zu guter Letzt gibt es Geld, das durch keine Leistung gedeckt ist, keine Eigentumsgesellschaft voraussetzt und diese eventuell sogar gefährden kann. Diese drei Kategorien des Geldes, die ich aus der Österreichischen Schule übernommen habe, werden hier auch als Warengeld, Kreditgeld oder Zeichengeld bezeichnet.

a) Warengeld

Wenn wir uns über Geld unterhalten, dann sollte uns klar sein, dass es grundsätzlich drei verschiedene Arten von Geld gibt oder gegeben hat. Eine in der Geschichte der Menschheit sehr gebräuchliche Geldart war das sogenannte *Warengeld* oder Rohwarengeld (englisch: *commodity money*). Ich habe bereits erwähnt, dass Waren wie Salz, Bronze, Kupfer, Eisen, Getreide, Rinder, Silber und Gold diese Rolle irgendwann erfüllten.

Warengeld entsteht durch die Normierung von Warenstücken zum Zweck des Tausches oder der Tilgung einer Verbindlichkeit. Wenn niemand ein Monopol auf diese Normierung hat, wird der Wert des Geldes immer am Marktwert des betreffenden Gutes gemessen. Würde der Geldwert von Silbermünzen oder -barren durch einen Anstieg der Geldnachfrage über den Wert des Silbergehaltes steigen, so wäre es ein lohnendes Geschäft für jede Münzprägestelle, neue Münzen oder Standardgewichte (also Geld) zu produzieren. Ohne eine Beschränkung der Prägung durch Lizenzvergabe oder das Monopol eines Souveräns (Herrscher) wird der Geldwert sich immer am Warenwert des Geldes orientieren. Deshalb sind die Erträge aus der Produktion eines solchen Warengeldes nicht höher als bei irgendeinem anderen Geschäft. Warengeld, dessen Wert dem Marktwert der betreffenden Ware entspricht, wird zumindest auf lange Sicht annähernde Kaufkraftstabilität aufweisen.

Durch die Entdeckung großer, leicht und billig auszubeutender Gold- und Silbervorkommen in Südamerika sowie durch Verbesserungen der Produktionstechniken kam es ab 1500 zu deutlichen Wertverlusten vor allem des Silbers und damit zu einem lang anhaltenden Anstieg des Preisniveaus in Europa. Diese sich über zwei Jahrhunderte erstreckende Entwicklung, die Historiker die *Preisrevolu-*

tion nennen, kam den Preissteigerungsraten unserer modernen Zeit recht nahe.

Der bekannte Goldstandard, der bis 1913 weltweit eine einheitliche Währungsgrundlage bildete, war ein Kreditgeldsystem, das auf einem Warengeld (Gold) aufbaute. Die Banknoten der Bank of England waren an das Gold gebunden und durch dieses gedeckt. Die Bankeinlagen waren mit auf Gold lautenden Forderungen hinterlegt (gedeckt).

b) Zeichengeld oder Symbolgeld

Solange Könige oder Kaiser die Herstellung des Warengeldes in eigenen Münzstätten kontrollierten, konnten sie Dritten solche Rechte auch verweigern. Dadurch konnten sie ihr Monopol (alleiniges Münzprägerecht) dazu verwenden, die Münzmenge zu beschränken. Die Kaufkraft der Münzen stieg über deren Warenwert hinaus. Die Erkenntnis, dass der Warenwert von der Kaufkraft des Geldes durch die Kontrolle der Geldmenge (Münzmonopol) getrennt werden kann, war für die Machthaber zu allen Zeiten eine willkommene Gelegenheit, den Mehrwert abzuschöpfen.

Durch den Austausch von Münzen mit hohem Silbergehalt gegen Münzen von gleichem Nennwert mit niedrigerem Silbergehalt blieb die Kaufkraft der Münzen zunächst konstant. Der Souverän hätte das eingesparte Silber einfach auf dem Markt verkaufen können. Doch warum sollte der Machthaber es bei diesem Akt belassen? Er ließ mit dem so gewonnenen Silber natürlich zusätzliche Münzen prägen, um damit seine Ausgaben zu bestreiten, bevor das Volk die Münzverschlechterung bemerkte. Dabei riskierte der Machthaber, dass Kaufleute oder seine Feinde ihm zuvorkamen und den Umstand nutzten, dass der Materialwert des neuen Geldes geringer war als seine Kaufkraft, um selbst Geld zu »fälschen«. Es fand ein Wettlauf statt, bis die Kaufkraft der Münzen wieder dem niedrigeren Materialwert (Produktionskosten) entsprach.

In Anlehnung an Ludwig von Mises wird das Geld, dessen Wert nur auf der monopolistischen Mengenbeschränkung und nicht auf den Produktionskosten beruht, als **Zeichen-, Symbol- oder Fiatgeld** bezeichnet. Der Vorteil von Symbolgeld liegt in der günstigen Produktion. Die Produktionskosten von »Geldnoten« sind marginal im Vergleich zu deren Kaufkraft. Damit ist die Ausweitung der Bargeldmenge jederzeit problemlos möglich. Ich brauche wohl nicht zu erwähnen, dass die Wertspeicherfunktion beim Zeichengeld von der Willkür des Souveräns als Geldproduzenten abhängig ist.

Das Beispiel Somalia zeigt, dass Symbolgeld wieder zu Warengeld werden kann. Nach dem Beginn des somalischen Bürgerkriegs im Jahre 1991 brach die öffentliche Ordnung und damit auch das staatliche Währungsmonopol zusammen. In den folgenden Jahren konnte praktisch jeder Geldscheine drucken. Die Scheine wurden zum Materialwert im Ausland besorgt. Mit der Folge, dass jeder Geldschein unabhängig vom Aufdruck den gleichen Wert bekam und dieser sich bei seinen Produktionskosten einpendelte. Der freie Marktwettbewerb im Geldsektor (ohne Geldmonopole) führt den Geldwert eben wieder auf seinen Warenwert zurück.

Wie schon Voltaire, der als Zeitzeuge das Geldexperiment von John Law in Frankreich verfolgte, treffend feststellte:

>*»Papiergeld kehrt früher oder später zu seinem inneren Wert zurück — null.«*

Mit Papiergeld meinte er »ungedecktes« Geld – Zeichengeld. Eine Banknote, die eine jederzeit einzulösende, definierte Menge Metall oder einer anderen Ware repräsentiert, ist Warengeld.

Oft wird behauptet, dass Geld keinen Gegenwert haben muss. Hier die Gegenargumentation von David Ricardo – vor fast zweihundert Jahren:

>*»Obwohl es [das Zeichengeld, Anm. d. Verf.] keinen inneren Wert hat, ist sein Tauschwert ebenso groß wie ein entsprechender Nenn-*

wert von Goldmünzen, wenn man seine Menge begrenzt [...].
Die Erfahrung zeigt jedoch, dass noch kein Staat und keine Bank
unbegrenzte Macht hatte, ohne diese zu missbrauchen. In allen
Staaten sollte deshalb die Ausgabe von Zahlungsmitteln gewis-
sen Kontrollinstanzen unterstehen. Und nichts scheint zu diesem
Zweck geeigneter, als die Herausgeber von Papiergeld zur Einlösung
in Goldmünzen oder -barren zu verpflichten.«

AUS »COMPLETE WORKS«

c) Kreditgeld

Kredite dürften so alt sein wie die Menschheit selbst. Für einen Kredit braucht es ja nicht einmal Geld. Aus dem Altertum im Vorderen Orient wird zum Beispiel von Getreidekrediten berichtet, die mit Zinsen zurückbezahlt werden mussten. Die Errungenschaft des Zahlungsmittels »Geld« ermöglichte später den Geldkredit. Im 15. Jahrhundert wurden in Italien nicht nur die Bilanzierung und die Buchführung entwickelt, sondern auch eine neue, raffinierte Form des Geldes – das *Kreditgeld.* Kreditgeld ist eine Forderung, die man als Zahlungsmittel einsetzen kann und die damit die für Transaktionen verfügbare Geldmenge erweitert.

Das **Kreditgeld kann man in zwei Typen einteilen.** Zum **ersten Typ** zählen Schecks oder Wechsel, die oft ein Einlöseversprechen auf Sicht darstellen. Früher war es üblich, *Wechsel* (oder Schecks), die nach drei Monaten seit der Ausstellung beim Aussteller des Schecks (Bezogener) oder seiner Bank einzulösen waren, zwischenzeitlich als Zahlungsmittel weiterzureichen. Diese zirkulierten bis zur Fälligkeit oder wurden zuvor von Wechselbanken mit Abschlag (Diskont) in Zahlung genommen. Warenwechsel mit dreimonatiger Laufzeit bildeten auch das Rückgrat des weltweiten Handels zur Zeit des Goldstandards im 19. Jahrhundert.

Noch bedeutender für die Ausweitung von Zahlungsmitteln ist allerdings der **zweite Typ** des Kreditgeldes, das *Sichtguthaben* bei Banken. Anhand nachfolgender Grafik (Seite 65) erläutere ich den wichtigsten Prozess des Kapitalismus (Verschuldungswirtschaft).

Die Notenbank oder der Staat hat zu Beginn 1000 Euro Basisgeld als Bargeld in Umlauf gebracht. Ob gedeckt oder nicht, spielt für dieses Beispiel zunächst keine Rolle. Dieser Betrag wird nun von seinem Inhaber auf sein Girokonto bei der Bank A einbezahlt. Die Bank A kann nun über diesen Betrag verfügen, muss aber gemäß unserem Beispiel eine 10%ige *Mindestreserve* bei der Notenbank (verzinst) hinterlegen, also 100 Euro. Der Bank bleiben für die Kreditvergabe 900 Euro. Der Kreditnehmer der Bank A gibt dieses Geld aus, der Empfänger zahlt denselben Betrag wiederum auf sein Konto bei der Bank B ein. Die Bank B zieht nun wieder die 10%ige Mindestreserve von 90 Euro ab und vergibt dann einen Kredit von 810 Euro. Der Kreditnehmer der Bank B bringt diese 810 Euro in Umlauf und irgendein Empfänger zahlt sie wieder bei seiner Bank C ein. Unter Berücksichtigung der Mindestreserve von 81 Euro kann die Bank C wiederum einen Kredit in Höhe von 729 Euro Kredit vergeben. Hier machen wir eine Zwischenrechnung: Zusätzlich zu den 1000 Euro Bargeld, welche die Notenbank neu in Umlauf gebracht hat, existieren nun auch noch die neuen Sichtguthaben der Einzahler (1000 Euro + 900 Euro + 810 Euro + 729 Euro = 3439 Euro). **Dieser Prozess der *Giralgeldschöpfung* hat also das neue Geld der Zentralbank vervielfacht: Aus den 1000 Euro Cash sind zusammen mit den Guthaben nunmehr 4439 Euro geworden.**

Diese Giralgeldschöpfung hört aber nicht bei den 3439 Euro auf, wie die Grafik der ÖZB hier suggeriert. Der ganze Vorgang ist erst beendet, wenn die aufsummierten Beträge, die als Mindestreserve bei der Notenbank hinterlegt wurden, 1000 Euro betragen.

Zudem ist hier noch vereinfachend angenommen worden, dass das Bargeld von dem jeweiligen Erwerber zu 100% wieder bei seiner Bank eingezahlt wird. Es dürfte einleuchten, dass es zu keiner Schöpfung von Geld-Anrechten kommt, wenn die Beteiligten das ganze Geld lieber in der Schublade horten. Umgekehrt läuft der

Prozess am weitesten, wenn von den Bürgern kaum Bargeldhaltung erwünscht wird. Deshalb ist die Bargeldquote in der Wirtschaft für die Kalkulation des erwarteten **Geldschöpfungsmultiplikators** bedeutsam.

$$\text{Multiplikator} = 1 \div [\text{Bargeldquote} + (\text{Reservenanteil der Bank}) \times (1 + \text{Bargeldquote})]$$

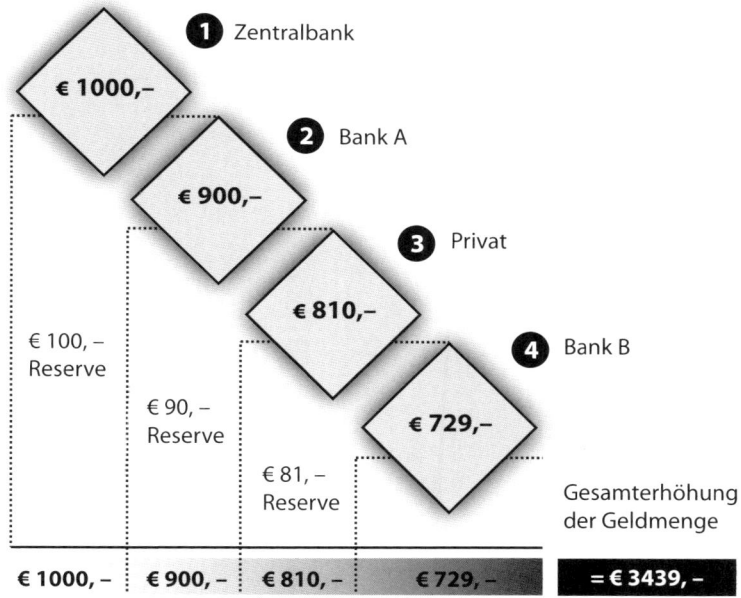

Bildquelle: Österreichische Zentralbank

Eine kleine Beispielrechnung:

Bei einem Reservesatz von 5% und einer Bargeldquote von 5% ergibt sich der Multiplikator 9,75. An dieser Stelle scheint es erwähnenswert, dass man Banken zwar dazu zwingen kann, eine Mindestreserve zu halten, jedoch nicht daran hindern kann, Rücklagen oberhalb des gesetzlich vorgeschriebenen Mindestsatzes zu bilden. Die Differenz zwischen dem gesetzlichen Minimum und den tatsächlichen Reserven der Banken wird auch als *Überschussreserve* bezeichnet.

Ein Zwang zur Kreditvergabe würde das Eigentumsrecht der Sparer und der Bankeigentümer berühren, da jede Kreditvergabe den Eigentümer mit einem Risiko belastet. Man kann dieses Risiko aber nicht willkürlich erzwingen, ohne damit das Eigentumsrecht einzuschränken. Kredite setzen zwingend den Glauben an die Rückkehr des Geldes (Kredit) voraus!

Auch Giralgeld ist nur Kredit(geld)

Genau genommen ist eine Banknote nicht dasselbe wie ein Girokontoguthaben. Hundert Euro in der Hand sind etwas anderes als hundert Euro auf dem Bankkonto. Denn Sichtguthaben sind das, was der Begriff besagt: ein Guthaben auf Sicht. Der Betrag liegt nicht sicher im Safe der Bank, sondern ist an Schuldner verliehen, von denen die Bank glaubt, dass sie ihn zurückzahlen werden. Zumindest theoretisch besteht aber immer die Chance eines Ausfalls.

Wenn man es ganz genau betrachtet, ist das Guthaben auf dem Konto nur ein Anrecht auf Bargeld, also eine Forderung auf Bargeld gegenüber der Bank. Wenn sie einem Bekannten Geld leihen, haben sie auch ein Guthaben. Sie »haben« etwas »gut« bei ihm. Doch dieses Guthaben würden sie wohl anders bewerten als Bargeld in ihrer Brieftasche. Durch Garantien, Reserven und Stützungssysteme wird das Ausfallrisiko für Bankeinlagen heutzutage begrenzt und auf Extremsituationen beschränkt. **Ausfallgarantien für Kredite oder Giralgeld machen dieses zum Quasigeld, weil es nun genauso sicher scheint. Zumindest so sicher wie der Garantiegeber.**

Wenn jedoch Schuldner in großem Umfang ihre Kredite nicht mehr bedienen können, weil beispielsweise ihre Vermögenswerte durch Kriege zerstört wurden, sind auch die Gegenpositionen dieser Schulden gefährdet, also die Guthaben der Sparer. Wenn gleichzeitig viele große Schuldner insolvent werden und weder Zinsen noch Tilgungsraten nicht mehr bezahlen können – wie wir dies am US-Immobilienmarkt gesehen haben – dann sind auch die Bankeinlagen der Sparer im Feuer, weil dann alle Sicherungssysteme und das Eigenkapital des gesamten Bankensystems überfordert sind.

Ein insolventes Bankensystem kann nur auf Kosten der Steuerzahler und/oder der Konteninhaber repariert werden. Im Extremfall bleibt nur noch eine Währungsreform als Ausweg. Auch große Kriege oder Naturkatastrophen können solche Ereignisse auslösen.

Der schleichende Übergang vom Kreditgeld zum Fiatgeld

Von Kreditgeld kann man nur sprechen, wenn die Kredite, die hinter der Erschaffung des Geldes stehen, auch von vornherein mit *Sicherheiten (Kollateral)* hinterlegt sind. **Sobald eine Geschäfts- oder eine private oder staatliche Notenbank fiktive Vermögenswerte oder Kredite ohne Sicherheiten (Kollateral) auf der Aktivseite der Bilanz hält, bekommt das Kreditgeld einen Zeichengeldcharakter.** Die Überschreitung dieser kritischen Grenze kann jedoch von der Öffentlichkeit nicht unmittelbar bemerkt werden.

Auch die Solvenz und die Bilanz zentraler Notenbanken, die *Zentralbankgeld* schaffen, können für den langfristigen Wert des Geldes relevant werden. Was die Bilanzen und das Eigenkapital der Zentralbanken für Ökonomen so unwichtig erscheinen lässt, sind die impliziten Bürgschaften der hinter ihnen stehenden Wirtschaften und Nationen. Die Solvenz der Zentralbank steht und fällt aber mit der Wirtschaftskraft des Staates, der für die Stabilität seiner Währung garantieren muss. Für den Staat könnten dann noch zwischenstaatliche Organisationen wie der Europäische Rettungsfonds oder der Internationale Währungsfonds usw. einspringen. Eine noch höhere übergeordnete Institution« gibt es aber nicht, und ein »Bail-out« vom Mars ist nicht besonders wahrscheinlich.

5. Die Evolution des Geldes

Waren bildeten die ältesten Formen von Geld. Schon bevor es große Reiche gab, handelten Menschen mit bestimmten Gütern wie
Salz, Felle, Metalle, Bernstein oder Ähnlichem. Dabei stellten sich
bestimmte Waren als besonders geeignet heraus. Man tauschte sie
gegen eigene Waren ein ohne die Absicht, diese selbst zu verbrauchen. Waren wurden indirekt getauscht. Man gab seine eigenen
Produkte, zum Beispiel Fisch, gegen ein Produkt her, das man jederzeit wieder weiter tauschen konnte. Es bildeten sich indirekte Tauschmittel heraus. Wenn ein solches Tauschmittel teilbar und
haltbar war, keine Qualitätsunterschiede aufwies (wie Diamanten)
und jederzeit problemlos veräußerbar war, waren alle wichtigen
Funktionen des Geldes bereits erfüllt. Es speicherte Wert, taugte als
Recheneinheit und konnte als Zahlungsmittel dienen. **Wenn alle Funktionen des Geldes erfüllt waren, war es Geld, auch
wenn es in keinem Gesetzbuch stand.**

Geld hatte außerdem die Funktion, dass damit Verbindlichkeiten getilgt werden konnten. Schon im 2. Jahrtausend vor unserer Zeitrechnung wurden in Mesopotamien solche Verbindlichkeiten auf Tontafeln geritzt. Möglicherweise bildeten solche Tontafeln auch schon
eine frühe Form des *Kreditgeldes.* Es spielt praktisch keine Rolle, ob
solche Verträge auf Ton geritzt, auf Papier notiert oder elektronisch
gespeichert werden. Das Entscheidende ist und war jedoch immer
der Inhalt und die Durchsetzbarkeit dieser Verträge. In Mesopotamien zum Beispiel hatten die Inhaber von Tontafeln auf Silber oder
Gerste lautende Ansprüche gegen Schuldner.

Mit der Entstehung von Königreichen und Imperien kam Geld
meist unter die staatliche Obhut. Die ersten geprägten Edelmetallmünzen waren lediglich normierte Metallgewichte. Das Siegel des
Souveräns stellte dabei eine Art Zertifikat für das Gewicht und die
Echtheit des Materials dar. Die Souveräne nutzten Monopole oft, um
eine Eigenschaft des Geldes zu ihrem Vorteil zu nutzen: Der Warenwert des Geldes konnte von der Kaufkraft des Geldes isoliert werden.

Durch ein Monopol auf die Münzprägung konnte ein Souverän bei steigender Nachfrage die Kaufkraft seiner Münzen über den Wert der Herstellungskosten seiner Münzen heben (siehe »Geldmenge und Preisniveau«). Über die Wertdifferenz konnte er große Gewinne durch die Prägung neuer Münzen erzielen. Diese Münzen waren damit kein echtes *Warengeld* mehr. Da das Siegel des Kaisers (und sein Geldmengenmonopol) den Wert der Münze bestimmten, nennen wir dieses Geld nun *Zeichengeld*.

Solange Imperien – wie das Römische Reich – wuchsen, konnten sie die Nachfrage nach ihrer imperialen Währungen ständig steigern und solche Münz- oder *Geldproduktionsgewinne* realisieren. Die Gewinne aus der Geldproduktion und militärischer Expansion gingen Hand in Hand. Durch die Eroberungen kam das römische Reich zudem an Silber- und Goldminen, wodurch die Produktion von Edelmetallgeld noch lukrativer wurde. Gewinne aus der Geldschöpfung nennt man heute übrigens *Seigniorage.*

Wenn Imperien den Zenit ihres Machtbereichs überschritten hatten, stieg die Nachfrage nach ihren Währungen nicht mehr. Wenn nun die Geldmenge trotzdem erweitert wurde, weil die Seigniorage einfach eine Haupteinnahmequelle des Staates bildete, sank die Kaufkraft der Münzen. Um die Gewinnspanne der Geldproduktion aufrechtzuerhalten, mussten die römischen Kaiser den Metallwert ihrer Münzen ständig absenken. Solche Münzverschlechterungen konnten durch eine Verringerung des Gewichts oder einen geringeren Edelmetallgehalt erreicht werden. Die Erweiterung der Geldmenge über die Nachfrage hinaus (Inflation) führte zu permanenten Preissteigerungen. Inflation war und ist immer ein Zeichen für die Unfähigkeit eines Staates, die laufenden Ausgaben über Steuern zu finanzieren. Auch der Niedergang des Römischen Imperiums wurde von einer andauernden Geldentwertung begleitet.

Nach dem Niedergang des Römischen Imperiums gab es lange keine »Neuerungen« mehr beim Geldwesen in Europa. Im Mittelalter konnte kein Regent wirklich ein dauerhaftes Geldmonopol errichten. Der Markt kehrte zur natürlichen Warengeldordnung, der Verwendung von Gold und Silber, als ultimatives Zahlungsmittel zurück. In Mecklenburg wurden arabische Silbermünzen aus einer Zeit gefunden, in der kaum ein europäischer Souverän Silbermünzen prägte. Die Verwendung beider Metalle im Handelsverkehr machte es für einen Souverän schwierig, den Wert des Metalls zu »cornern« (manipulieren), das er für seine Münzen verwendete. Somit blieb nur der Trick der Münzverschlechterung. Erst die Bank of England konnte, nach der Demonetarisierung des Silbers, die Kaufkraft des Goldes beeinflussen.

Das Oströmische Reich hatte jahrhundertelang weiterhin eine konstant stabile Goldwährung (den Solidus), doch der nächste große Schritt der Geldevolution fand in Italien statt: Die Entwicklung von Banken und der Kreditvergabe.

Der Ursprung des Bankwesens liegt oft (aber nicht immer) in der treuhänderischen Verwahrung von Geldmetall und Geld gegen Gebühren. Dabei wurden entweder Banknoten als Quittungen ausgegeben oder Guthaben verbucht. Bei solch einer *Vollreservenbank* repräsentierte die Summe der Einlagenguthaben und Banknoten genau den Wert der gelagerten Edelmetalle im Tresor. Schon im Italien der Renaissance konnte man Geld von einem Konto aufs andere überweisen, ohne tatsächlich Edelmetalle transportieren zu müssen.

Die Entwicklung der *Teilreservenbank* vollzog sich unabhängig voneinander in mehreren Regionen Norditaliens, Süddeutschlands und Nordeuropas. Im Prinzip wurden Einlagen nun verzinst, da sie gegen Zinsen verliehen werden konnten. Durch die Kreditvergabe der Einlagen hatten Banken natürlich nicht mehr so viel Edelmetall im Tresor, wie sie durch Einlagen von Investoren erhielten. Die Kreditgeldschöpfung konnte die Einlagen, wie bereits gezeigt, stark erhöhen. Das heißt aber nicht, dass solche Teilreservebanken insolvent waren. Wenn die Kredite nicht faul waren und man erwarten konnte, dass die Kredite bedient würden, stellten diese gute Vermögenswerte dar. Somit stehen den Einlagen und Banknoten einer Teilreservenbank durchaus genügend Werte gegenüber. Anders formuliert: Bei einer soliden Teilreservenbank stehen den Guthaben und emittierten Banknoten nicht nur Edelmetalle gegenüber, sondern auch Forderungen auf Edelmetalle. Die Einlagen und Banknoten einer Teilreservenbank waren somit eine Mixtur aus Warengeld und Kreditgeld.

Die Risiken einer Teilreservenbank bestanden einfach darin, dass sie nicht alle Einleger gleichzeitig in Form von Edelmetall auszahlen konnte. Kam es dennoch zum Ansturm auf die Einlagen, musste eine Teilreservenbank ihre Vermögenswerte liquidieren, und das sind vorwiegend Schuldscheine. Wenn so ein Notverkauf zu hohen Wertverlusten führte, konnte die zuvor solvente Teilreservenbank trotzdem insolvent werden. Die Bank erlöste in diesem Fall einfach nicht genug Edelmetalle, um die Einlegerkonten ausbezahlen zu können. Andererseits hatte die ständige Drohung einer Liquiditäts- und Vertrauenskrise die Banken zur behutsamen Kreditvergabe genötigt.

Mit der Gründung von *Zentralbanken* in Italien (1587), den Niederlanden (1609), Schweden (1656), England (1694), Frankreich (1718 und 1800), und den USA (1781, 1816 und 1913) wurde auf diese Beschränkung der Kreditvergabe reagiert. Meistens war es die Notwendigkeit, einen Krieg zu finanzieren, die zur Gründung von Zentralbanken führte. Denn wenn Banken Kriege finanzierten und große Beträge in Staatsanleihen steckten, setzten sie sich der Gefahr eines Bankenansturms der Gläubiger aus. Die Zentralbanken bildeten dann den *Kreditgeber der letzten Instanz (Lender of Last Resort),* das heißt, sie kauften Schuldbriefe der Banken, bei denen Einleger Geld abgezogen hatten. In vielen Ländern bekamen die Zentralbanken später das alleinige Recht, Banknoten auszugeben.

Der entscheidende Schritt weg von der Kopplung des Geldwertes an den Goldstandard wurde bereits zu Beginn des Ersten Weltkrieges vollzogen. Deutschland und später England hatten die Eintauschverpflichtung ihrer Banknoten gegen Gold aufgehoben, um den bevorstehenden großen Krieg finanzieren zu können. Der erste Weltkrieg hat Europa in nur vier Jahren ruiniert. Solch ein Krieg wäre ohne die Aufhebung der Goldbindung nach einigen Monaten wegen Geldmangel zu Ende gewesen.

Die solide Ordnung des liberalen Goldstandards musste dem kriegerischen Nationalismus weichen. Da die heimischen Anleihenmärkte für Kriegsanleihen bald erschöpft waren, musste insbesondere Deutschland auf die **Monetarisierung** (zu Geld machen) von Staatsanleihen setzen, um den Krieg fortsetzen zu können. Dabei kaufte die Reichsbank Anleihen des Finanzministers mit frisch gedruckten Banknoten. Der Krieg wurde also mittels einer Besteuerung über die Inflation weitergeführt. Frankreich und Großbritannien konnten sich im ersten Weltkrieg zudem an den Kapitalmärkten in den USA verschulden.

Alle Versuche, den **Goldstandard** in Europa wieder zu beleben, scheiterten an den desolaten europäischen Staatsfinanzen und am Fehlen eines Verrechnungssystems für internationale Handelswechsel. Vor dem ersten Weltkrieg bildete London als Welthandelszentrum das »Clearing House« für auf Gold bezogene Handelswechsel. Die Rolle Londons als Finanzmetropole war dominant: Vor Beginn des Ersten Weltkrieges waren selbst deutsche Handelsschiffe bei Lloyd's in London versichert!

Mit dem Ende der globalen Freihandelsordnung des 19. Jahrhunderts brach auch das britisch dominierte Goldstandard-Finanzsystem auseinander. Der Rückgang des Welthandels, der Kollaps des Goldstandardsystems sowie die immensen Schuldenlasten Europas führten schließlich in die »Große Depression«, die Weltwirtschaftskrise. In dieser Zeit kam es zum weitgehenden Stillstand des Welthandels. US-Präsident Franklin D. Roosevelt beendete im Rahmen des »New Deal« 1933 auch in den Vereinigten Staaten den Goldstandard. Die Eliten waren damals fest davon überzeugt, dass die disziplinierenden Fesseln des Goldstandards dem Fortschritt der Menschheit im Wege stehen würden. Genauso wie Stalin und Hitler hatte Roosevelt den privaten Goldbesitz verboten.

Nachdem bereits 1913 die Federal Reserve Bank als Bankkartell mit staatlicher Beteiligung gegründet wurde und der Dollar nach 1933 nicht mehr an den Goldwert gekoppelt war, verfügten auch die USA über eine unbegrenzt einsetzbare Kreditgeldmaschine (Fiatgeldnotenbank), wie sie schon den Ersten Weltkrieg in Europa finanziert hatte. Zunächst wurde damit der Zweite Weltkrieg finanziert, danach der Wohlfahrtsstaat und später wiederum der Kalte Krieg.

Die fantastischen Vorteile für Staatsschulden in einem Fiatgeld-System sind einleuchtend: Eine kooperierende Notenbank kann die Anleihen des Finanzministers kaufen und somit den unvermeidlichen Zinsanstieg am Markt infolge der beständigen Anleihenflut lange hinauszögern! Hoffentlich länger als der Feind, und damit lange genug, um einen großen Krieg zu gewinnen (oder zu verlieren). Nach dem Motto: Nach uns die Zinsflut!

Die Währungskonferenz in Bretton Woods im Jahr 1944 war quasi die Übergabeverhandlung des insolventen britischen Empire an die Vereinigten Staaten. Auf dieser Konferenz wurden für den US-Dollar feste Wechselkurse im Verhältnis zu den übrigen Währungen festgelegt. Somit trat der Dollar als neue Reservewährung der Welt an die Stelle des Goldes und ersetzte den Goldstandard.

Prinzipiell kann jede Zentralbank von den nachfolgenden drei Zielen nur zwei gleichzeitig verwirklichen (Impossible Trinity):

1. **Festlegung des Marktwertes der Währung** (relativ zu Edelmetallen, Rohstoffen oder anderen Währungen)
2. **Freier Kapitalverkehr** (jeder darf die nationale Währung ohne Zweckangabe in andere Währungen, Rohstoffe oder Edelmetalle seiner Wahl tauschen)
3. **Manipulation der Nachfrage** im Währungsraum (über Geldmenge und Zinsniveau), um wirtschaftspolitische Ziele zu erreichen

Der erste und der letzte Punkt stehen im deutlichen Widerspruch zueinander. Eine Stärkung der Nachfrage über eine Kreditausweitung ohne eine anschließende Kontraktion hinnehmen zu wollen, bedeutet ein dauerhaftes Geldmengenwachstum. Damit ist die Bindung der Währung an einen wertstabilen Maßstab wie zum Beispiel Gold ausgeschlossen. Darum konkurriert Gold immer mit verzinslichen Wertpapieren um den besseren Werterhalt. Aber auch die verschiedenen Fiatwährungen konkurrieren miteinander. Kapitalflüsse nutzen das unterschiedliche Zinsniveau, wenn Wechselkurse von Währungen festgelegt werden. Um die Widersprüche zwischen Punkt 1 und 3 aufzuheben, wird manchmal Punkt 2 durch Kapitalverkehrskontrollen ausgehebelt. Punkt 2 ist aber wesentlich für die Reisefreiheit, die globale Freizügigkeit und die Möglichkeit, sein Vermögen ins Ausland zu transferieren. **Wer die individuelle Freiheit nicht zerstören will, muss eben zwischen Nachfragepolitik und Festlegung des Geldwertes wählen.**

Auch bei der Weltwährungsordnung, die 1944 in Bretton Woods beschlossen wurde, mussten sich die Verhandlungspartner für zwei der drei Optionen entscheiden. Während im Goldstandard des 19. Jahrhunderts die ersten beiden Optionen gültig waren, sollte in der Nachkriegsordnung die Freiheit der Eigentümer von Kapital beschnitten werden, um eine massive Manipulation der Nachfrage zu ermöglichen. **Die Weltwährungsordnung von Bretton Woods wählte somit aus dem Menü die Optionen 1 und 3.** Es blieb noch eine lose Bindung an den Goldstandard: Internationale Notenbanken konnten ihre Handelsbilanzüberschüsse zu 35 US-Dollar für eine Unze Gold eintauschen. Schon seit der Weltwirtschaftskrise von 1929 war die Weltwirtschaft von Kapitalverkehrskontrollen und Beschränkungen der wirtschaftlichen Freiheiten gekennzeichnet – Bretton Woods setzte diese Praxis fort.

Im Jahr 1971 brach Präsident Nixon das vertragliche Versprechen gegenüber den anderen Zentralbanken, Dollarreserven aus Handelsüberschüssen zum vereinbarten Kurs in Gold einzutauschen. Er schloss das sogenannte Goldfenster.

Die Geldmengenausweitung unter den Präsidenten Kennedy und Johnson sorgte für große Handelsbilanzdefizite und führte zu massiven Goldabflüssen ins Ausland. Um nicht alle Goldreserven zu verlieren, brachen die USA schließlich die Vereinbarung von Bretton

Woods. Infolgedessen waren auch die festen Wechselkursverhältnisse obsolet. **Die Welt operierte von da an im Modus mit den Optionen 2 und 3, also schwankenden Wechselkursen und Steuerung der Geldpolitik.** Damit hatte die Welt innerhalb eines Menschenalters alle drei Möglichkeiten einer internationalen Währungsordnung durchprobiert. Man ist versucht zu erraten, welche als Nächstes an der Reihe sein wird.

>*Der US-Dollar ist unsere Währung, aber euer Problem.«*

US-FINANZMINISTER JOHN CONNALLY, 1971

Durch den Coup von Nixon wurde das Gold quasi durch dreimonatige *Schatzwechsel des Finanzministeriums (Treasury Bills)* ersetzt. Dadurch errangen die USA das außerordentliche Privileg, wie es der französische Nachkriegspräsident Charles de Gaulle nannte, Handelsbilanzdefizite mit Schuldscheinen zu beglichen. Die Saudis lieferten Erdöl und die USA Schuldscheine. Es wird dem Leser einleuchten, dass die Araber damit nicht zufrieden waren und mehr Dollars pro Barrel Öl verlangten, als die US-Geldmenge explodierte. Die mit den Ölstaaten inoffiziell geschlossene Vereinbarung, Ölgelder für eine gewisse Zeit in Dollar anzulegen, verschaffte dem US-Dollar zudem eine permanent stabile Nachfrage, die für eine Weltreservewährung unabdingbar ist.

Im Abschnitt 16 wird gezeigt, wie die USA den *»Treasury-Bill-Standard«* mit Freihandelsabkommen in ein perfektes, globales Tributsystem verwandelten, durch das die USA für begrenzte Zeit zur alleinigen Supermacht aufsteigen konnten.

6. Marktgeld kontra Monopolgeld

Das Geldexperiment von Wörgl

Mitten in der Weltwirtschaftskrise hatte der Bürgermeister der österreichischen Gemeinde Wörgl, Michael Untergug-

genberger, im Jahre 1931 ein Geldexperiment initiiert. Die Weltwirtschaft befand sich damals in einer tiefen Depression. Die im weltweiten Kreditboom bis 1929 rapide gewachsenen Schuldenberge führten zum Kollaps. Banken- und Unternehmenspleiten ließen die Kreditvolumina und die Geldmengen schrumpfen. Die schrumpfenden Geldmengen wiederum ließen die Nachfrage einbrechen. Weniger Nachfrage bedeutete aber noch mehr Pleiten. Die Deflationsspirale drehte sich Runde um Runde, und die Preise fielen immer weiter. Es war, als ob eine »Geld-Neutronenbombe« explodierte und fast alles Geld beseitigte, Kapital und Menschen aber überleben ließ. Nicht alles Geld wurde vernichtet: Wegen der fallenden Preise und der düsteren Wirtschaftsaussichten horteten die Banken Reserven und Privatleute Bargeld. Somit gab es für die Unternehmen weder Aufträge noch Kredite.

Auch in Wörgl war die Wirtschaftstätigkeit zum Erliegen gekommen. Die örtliche Brauerei kämpfte ums Überleben und die Zellulosefabrik wurde stillgelegt. Die Menschen ohne Einkommen bettelten um Nahrung, während das Getreide wegen des niedrigen Preises in Lokomotiven verheizt wurde. Die Fabriken standen still und die Arbeiter konnten nichts kaufen, weil sie keinen Lohn erhielten.

Der Bürgermeister von Wörgl konnte den Gemeinderat davon überzeugen, dass man eine eigene Währung brauchte – es wurden sogenannte »Arbeitswertbestätigungen« ausgegeben. Er folgte damit der **Freigeldidee** des Unternehmers und Schriftstellers **Silvio Gesell.** Mit diesem »Notgeld« wurde der Anschluss von drei Straßen und der Volksschule an die Kanalisation finanziert. Auch eine Eisenbetonbrücke über einen Gebirgsbach sowie eine Skisprungschanze wurden gebaut. Die bunten Scheine wurden den Arbeitern als Lohn ausbezahlt.

Um mit wenig Geld einen große Wirkung zu erzielen, wurde ein Umlaufzwang vorgesehen. Ein 10-Schilling-Schein war nur einen Monat gültig. Wer die Gültigkeit verlängern wollte, musste eine Klebemarke für 10 Groschen kaufen. Das entsprach einem Wertverlust von 1% pro Monat. Somit wurde die Wertaufbewahrungsfunktion des Bargeldes von seiner Zahlungsmittelfunktion abgetrennt. Da sich das Geld nicht zur Wertaufbewahrung eignete, wurde es rasch ausgegeben. Wegen der hohen *Umlaufgeschwindigkeit des* neuen *Geldes* brauchte man eine viel kleinere Geldmenge für die ökonomische Stimulation, als ohne den Umlaufzwang nötig gewesen wäre.

Das Ergebnis war so überwältigend, dass die Gemeinde weltberühmt wurde. Sogar der berühmteste Ökonom des 20. Jahrhunderts, Maynard Keynes, wurde auf das Experiment aufmerksam. Die Fabriken stellten wieder Arbeiter ein, und die Arbeitslosigkeit sank. Die Geschäfte steigerten ihren Umsatz und die Steuereinnahmen der Gemeinde stiegen. Immer mehr Gemeinden kopierten das System.

Beinahe anderthalb Jahre nach Beginn des Experiments, am 18. November 1933, entschied der österreichische Verwaltungsgerichtshof jedoch: Das Notgeld von Wörgl ist gesetzeswidrig. Der österreichische Staat hatte Angst um sein Währungsmonopol, denn viele große Gemeinden und Städte planten bereits, das erfolgreiche Konzept von Wörgl nachzuahmen. Die Bedeutung des Währungsmonopols wird weiter unten erklärt.

Modernes Geld ist auch Schwundgeld

Oft liest man, die Ideen von Gesell und die Erfahrungen von Wörgl seien verloren gegangen. Das ist falsch. Die Bedeutung von Nachfrage, Hortung und Geldmenge wurden von Maynard Keynes in seinem bekannten Werk »Allgemeine Theorie der Beschäftigung des Zinses und des Geldes« von 1936 durchaus berücksichtigt. Die moderne Notenbankpolitik macht Bargeld praktisch zu *Schwundgeld* durch ein Inflationsziel oberhalb von 0 % der Preissteigerungen für die Konsumenten.

Bei der Europäischen Zentralbank (EZB) liegt dieses Ziel bei 2 % pro Jahr. Deshalb gibt es normalerweise keine nachhaltige Bargeldhortung im modernen Geldsystem. Eine Einlage bei einer Bank ist kein totes Kapital, es wird in der Regel als Bankkredit weiter verliehen. Mit dem Kredit werden wiederum Häuser gebaut oder Produktionsanlagen finanziert etc. – dadurch wird die Nachfrage angeregt. Nur wenn die Banken ihre Reserven horten würden wie Privatleute ihr Bargeld, könnte ein »Geldmangel« wie seinerzeit in Wörgl die Wirtschaft bremsen.

Staatliches Geldmonopol ...

Oft wird die Freigeldlehre so interpretiert, dass der Staat so ein »Freigeld« (welche Verdrehung des Wortes »frei«) ausgeben und dieses nicht mit anderen Währungen konkurrieren sollte, damit die Schrumpfgeldfunktion auch für Investitionen und Einlagen zwangsweise gesichert werde. Doch eine Wirtschaft, in welcher Privatleute nur konsumieren und nicht mehr investieren – wie soll das funktionieren? Die Rechnung geht natürlich nur auf, wenn der Staat die Rolle der Investoren vertritt und Privateigentum an Boden, Immobilien, Rohstoffen, Produktivmitteln verbietet sowie ein freier Währungsumtausch(!) verhindert wird. Das ist jedoch ein altbekanntes sozialistisches Konzept, in dem politische Befehle und bürokratische Wirtschaftspläne die Rolle von freiwilligen Verträgen und individueller Erfolgsorientierung übernehmen. Das würde viele Bürger dazu veranlassen auszuwandern – leider ist das mit dem wertlosen Geld ihres Landes dann kaum noch möglich.

Zurück zum **staatlichen Geldmonopol:** Ein Staat kann bestimmte bunte Geldscheine – oder die elektronische Variante: Kontoguthaben – trotz fehlender Deckung durch Kredite oder Waren als Zahlungsmittel (Geld) deklarieren. ›Es werde‹ **heißt auf lateinisch** ›**fiat‹.** Wenn Geld ohne Mitwirkung des Marktes entsteht, also ohne eine Aktivierung von Eigentum nur aufgrund des staatlichen Geldmonopols, so nennen wir dies *Fiatgeld (englisch: Fiat Money).* Beim Ankauf von öffentlichen Anleihen durch eine vom Staat gelenkte Notenbank liegt ein typischer Fall von Fiatgeldproduktion vor. Da Fiatgeld bei solch einem In-sich-Geschäft aus dem Nichts erzeugt werden kann, ist die Produktion des Geldes quasi kostenfrei und damit ein Gewinn für den Produzenten.

Ein machtbewusster Staat wird sein Geldmonopol aber mit niemandem teilen und mithilfe seines Machtmonopols seine gesetzlichen Zahlungsmittel gegen jede unliebsame Konkurrenz verteidigen, indem er andere Zahlungsmittel schlicht verbietet.

… oder Marktgeld durch Wettbewerb

Denn wenn jede Gemeinde – wie seinerzeit das österreichische Wörgl – selbst Freigeld herstellt und jeder Handwerker Gutscheine für seine Dienste in Umlauf bringt, dann vermehrt sich das Geldangebot unkontrolliert, und die Knappheit des Geldes wird bald durch eine Geldflut ersetzt. Sie erinnern sich: Wie heißt es, wenn das Geldangebot schneller wächst als die gesamte Menge von Gütern und Dienstleistungen? Richtig: Inflation!

Die am Markt konkurrierenden Währungen könnten dann nur eingeschränkt Schwundgeld sein. Die »Geldemittenten« müssten zumindest den Marktzins auf Bankeinlagen bieten, um gegenüber den Konkurrenzwährungen attraktiv zu bleiben! Täten Sie es nicht, würde deren Währung am freien Markt dramatisch zu anderen Währungen abwerten und somit an Kaufkraft verlieren. Der Zinssatz würde durch den Wettbewerb bis nahe an die *Grenzproduktivität des Kapitals* getrieben. (Die Kapitalrendite, mit der reale Neuinvestitionen erzielt werden können, wie beispielsweise die Mietrendite auf neue Gewerbeimmobilien). Würde die freie Wahl der Währung eingeschränkt und der Kapitalverkehr überwacht, gäbe es immer einen Markt und wenn er schwarz wäre wie die Nacht.

Ein Staat, der sich über die Notenbank finanziert, die wiederum Geld über den Ankauf öffentlicher Anleihen erschafft, ist aber weder an höheren Kreditzinsen noch an der Abwertung seiner Währung interessiert. Er wird Konkurrenten, welche die Zinsen in die Höhe treiben oder die Nachfrage nach seiner Währung schwächen, von der Geldschöpfung ausschließen. **Freigeldexperimente oder private Notenbanken, die eine eigene Währung auf der Basis verpfändeter Vermögenswerte schaffen, würden den staat-**

lichen Finanzierungsspielraum einengen. Denn ein Staat kann nur mithilfe eines Währungsmonopols die Marktzinsen nach unten manipulieren und zur Inflationsbesteuerung nutzen!

Dieser Zusammenhang gilt auch global zwischen den Notenbanken. Nur das (noch existente) **Monopol des Federal Reserve System,** die Weltwährungsreserve (den US-Dollar) zu stellen, ermöglicht es diesem, die weltweiten Zinsen zu manipulieren und somit eine zinsgünstige Finanzierung amerikanischer Konsumenten und den weltweiten Aufkauf von Vermögenswerten durch Hedgefonds zu ermöglichen. Die großen US-Banken, die auch als Geschäftspartner der Fed agieren (Primary Dealers), sind als Hauptbeteiligte der Geldschöpfung auch die Hauptgewinner beim Einsatz dieser gigantischen Gelddruckmaschine. Allerdings hat diese Maschine im Jahre 2007 bei der Hypotheken- und Finanzkrise einen Kolbenfresser bekommen!

Freie Menschen sollten wählen können, welches Geld sie nutzen wollen, sei es Freigeld von Gemeinden, Geld von Notenbanken oder elektronische Edelmetallgeldkonten. Der Wettbewerb zwischen den einzelnen Geldarten würde echte Marktwirtschaft beim Geld bedeuten und die Geldexperimente der sozialistischen Staatsmonopole während der letzten hundert Jahre beenden. Die für die Menschen am besten geeigneten Geldsorten würden sich im Wettbewerb (mit dem Staatsgeld und untereinander) durchsetzen.

Sie haben richtig gelesen: Notenbankmonopole sind nicht marktwirtschaftlich! Das staatlich verordnete Geld wird genauso scheitern wie die kommunistische Planwirtschaft im Ostblock. Mehr Markt zulassen und weniger Planwirtschaft beim Geld! Allerdings müssen Banken und Finanzinstitute immer reguliert werden, auch wenn sie mit »privaten« Währungen handeln.

7. Die Euro-Geldmengenaggregate

Sie haben vielleicht schon einmal von Geldmengenbegriffen gehört oder gelesen, die mit den Buchstaben-Ziffern-Kombinationen von

M0 bis M3 oder auch mit MX bezeichnet werden. In diesem Abschnitt entwirren wir den Begriffssalat der häufig verwendeten sogenannten *Geldmengenaggregate*. Da diese Begriffe nicht von jeder Notenbank exakt gleich definiert werden, verwenden wir hier die Definitionen der *Europäischen Zentralbank (EZB)*.

Die von der europäischen Zentralbank in Umlauf gebrachten Banknoten und Münzen bilden das **Bargeld** (815,9 Mrd. Euro am 7. Dezember 2010). Das von der EZB als Kredit an die Geschäftsbanken vergebene »elektronische Bargeld« nennt man **Zentralbankgeld.** Das Zentralbankgeld entsteht durch die Verpfändung von Schuldtiteln der Geschäftsbanken (die Summe aller Bankkredite an Euroinländer: 17 844,6 Mrd. Euro, Stand November 2010). Die Gesamtheit des von der EZB stammenden Geldes bildet die sogenannte **monetäre Basis** (oder auch M0, 1070 Mrd. Euro, November 2010).

Im Prinzip sind alle Schulden der Schuldner in einem Währungssystem betragsmäßig genauso hoch, wie die den Schulden gegenüberstehenden Forderungen der Gläubiger. Wenn man alle Guthaben der Gläubiger als Geld betrachten würde, wäre der Umfang der Geldmenge klar. Sie wäre so hoch wie die Summe aller Kredite im System. Doch eine wesentliche Funktion des Geldes ist die bereits besprochene Zahlungsmittelfunktion. Somit scheiden Privatkredite aus. Oder könnten Sie mit einem Schuldschein eines Nachbarn im Kaufhaus bezahlen? Wohl kaum. Sie haben eventuell eine Anleihe an einem Industrieunternehmen, die Sie jederzeit verkaufen könnten. Jedoch unterliegen Anleihen einem Kursrisiko, schon wegen einer möglichen Änderung des Marktzinssatzes.

Wenn wir Geld so definieren, dass man es jederzeit ohne Verlustrisiko als Zahlungsmittel einsetzen kann, dann ergibt sich **die Geldmenge M1** (4683,5 Mrd. Euro, Stand November 2010). Dieser Betrag setzt sich aus dem **Bargeld und den täglich fälligen Sichteinlagen** zusammen. **Die Geldmenge M1 ist somit die sofort nutzbare Zahlungsmittelmenge im Eurosystem** und steht in einer engen Wechselbeziehung zum Preisniveau in der Wirtschaft. Die Geldmenge M1 steht unmittelbar für die Nachfrage zur Verfügung.

Nun könnte man argumentieren, dass auch kurzfristig kündbare Einlagen Geld seien, ebenso wie Festgelder und Spareinlagen, die keinem Kursrisiko unterliegen. Der Unterschied zwischen einem Giro- und einem Festgeldkonto besteht doch nur darin, dass man Letzteres später als Zahlungsmittel nutzen will. Aus dieser Sichtweise ergibt sich die Definition der **Geldmenge M2** (8402,0 Mrd. Euro, Stand November 2010). Diese Summe beinhaltet auch die »nahen Gelder« wie Einlagen mit Laufzeit von bis zu zwei Jahren sowie Einlagen mit einer vereinbarten Kündigungsfrist von bis zu drei Monaten. Es werden also auch Reserven berücksichtigt, mit denen man nicht sofort zahlen kann, deren Zahlungsmittelfunktion also etwas aufgeschoben ist.

Bei der **Geldmenge M3** (9531,2 Mrd. Euro, Stand November 2010) werden dann auch noch Anteile an Geldmarktfonds, Repoverbindlichkeiten, Geldmarktpapiere und Bankschuldverschreibungen mit einer Laufzeit von bis zu zwei Jahren hinzugerechnet. Diese Komponenten sind quasi potenzielle Zahlungsmittel, bei denen man davon ausgehen kann, dass sie zwei Jahre später in der Geldmenge M1 auftauchen könnten. Man könnte die Geldmenge M3 vielleicht als Frühindikator für M1 und somit auch für das Preisniveau sehen. Diese höhere Geldmengenform kann man auch als eine Reserve für die Anschaffung von Kapitalgütern betrachten.

Aber es wäre rein willkürlich, hier eine Grenze für Geld zu ziehen. Denn schließlich sind fast alle Kredite in Zahlungsmittel verwandelbar; das ist nur eine Frage der Liquidität. Wenn Sie eine Anleihe von der MAN AG halten, dann können sie diese zügig am Anleihenmarkt veräußern, und siehe da, Sie haben ein Zahlungsmittel. Es können also alle nominalen (zahlenmäßig festgelegten) Schulden als Vermögenswerte liquidiert und gegen Bargeld eingetauscht werden.

Dann stellt sich noch die Frage: Warum gehören nicht auch Aktien dazu? Schließlich könnte man den Begriff der Geldmenge soweit ausdehnen, dass alle Vermögenswerte, die man handeln oder liquidieren kann, irgendwie eine Geldmenge X bilden. Wenn wir diesen

Weg weiter verfolgen, dann ergibt sich die Geldmenge MX als Summe aller Vermögenswerte in einem Währungsraum! Dazu gehören zum Beispiel Agrarflächen, Immobilien, Rohstoffe und Unternehmen, allerdings würde ich diese Summe nicht als Geldmenge, sondern als den *Kapitalstock* eines Währungsraumes bezeichnen.

Der Kapitalstock wird durch Kreditbelastung nicht vermehrt oder vermindert. Wir haben uns bereits darüber Gedanken gemacht, dass jeder Schuld eine entsprechende Forderung gegenübersteht. Die Vermögenswerte des Kapitalstocks erhalten über Verschuldung, Verbriefung von Schulden und dergleichen nur eine komplexere Verwertungsstruktur. Der Kapitalstock selbst wird durch diese komplexe Schichtung von Verwertungsrechten nicht verändert.

Da alle Kredite im Währungssystem direkt oder indirekt besichert sein müssen, liegt die **obere Verschuldungsgrenze eines Wirtschaftsraumes** beim Wert dieses Kapitalstocks zuzüglich der frei verfügbaren Arbeitseinkommen aller Bewohner dieses Währungsraums. Eine Verschuldung über diese Sättigungsgrenze hinaus kann nicht ohne schwerwiegende Folgen für das Währungssystem bleiben.

Als Fazit merken wir uns: Die wesentliche Kategorie der Geldmenge, die sofort als Zahlungsmittel einsetzbar und unmittelbar für die Nachfrage bestimmend ist und damit auf das Preisniveau wirkt, ist die Geldmenge M1. Sie verhält sich proportional zur Nachfrage und zum Preisniveau.

Der nächste Abschnitt erfordert die volle Aufmerksamkeit und Konzentration des Lesers, doch vermittelt er dafür tiefe Einblicke in die Zusammenhänge zwischen der Geldmenge und dem Preisniveau sowie zwischen der gesamtwirtschaftlichen Nachfrage, dem Einkommen und der Geldnachfrage. Gezeigt wird auch die magische Wirkung des Kredits auf die Vermögenspreise.

8. Geldmenge und Preisniveau

Seit den ersten Anfängen des Geldes haben die Menschen auch immer die Verbindung zwischen der Menge des Geldes und seiner Kaufkraft erkannt. Wenn heute hochdotierte Ökonomen und Bankenvolkswirte schreiben, die Geldmenge sei unbedeutend für das Preisniveau, lediglich die Erwartungen der Menschen über die Preisentwicklung würde jenes bestimmen, so liegt das wohl eher an der hohen Bezahlung und den Interessen ihrer Arbeitgeber.

Es mag den meisten Menschen intuitiv einleuchten, dass eine Änderung der Menge aller Zahlungsmittel im Finanzsystem eine Ursache für die Änderung des Preisniveaus von Gütern, Dienstleistungen sowie von Vermögenspreisen ist. Eine konkrete Vorstellung von diesem mystischen Mechanismus hat kaum jemand. Wie passt die »unsichtbare Hand des Marktes« den Preisspiegel an die Geldmenge an? Da ein steigendes Preisniveau umgekehrt auch ein Absinken der Kaufkraft und damit des Geldwertes bedeutet, hat die Geldmenge einen direkten Einfluss auf das Leben aller Menschen in dem betreffenden Geldsystem. Eine vertiefte Kenntnis dieser Zusammenhänge wäre für das Verständnis gesamtwirtschaftlicher Phänomene von Vorteil.

Nehmen wir uns also etwas Zeit, um die *Kausalität* (Ursache und Wirkung) *zwischen Geldmenge und Preisniveau* zu erkunden. **Wir verwenden dazu im Folgenden das Modell einer Auktion, an dem die Funktion von Märkten am besten studiert werden kann.**

Stellen Sie sich eine Auktion vor, bei der 100 Teilnehmer mit je 100 Euro Bietergeld in der Tasche zur Auktion gehen. Die Spielregel lautet, dass man kein Geld wieder mit nach Hause nehmen darf. In der Auktion werden verschiedene Waren und Dienstleistungen von ihren Anbietern versteigert.

Nun stelle ich Ihnen eine Preisfrage: Welchen Wert wird die Summe aller erfolgreichen Gebote erreichen? Die Antwort ist denkbar einfach: Da 100 Bieter je 100 Euro in den Auktionssaal hinein- und kein Geld herausbringen, muss die Summe aller Gebote 10 000 Euro betragen. Das mitgebrachte Geld kann sich ja nicht in Luft auflösen. Egal, wie sich die Anbieter von Dienstleistungen und Waren auch anstrengen, was und wie viel sie anbieten, **die Summe der Erlöse steht von vornherein fest: 10 000 Euro!**

Deflationär: Produktivität lässt die Preise fallen

Bei der nächsten Auktion haben sich die Anbieter richtig angestrengt und **die Produktivität verdoppelt.** Sie bieten nun im Vergleich zum vorherigen Beispiel genau die doppelte Menge von jeder Ware und Dienstleistung an. Doch die Nachfrage hat sich in Geldeinheiten gerechnet nicht verändert. Es sind immer noch 100 × 100 Euro im Saal. Die Nachfrage ergibt auch das Einkommen der Anbieter. Trotz aller Bemühungen beträgt die Summe aller Gebote natürlich wieder 10 000 Euro! Wenn die Anbieter ihre Offerten nicht aufgrund der niedrigeren Preise zurückziehen, werden doppelt so viele Güter und Waren für insgesamt 10 000 Euro versteigert. Das bedeutet: Die Preise sind im Mittel auf die Hälfte gefallen. Oder anders ausgedrückt: Die Kaufkraft hat sich für die Bieter verdoppelt. Unsere Auktionsökonomie hat aufgrund der *Produktivitätssteigerung und der fallenden Preise* der Anbieter eine Deflation erfahren. Wichtig ist dabei ein ungehindert fallendes Preisniveau, damit die gesteigerte Produktion auch eine Nachfrage findet. Bei konstanten Preisen würde die Hälfte des gesamten Angebots ohne Nachfrage bleiben!

Angebotsverknappung wirkt inflationär

Nun stellen wir uns vor, in den Auktionen werden nur halb so viel Güter und Dienstleistungen angeboten wie zuvor. Eine Missernte, die Zerstörung von Werkstätten oder Ähnliches könnte solch einen *ökonomischen Angebotsschock* auslösen.

Jetzt treffen dieselben 10 000 Euro, die wir auch zuvor im Saal gehabt haben, im Vergleich zur ersten Auktion nur noch auf die Hälfte der Waren und Dienstleistungen. Das Resultat sollte Ihnen mittlerweile klar sein: Die Nachfrage der Bieter in Höhe von 10 000 Euro trifft auf die Hälfte der Dienste und Warenmenge gegenüber der Vorrunde. Der Gesamterlös aller Verkäufe beträgt trotzdem wieder 10 000 Euro. Die Preise steigen in dieser Auktionsrunde im Durchschnitt auf das Doppelte, weil die gleiche Kaufkraft auf ein entsprechend kleineres Angebot trifft. Anders ausgedrückt bedeutet das: Die Kaufkraft des Bietergeldes hat sich halbiert.

Ein aufmerksamer Beobachter unserer Auktionen würde feststellen, dass die Veränderung des Angebots im Verhältnis zur Nachfrage nicht alle Preise im gleichen Ausmaß steigen ließ. Beim Angebotsschock mag zum Beispiel der Weizenpreis stark angestiegen sein, während sich der Preis für einen Haarschnitt kaum veränderte. Der Friseur muss nun länger arbeiten, um Brot kaufen zu können. **Die sogenannten *relativen Preise* verschieben sich (zumindest vorübergehend) bei einer Inflation wie auch bei einer Deflation erheblich.**

Nachfrage erzeugt Einkommen

Da unser Modell der Auktionsökonomie den Austausch von Waren und Dienstleistungen einer echten Volkswirtschaft vereinfacht abbilden soll, muss das eingesetzte Bietergeld für die Nachfrage nach Gütern wie im wahren Leben zuvor verdient werden. Das heißt für unser Modell: das Geld für die bietende **Nachfrage kommt aus dem Einkommen** (Auktionserlöse) der vorherigen Auktionsrunde! Damit ist jeder Bieter in der Auktionsökonomie zugleich Anbieter.

Die Geldhaltung beeinflusst die Nachfrage

Zudem heben wir nun die zu Beginn festgelegte Modelleinschränkung auf, dass jeder Teilnehmer das Geld ausgeben muss, welches er zur Auktion mitbringt. Nun sei das Einkommen (Erlöse aus der vorherigen Runde) wieder 10 000 Euro. Mit diesem Einkommen gehen die Nachfrager in den Auktionssaal. Wenn sie diese Summe ausgeben, dann passiert nichts Außergewöhnliches. Die Nachfrage legt wieder das nächste Einkommen fest und dieses liegt wieder bei 10 000 Euro. Dann geschieht etwas Sonderbares: Im Saal hat sich Pessimismus verbreitet, einige Teilnehmer fürchten um ihre wirtschaftliche Zukunft. Die Nachfrager haben zwar 10 000 Euro in der Tasche, aber sie nehmen von dieser Auktion 2000 Euro wieder mit nach Hause, **um das Geld zu horten.** Die Auktion ist deshalb nicht gut gelaufen und hat nur 8000 Euro erbracht (Nachfrageeinbruch). Die Preise sind heftig gefallen (20 %). Die Pessimisten haben also recht behalten: Es wurde wirklich schlechter. Denn die Einkommen, mit denen man bei der nächsten Auktion bieten kann, betragen insgesamt auch nur noch 8000 Euro! Damit ist das Einkommen nun um 2000 Euro niedriger, als die Anbieter zuvor geplant hatten. Zum Glück haben es sich die Pessimisten bei der nächsten Auktionsrunde anders überlegt und nehmen ihr gehortetes Geld (2000 Euro) wieder mit zur Auktion, um es dieses Mal auch auszugeben. Die Nachfrage steht damit wieder bei 10 000 Euro und das resultierende Einkommen natürlich auch.

Unsere Auktionsökonomie hat eine vorübergehende *Liquiditätskrise* erlebt. **Vielleicht haben Sie schon erkannt, dass es in unserer Auktionsökonomie zu einer** *sich selbst erfüllenden Erwartung* **gekommen ist.** Die Erwartungen haben also einen Einfluss auf das Wirtschaftsgeschehen. Dieser ist aber nur von Dauer, wenn die Erwartungen bleiben.

Geldangebot und Geldnachfrage bestimmen die Kaufkraft

Nehmen wir nun an, dass die Auktionsteilnehmer die Geldhaltung, die bisher beim Volumen der Einkommen lag, auf das Doppelte ihrer Einkommen steigern möchten. Dann würde sich über mehrere Runden hinweg ein neues Gleichgewicht einstellen, sodass sich die erzielten Erlöse einer Auktion bei 5000 Euro einpendeln, während die Geldreserve weiterhin 10 000 Euro beträgt. Die Verdopplung der relativen Geldnachfrage (auf das zweifache Einkommen) hätte wie gesagt zur Folge, dass das Auktionsvolumen auf 5000 Euro fällt. Das ist aber nur möglich, wenn sich auch das Preisniveau halbiert; andernfalls würde das Volumen der umgesetzten Waren und Dienstleistungen kollabieren und zu einer enormen Minderauslastung führen. Die erhöhte Geldhaltung löst also eine Deflation aus.

Wird nun der zeitliche Abstand zwischen zwei Auktionen halbiert, dann können bei konstanten Preisen alle Güter Abnehmer finden. Das setzt voraus, dass sich die Geldhaltung am Einkommen einer Auktionsrunde orientiert. Dann würde bei zwei Runden ein Volumen von insgesamt 10 000 Euro erzielt. Ökonomen sprechen dann von einer Verdopplung der *Umlaufgeschwindigkeit des Geldes* – es läuft aber auf dasselbe hinaus wie ein Halbierung der Geldhaltung. Anstelle eines schnelleren Geldumschlags könnte die Deflation in unserem Modell aber auch durch eine Verdopplung des Geldangebots auf 20 000 Euro verhindert werden.

Die Preise und auch die Auslastung der Auktionswirtschaft sind dann wieder auf demselben Niveau angelangt wie vor der Erhöhung der Geldnachfrage. Unsere Modellökonomie hält nach der verdoppelten Präferenz der Geldreservenhaltung auch die doppelte Geldmenge im System. Da der erhöhten Geldnachfrage nun auch ein erhöhtes Geldangebot gegenübersteht, hat die Nachfrage nach Gütern und Diensten keine Auswirkung auf das Preisniveau.

Fazit: Die Höhe der von den Marktteilnehmern gewünschten Geldreservenhaltung (Geldnachfrage) im Verhältnis zum Einkommen hat, neben der Geldmenge (Geldangebot), direkte Auswirkungen auf die Nachfrage und das Preisniveau.

Gewöhnliche Kredite

Bisher haben wir in unserer Auktionsökonomie *Kredite* unberücksichtigt gelassen. Das soll sich jetzt ändern. Wir wollen überlegen, was geschieht, wenn ein Bieter einem anderen Bieter Geld borgt und mit ihm vereinbart, dass der ihm dieses in der nächsten Runde zurückgibt – ein ganz gewöhnlicher Kredit. Hat sich dadurch die Nachfrage, also der Umfang des Bietergeldes erhöht? Nein. Das wäre nur dann der Fall, wenn ein Warenanbieter einen Schuldwechsel von einem Bieter annimmt, wenn also der Schuldschein zum Zahlungsmittel wird und somit zusätzliche Nachfrage schafft.

Die Macht des Bankkredits

Nun betrachten wir einen Fall von Zahlungsmittelausweitung, der sich als nachhaltiger und durchschlagender erweist als die Ausstellung von Schuldwechseln: die Ausweitung der Geldmenge durch *Giralgeldschöpfung* (siehe Definition Kreditgeld). Ein schlauer Kopf im Auktionssaal übernimmt die Rolle der Bank. Die Eigentümer von Immobilien im Publikum verpfänden ihr Eigentum zugunsten der Bank und erhalten Guthaben, das sie bei der Versteigerung einsetzen können. Die Bank vergibt auf diese Weise Kredite in Höhe von 20 000 Euro.

Die Geldmenge in unserem Modell beträgt 20 000 Euro und die von den Auktionsteilnehmern gewünschte Geldreservenhaltung liegt bei 200 % der erwarteten Einkommen. Die Einkommen der Bieter pendeln sich im Gleichgewicht folglich auf 10 000 Euro ein. Das heißt, von den 20 000 Euro der Geldreserven wird genau die Hälfte in den Auktionen eingesetzt.

Da die Auktionsteilnehmer zunächst keine Änderung ihrer Einkommen erwarten, kommen nun die gewährten Bankdarlehen über 20 000 Euro als wirksame Nachfrage hinzu.

Es werden damit insgesamt 30 000 Euro als Nachfrage wirksam in der folgenden Auktion eingesetzt. Die Waren und Dienstleistungen erlösen nun in dieser Auktionsrunde die dreifache Summe (30 000) Euro der vorherigen Runde. Was das für das Preisniveau bedeutet, hatten wir schon früher durchgespielt.

Zur Wiederholung: Wenn das Angebot (Waren und Dienstleistungen) in demselben Maße zunimmt wie die Geldmenge, dann bleibt das Preisniveau konstant. Wenn jedoch die Kapazitäten der Anbieter schon ausgelastet sind, dann verdreifachen sich die Preise im Mittel (inflationär). Das Ergebnis hängt also von den realen Verhältnissen der Wirtschaft ab.

Fazit: Bankkredite verändern das Geldangebot und beeinflussen die Nachfrage und das Preisniveau in der Ökonomie.

Die Tücken des Kreditbooms

Weiter mit unserer Ökonomie, in der die Geldmenge durch Bankkredite um 20 000 Euro auf 40 000 Euro erhöht wurde. Es wurden für alle Güter und Dienstleistungen 30 000 Euro geboten, und somit ist auch das Einkommen zunächst sprungartig auf 30 000 Euro angestiegen.

Die Auktionsteilnehmer möchten jedoch in den folgenden Runden das von ihnen gewünschte Verhältnis der Geldreserven zum Einkommen (2:1) wiederherstellen. Weil die Geldreserven aufgestockt werden, sinkt das Einkommen aus den Auktionen sukzessive auf 20 000 Euro ab. Um das Volumen der Auktionen auf seinem Höchststand von 30 000 Euro zu stabilisieren, müssen also neue Schuldner gefunden werden!

Fazit: Ein von Krediten erzeugter Boom muss weiter durch Kreditvergabe gestützt werden, um einen Rückgang der Nachfrage zu vermeiden.

Auf einen Kreditboom folgt der Abschwung

Wenn es zu keiner weiteren Kreditvergabe kommt, fallen die Auktionserlöse (Einkommen) nach ein paar Runden von 30 000 Euro auf 20 000 Euro. Die Auktionsteilnehmer erhöhen in diesem Fall ihre Reserven durch die Hortung von Bargeld oder ihre eingezahlten Spareinlagen werden von der Bank nicht weiter verliehen. Alle Ersparnisse, die nicht wieder als Kredite vergeben werden, fehlen schließlich auf der Nachfrageseite (Bieter). Das Auktionsvolumen (Einkommen) wird abnehmen.

Nachdem das Auktionsvolumen unserer Modellökonomie von 10 000 Euro auf 30 000 Euro angestiegen ist, kommt es zu einem Rückgang des Auktionsvolumens auf 20 000 Euro. Das ist wieder mit einer Kombination aus Preisverfall und Umsatzeinbruch verbunden (deflationär). **Unsere Auktionsökonomie hätte dann einen ersten *Konjunkturzyklus* durchlaufen!**

Fazit: Dem einmaligen Kreditboom folgt ein Abschwung, sobald die Kreditvergabe zum Stillstand kommt. Es wird ein durch Kredite initiierter Konjunkturzyklus durchlaufen.

Auch Vermögenswerte beeinflussen die Geldnachfrage

Unser Modell ist noch nicht ganz vollständig, da wir bisher nur die erwarteten Einkommen als Einflussgröße für die Geldnachfrage berücksichtigt haben. **In der Realität haben jedoch auch handelbare Vermögenswerte im Privateigentum einen erheblichen Einfluss auf die gewünschte Geldhaltung (Geldnachfrage) der Marktteilnehmer.**

In einer Wirtschaft, in der es *Eigentum* gibt, werden auch immer Vermögenswerte wie Grund und Boden, Gebäude und Produktiv-Vermögen (Maschinen, Patente, Fabrikhallen usw.) gehandelt. *Aktien* sind Eigentumsrechte an *Aktiengesellschaften* und repräsentieren solche Anteile an Produktiv-Vermögen. *Anleihen* hingegen sind Wertpapiere, die eine Kreditschuld verbriefen. Es gibt heute eine Vielzahl von Vermögenswerten, die *liquide* sind, also schnell ge- oder verkauft werden können.

Um den Einfluss von Vermögenswerten auf die Geldnachfrage in einem Modell darzustellen, nehmen wir deshalb an, in unserer Auktionsökonomie (mit einem über mehrere Runden stabilen Umsatzvolumen von 10 000 Euro) sind Vermögenswerte im Wert von 40 000 Euro in privater Hand. Jetzt erweitern wir unser Modell so, dass die gewünschte Geldhaltung nicht nur vom erwarteten Umsatzvolumen der Güter und Leistungen abhängt, sondern auch noch vom Volumen der Vermögenswerte, welche das Auktionspublikum besitzt.

Die gewünschte Geldreserve des Publikums liegt bei 100 % des Einkommens und zusätzlich einem Viertel der Vermögenswerte. Im Gleichgewicht beträgt die Geldreserve damit 20 000 Euro. Diese setzt sich aus 10 000 Euro in Höhe der Auktionserlöse (Einkommen) sowie einem Viertel der Vermögenswerte von 40 000 Euro (= 10 000 Euro) zusammen.

Kreditwachstum treibt die Kapitalmärkte an

Nehmen wir an, diese Geldmenge wird durch Kredite der Bank schlagartig verdoppelt. Wir haben nun eine Geldmenge von 40 000 Euro im Finanzsystem unserer Modellökonomie. Weil die Anbieter und Bieter stabile *Inflationserwartungen* haben, orientieren sich die Startpreise bei den Auktionen für Waren und Services an den Preisen vorheriger Auktionen. Das bedeutet, sie erwarten keine Preisänderungen. Die Preise von Gütern und Dienstleistungen werden sich deshalb nicht sofort der neuen Geldmenge anpassen. Ein paar clevere Händler wissen, dass sich doppelt so viel Geld im Auktionssaal befindet, und werden ihre Preise wohl erhöhen. Doch die meisten Händler gestalten ihre Preise wie zuvor. Die Geldreserven im Auktionspublikum werden deshalb während der nächsten Runden deutlich überhöht bleiben.

Am schnellsten reagiert jedoch der Markt für bestehende Vermögenswerte, die im Nebensaal des Auktionsgebäudes gehandelt werden. Die überschüssigen 20 000 Euro aus der Geldschöpfung gesellen sich schnell zu der finanziellen Geldreserve von 10 000 Euro, die bisher ein Viertel der Vermögenswerte darstellten, und verdreifachen diese finanzielle Geldreserve. Da es eigentlich der Wunsch des Publikums ist, 4-mal so viel handelbare Vermögenswerte zu halten wie finanzielle Geldreserven, finden massive Umschichtungen beispielsweise in Wertpapiere und Immobilien statt. Da auch die Verkäufer nur zurückhaltend verkaufen, explodiert der Marktwert aller handelbaren Vermögen von 40 000 Euro auf 120 000 Euro! Es findet buchstäblich eine *Liquiditätshausse* statt, bis die Vermögenswerte wieder im Verhältnis 4:1 zur finanziellen Geldreserve stehen. Immer mehr Anlagegeld wird für dieselben Anlageobjekte geboten.

Wenn die Geldmenge auf dem erreichten Niveau verharrt, werden sich auch die Preise für Güter und Dienstleistungen von Auktion zu Auktion allmählich erhöhen. Die Anbieter von Waren und Dienstleistungen haben mittlerweile verstanden, dass die Zeichen der Zeit auf Inflation hindeuten und können höhere Preise durchsetzen. Wie wir bereits wissen, kommt es ohne entsprechende Ausweitung des Angebots zur Verdopplung des Preisniveaus gegenüber der Ausgangslage: Es wird doppelt so viel Geld für die gleiche Menge an Waren und Dienstleistungen geboten und das Umsatzvolumen (Einkommen) steigt auf 20 000 Euro (Vorrunde: 10 000 Euro).

Das nunmehr auf 20 000 Euro verdoppelte Einkommen hat wiederum Auswirkungen auf die gewünschte Geldreserve im Hauptauktionssaal, die nun mit 20 000 Euro ebenfalls doppelt so hoch sein soll wie vor der Geldexpansion.

Somit werden wieder 10 000 Euro von der Vermögensauktion im Nebenraum abgezogen. Dort brechen unverzüglich die Vermögenswerte von 120 000 Euro auf 80 000 Euro ein, weil das im Hauptsaal langfristig gewünschte Wertverhältnis zu den im Nebenraum verbleibenden 20 000 Euro (4:1) wiederhergestellt wurde.

Die *Vermögenspreisblase* ist nur entstanden, weil eben die Vermögenspreise schneller als andere Preise auf die Änderungen der Geldmenge reagieren. Nach einigen Auktionen haben sich jedoch alle Preise entsprechend der veränderten Geldmenge erhöht. Dadurch wird die Überreaktion der Vermögenswerte korrigiert und die alte Preisrelation wiederhergestellt.

Jeder kreditfinanzierte Aktienmarkt- oder Immobilienboom, den die Welt erlebt hat, folgte diesem Muster. Alle Blasen, ob beim Nikkei 225, beim Nasdaq, am »Neuen Markt« oder am spanischen Immobilienmarkt, hätten ohne eine entsprechende Kreditexpansion nicht stattfinden können. Im historischen Kapitel finden Sie einige Beispiele für Wellenbewegungen der Kreditexpansion und -kontraktion, welche die Welt bewegten.

Fazit: Kreditexpansionen sind meist die Ursache von Vermögenspreisblasen

Deflation durch schrumpfende Schuldenberge

Nun nehmen wir an, dass es in unserer Auktionswirtschaft zu einer der Geldmengenexpansion entgegengesetzten Entwicklung kommt, einer handfesten *Kreditkontraktion.* Dies geschieht, wenn die gesamten Tilgungszahlungen aller Schuldner die Neukreditaufnahmen im System überwiegen. Mit dem Volumen aller Kredite im System schrumpft auch die Geldmenge.

Die Geldmenge in unserer Modellökonomie soll nun um 10 000 Euro (von 40 000 Euro auf 30 000 Euro) schrumpfen, weil mehr Kredite getilgt als neu vergeben werden. Zunächst werden die 10 000 Euro aus den Finanzreserven des Nebenraums abgezogen. Das führt dort zu einem Crash der Vermögenspreise, da die verbleibenden 10 000 Euro wieder im Verhältnis 4 : 1 zu den Vermögenswerten stehen sollen. Die Vermögenspreise sind aufgrund von Panikverkäufen regelrecht kollabiert: sie haben sich von 80 000 Euro auf 40 000 Euro halbiert. Nach und nach kehren Schnäppchenjäger an den Aktienmarkt zurück, und um die finanzielle Geldreserve im Nebenraum zu erhöhen, wird Geld vom Hauptauktionssaal abgezogen. Dadurch schrumpft die Nachfrage bei der Hauptauktion *(Nachfrageschock),* und die Auktionserlöse (Einkommen) fallen schrittweise von 20 000 auf 15 000 Euro, denn das verschwundene Geld fehlt jetzt auf der Bieterseite der Auktion. Das Preisniveau müsste jetzt um ein Drittel fallen, um ein wirtschaftliches Gleichgewicht zu ermöglichen. Im

Falle einer vollkommenen *Preisflexibilität* sinken sowohl die Geldmenge als auch die Preise von Gütern, Dienstleistungen und Vermögen um je ein Viertel, während das Volumen der realen wirtschaftlichen Aktivität unverändert bleibt.

Der Schrecken der Deflationsspirale

Die Preise fallen jetzt also nicht um 25 %, was ein Gleichgewicht erfordern würde. Viele Anbieter weigern sich nämlich, ihre Waren und Dienstleistungen so billig anzubieten. Die Auktionserlöse betragen zwar auch hier 15 000 Euro, doch werden die Märkte nicht geräumt, weil die Preise nur um durchschnittlich 10 % gefallen sind. Die Nachfrager haben nun für 15 000 Euro wegen der 10%igen Preisreduktion so viel Güter und Dienstleistungen kaufen können wie zuvor für 16 667 Euro. Es sind also 16,67 % weniger Waren und Dienstleistungen versteigert worden als vor der Reduzierung der Geld- und Kreditmenge. Genauso wie im Fall der vollen Preisflexibilität sind die Kapitalmärkte abgestürzt. Da die Auktionsökonomie unseres Modells sich in einer Depression befindet, steigen die Preise für Vermögenswerte nicht wieder an.

Ein Teufelskreis beginnt: Wegen der gesunkenen Einkommen können nun Schuldner ihre Raten bei der Bank nicht mehr bezahlen, und ihre Vermögen werden deshalb liquidiert. Die Preise für Vermögen geraten unter Druck, die Bank vergibt keine Kredite mehr, und daher schrumpft die Geldmenge immer weiter. Die Erlöse der Auktionen sinken Runde um Runde, Kreditkontraktion und sinkende Einkommen verursachen wechselseitig eine *deflationäre Spirale,* bis die Preise für Vermögen einen Tiefststand erreichen. Da die Bank insolvent ist, ziehen einige Marktteilnehmer ihre Einlagen ab. Die Bank geht pleite und die Sparer verlieren ihre Einlagen. Jeder, der auf Kredit angewiesen ist, geht nun pleite. Die Bargeldbesitzer kaufen alle Vermögenswerte für einen Spottpreis auf. Die finale Liquidation eines Großteils der Auktionsteilnehmer beendet die *deflationäre Spirale.*

Fazit: Ein deflationärer Schock, ausgelöst durch Kreditkontraktion, kann bei inflexiblen Preisen in eine deflationäre Abwärtsspirale münden.

Theoretisch wäre eine Deflation mit einer stabilen Wirtschaft durchaus vereinbar

Der britische Ökonom Alfred Marshall hat sich darüber Gedanken gemacht: Wenn die Nachfrage in einer Volkswirtschaft zurückginge, müssten nur die Preise, Löhne und Zinsen um denselben Prozentwert fallen, damit das nachgefragte Volumen an Gütern und Dienstleistungen konstant gehalten werden kann. Es dürfte also keine fixen Kosten im ökonomischen System geben. Weiter unten wird exemplarisch die Wirkung des Fixkostenhebels auf Unternehmensgewinne gezeigt.

Weitere Gedanken zum Modell

Dieses Auktionsmodell hat Ihnen gezeigt, dass die Geldmenge einen maßgeblichen Einfluss auf das langfristige Preisniveau, die Nachfrage und die Einkommen hat. Vielleicht sind Sie sogar ein bisschen erschrocken, wie stark sich diese Größe auf Ihr eigenes wirtschaftliches Wohlergehen auswirken kann.

Man kann die in unserem Modell verwendete Geldmengen-Philosophie mit folgender Formel darstellen:

$$\text{Potenzielles Preisniveau} =$$
$$\text{Geldangebot} \div \text{potenzielle Geldnachfrage} =$$
$$\text{Geldmenge} \div (\text{Wirtschaftsleistung} \times 1$$
$$+ \text{handelbare Vermögen} \times 0{,}25)$$

Eine Reihe von Faktoren kann den Anstieg des allgemeinen Preisniveaus auf den theoretisch möglichen Höchstwert verzögern:

Eine erhöhte Geldhaltung durch hohe Realzinsen, Bargeldhortung, hohe Bankenreserven, Vermögenspreisblasen oder Währungskäufe anderer Zentralbanken.

Niedrige Preisinflationserwartungen des Marktes sowie staatliche Preiskontrollen können den Preismechanismus des Marktes ziemlich lange verzögern.

Eine Erhöhung der Geldmenge über das reale Angebot an Waren und Dienstleistungen hinaus, wirkt sich dann nicht sofort auf das allgemeine Preisniveau aus. Doch aus dem Sachverhalt, den die obige Gleichung beschreibt, gibt es langfristig kein Entrinnen.

Die Geldnachfrage, also die Neigung, einen gewissen Anteil am Einkommen und Vermögen als liquide Mittel zu halten, wird auch maßgeblich von der Höhe des realen, inflationsbereinigten Zinssatzes beeinflusst. Je höher dieser ist, desto höher wird auch die Geldhaltung sein. Bei fallenden Realzinsen wird auch die Geldreservenquote abnehmen.

Wenn Geld zur »heißen Kartoffel« wird

Ein negativer Realzinssatz in Verbindung mit einer großen Geldmengenausweitung birgt die Gefahr des Vertrauensverlustes von Anlegern in die Wertaufbewahrungsfunktion des Geldes. (Die »Store-of-Value-Funktion« des Geldes geht verloren!) Die gewünschte Geldreservenquote kann dann unvorhersehbar und dramatisch sinken. Das Geld würde zur heißen Kartoffel, die keiner behalten will. Dann stiegen die Preise selbst bei konstanter Geldmenge.

Überprüfen Sie diese Aussage anhand obiger Formel. Wenn die Faktoren im Nenner gegen null laufen, geht der Nenner gegen null und das potenzielle Preisniveau geht gegen unendlich!

Eine »Geldpanik« als Folge eines Vertrauensverlustes in die Wertstabilität einer Währung wird durch die Existenz konkurrierender Währungen noch verschärft, da es leichter möglich ist, die Geldreserven einer Währung zugunsten einer anderen umzuschichten, als in Sachwerte zu flüchten.

Anmerkungen:

Die nachhaltigen Quotienten der gewünschten Geldreservenhaltung, die in unserer Auktionsökonomie willkürlich mit 1 und 0,25 angenommen wurden, bilden sich analog zum Kehrwert der sogenannten Umlaufgeschwindigkeit des Geldes. Mag sein, dass die Umlaufgeschwindigkeit ein Flaschenhals im früheren Goldstandard war. Die heutigen Geldmengenaggregate kann man wohl kaum als minimale Transaktionskasse auffassen. Besonders die erweiterten Geldmengenaggregate stellen für Konsumenten und Investoren Reserven dar. Solche Reserven bildet man in einem bestimmten Verhältnis zu seinem Einkommen, seinem Aktienportfolio oder dem Immobilienbestand etc. Die Neigung, einen gewissen Anteil als liquide Mittel zu halten, wird maßgeblich von der Höhe der realen Zinsen beeinflusst.

---

9. Deflation und Inflation: Ursprüngliche und moderne Begriffserklärung

Die Begriffe *Inflation* und *Deflation* haben eine Umdeutung ihrer ursprünglichen, historischen Bedeutung erfahren. Über Jahrhunderte haben Ökonomen diese Begriffe mit dem Umfang von Zahlungsmitteln in Verbindung gebracht. Das lateinische Verb »inflare« bedeutet auf Deutsch aufblasen. Schon die Verwendung dieses Wortes zeigt an, wofür es Ökonomen ursprünglich verwendet hatten: Das Aufblähen der im Umlauf befindlichen Zahlungsmittelmenge.

Inflation ist kein modernes Phänomen, denn schon im Römischen Imperium wurde die Menge der umlaufenden Münzen erweitert, indem man neue Münzen mit niedrigerem Silbergehalt prägte. Natürlich kam es auch zu einem Aufblähen der Geldmenge, wenn neue Silber- oder Goldvorkommen erschlossen oder einfach nur Metallhorte erbeutet wurden. Eine der bedeutendsten Inflationen, also Ausweitungen der Zahlungsmittel durch Erhöhung der zur Verfügung stehenden Edelmetallbestände, ereignete sich infolge der Entdeckung der »Neuen Welt«. Die spanischen Eroberer knechteten so viel Gold und Silber aus Amerika heraus, wie es nur ging, um damit die Expansionsbestrebungen des Habsburger Reiches (spanisch-österreichische Monarchie) in Europa zu finanzieren.

Neben einer Serie von Kriegen war die Folge des höheren Edelmetallbestandes natürlich ein über 200 Jahre anhaltender Verfall der Kaufkraft von Silber (und im geringeren Umfang Gold) in Europa. Historiker nennen dieses historische Ereignis die *Preisrevolution.* Die Ursache war eine Inflation, also eine Aufblähung der Geldmenge. Die Folge war ein lang andauernder Preisanstieg.

Die moderne Ökonomie kehrt die Begrifflichkeit um. Der moderne Begriff Inflation steht heute nicht mehr für die Ursache – die Aufblähung der Geldmenge – sondern nur für dessen Folge, den Anstieg der Preise. Um zu verschleiern, dass Geldmengeninflation die wahre Ursache von Preissteigerungen und damit von Kaufkraftverlust ist, wurde die Folge als die Ursache bezeichnet. Nun ist die »Inflation« – also die Preissteigerung – Schuld am Kaufkraftverlust, und schon legt sich ein Nebelschleier der Unkenntnis über den wahren Sachverhalt.

Neben dem Konstruieren und Fälschen von Beweisen ist das Vertauschen von Ursache und Wirkung eine der effektivsten Täuschungsmethoden, die der menschliche Geist je ersonnen hat, um seine Zeitgenossen zu manipulieren. Der Sinn dieser Täuschung ist die »Steuerung der Inflationserwartung«, wie es im modernen Notenbankjargon heißt. Damit ist die Manipulation der kollektiven Erwartung der Bevölkerung hinsichtlich zukünftiger Preissteigerungen gemeint.

Das Ziel dieser Manipulation ist es, den Zeitraum zwischen der Ausweitung der Zahlungsmittelmenge und dem nachfolgenden Anstieg des allgemeinen Preisniveaus so lang wie nur möglich auszudehnen. Denn nur in der Phase, in der das Geldmengenwachstum nicht von Preisanstiegen begleitet wird, ist die Inflation für Verursacher der Geldschöpfung vorteilhaft.

Mit der *Deflation* verhält es sich in etwa umgekehrt. Hierbei ist die historische Bedeutung eine *Schrumpfung der Geldmenge* im Verhältnis zur realen Wirtschaftsleistung. Auch dafür gibt es sehr historische Beispiele. Im Mittelalter gab es eine längere Epoche (von 1370 bis 1500), in der die Kaufkraft des Geldes (Gold und Silber) stieg. Die Folge waren sinkende Preise, also das, was man heute meistens als Deflation bezeichnet. Diese Entwicklung war hauptsächlich dem Bevölkerungsanstieg und einem wirtschaftlichem Wachstum geschuldet. Doch eine ausgeprägte Deflation, also eine schnelle und bedeutende Schrumpfung der umlaufenden Zahlungsmittel, war in einem simplen Waren- oder Zeichengeldsystem wie in dem des Mittelalters schwer möglich. Selbst wenn Münzen gehortet wurden, war ein nachfolgender Preisverfall Anlass genug, die Geldhorte wieder aufzulösen und den Kaufkraftgewinn umzusetzen. Ein allgemein fallendes Preisniveau an sich war in solch einem System ohne größere Schuldenberge nichts Schlimmes. Denn dies bedeutet einfach eine Wertsteigerung des Geldes, sodass sich die Leute für denselben Betrag mehr leisten können.

Fallende Preise entfalten erst durch Kredite ihre berüchtigten Konsequenzen. Damit es zu einer gefährlichen **Schrumpfung der Geldmenge (Deflation)** kommt, muss es im System Kredite geben, und zwar Kredite, die als Zahlungsmittel fungieren! Aber nicht jeder Kredit ist gleich ein Zahlungsmittel. Wenn Sie zum Beispiel einem aufstrebenden Unternehmen Geld leihen, können Sie mit dem Kreditvertrag kaum eine Schuld bei einem Dritten begleichen. Schon im 12. Jahrhundert haben Banken in den italienischen Stadtstaaten Techniken entwickelt, die bis heute dem Wesen nach unverändert geblieben sind. An erster Stelle sind wären hier die *Wechsel* oder *Schecks* zu erwähnen. Diese stellen Ansprüche auf Geld dar.

Zum Beispiel konnte ein wohlhabender Kaufmann einen Wechsel ziehen (also erzeugen), der sich auf eine Ware bezog, die noch nicht gefertigt war. Solche Wechsel konnten vom Empfänger als Zahlungsmittel weitergereicht werden und wurden von Banken gegen Zinsabschlag (Diskont) gekauft.

Das wichtigste Instrument für die Vermehrung von Zahlungsmitteln über Kredite bilden jedoch die **Girokonten** der Banken. Zwar gab es immer schon so etwas wie eine Lagerung von Gold und Silber gegen eine Gebühr (so ähnlich wie bei einem Edelmetallfonds), aber erst durch die Einzahlung auf ein Girokonto konnte ein Geldbesitzer Zinsen erzielen, anstatt nur Gebühren zu zahlen. Ohne etwas vom Kreditgeschäft zu verstehen, konnte der Einleger Zinsen verdienen. Das angelegte Geld wird von der Bank gleich wieder gegen Zinsen verliehen. Es existiert dann also 2-mal so viel Geld. Der Kreditnehmer kann damit bezahlen, und der Gläubiger »hat« es auf seinem Konto »gut«; er hat also ein **Guthaben.** Wenn der Kreditnehmer den Kredit ausgegeben hat, dann verfügt ein Dritter über diesen Betrag. Wenn Letzterer sein Geld auf ein Girokonto einbezahlt, kann dieser Betrag ebenfalls wieder als Kredit vergeben werden.

So kann, auf scheinbar magische Weise, der Gesamtwert der Zahlungsmittel auf ein Vielfaches des Wertes der ursprünglichen Münzen erweitert werden. Die Einlagen der Sparer konnten von einer Bank zur anderen transferiert werden, deshalb waren sie von der Funktion her den Münzen gleichwertig, also Zahlungsmittel. **Eine Ausweitung der Kontoeinlagen hatte somit dieselben Effekte wie die Produktion neuer Edelmetallmünzen (Bargeld). Damit hatten die Bankiers auch eine Schlüsselposition inne: die Macht über die Geldmenge.**

Wenn die Zeiten gut waren, expandierte das Bankgeschäft rapide. Das Kreditvolumen und die Zahlungsmittelmenge wuchsen mit jedem gewährten Kredit. Und mit der Zunahme der Zahlungsmittel stiegen das Preisniveau und die Wirtschaftstätigkeit. So weit so gut, doch die Sache hatte einen Haken. Es konnte auch umgekehrt laufen – mit sehr unangenehmen Folgen. Wenn viele Schuldner nicht zahlen konnten, drohte den Banken die Pleite, und die Gläubiger konnten ihre Einlagen verlieren, denn es war ja ihr Geld und nicht das der Bank. Andere Gläubiger hoben ihr Geld rechtzeitig ab, um es lieber wieder konventionell zu lagern (horten). Dann gab es plötzlich keine Kredite mehr, auch nicht für seriöseste Kaufleute und reiche Personen. Die Wirtschaftstätigkeit ging dann rapide zurück. So wie die Ausweitung der Zahlungsmittel durch eine Kreditexpansion (Inflation) zu übertriebener Prosperität (Wohlstand) und Euphorie führte, so führte die unvermeidliche Kreditkontraktion (Deflation) zu wirtschaftlicher Depression.

Hier noch die Definitionen von Inflation und Deflation, wie sie von Ludwig von Mises in der 2. Auflage von »Theorie des Geldes und der Umlaufmittel« 1924 formuliert wurden:

»In der theoretischen Untersuchung kann man den Begriff Inflation vernünftigerweise nur mit einem Sinn verbinden: Eine Vermehrung der Geldmenge (im weiteren Sinn des Wortes, sodass die Umlaufmittel darin eingeschlossen erscheinen), der keine entsprechende Steigerung des Geldbedarfs (wieder im weiteren Sinn des Wortes) gegenübersteht, sodass ein Sinken des inneren objektiven Tauschwertes [also der Kaufkraft, Anm. d. Verf.] des Geldes eintreten muss.

Deflation (Restriktion, Kontraktion) wieder bedeutet: Eine Verminderung der Geldmenge (im weiteren Sinne), der kein entsprechender Rückgang des Geldbedarfs (im weiteren Sinne) gegenübersteht, sodass eine Steigerung des inneren objektiven Tauschwertes [Kaufkraft, Anm. d. Verf.] des Geldes eintreten muss. Wenn wir diese Begriffe so auffassen, so ist festzustellen, dass beständig entweder Inflation oder Deflation im Gange ist, da ein Zustand, in dem sich der innere objektive Tauschwert des Geldes [Kaufkraft, Anm. d. Ver.] nicht ändert, wohl kaum jemals längere Zeit besteht.«

10. Kredit: Lebenselixier und Startbedingung eines Schneeballsystems

Ein Kredit ist die Brücke zwischen den Menschen, die mehr Einkommen erzielen, als sie aktuell konsumieren wollen, und unternehmerischen Individuen oder Organisationen, denen die Reserven fehlen, um wirtschaftlich rentable Ideen und Ziele zu finanzieren. Ein Kredit ist nicht als Umverteilung zwischen Gläubiger und Schuldner gedacht, sondern als Vertrag zu beiderseitigem Nutzen. Eine andere Interpretation würde dem wahren Geist des Kredites widersprechen. Dem Kredit liegt das Vertrauen des Gläubigers auf Zahlung von Zins und Tilgung zugrunde, die der Schuldner zu versprechen und zu leisten hat.

Kredit als Lebenselixier

Ohne Kredite wären viele private und unternehmerische Projekte unmöglich. Stellen Sie sich vor, es gäbe überhaupt keinen Kredit. Zum Beispiel müssten dann junge Paare erst einmal warten, bis sie genügend Kapital haben, um im Rahmen der Familienplanung eine Immobilie zu erwerben. Bis sie das Geld dann endlich zusammenhaben, ist die Planung vielleicht schon wieder überholt. Ebenso verhält es sich bei Krediten für unternehmerische Aktivität (Investitionen). **Durch den Kredit wird es erst möglich, den wirtschaftlich Handelnden die Ressourcen der Sparer zu vermitteln. Der Kredit bildet eine unsichtbare Verbindung zwischen den Sparern und den Investoren. Der Kredit wirkt wie ein Lebenselixier für die wirtschaftliche Entwicklung.**

Die Alternative Eigenkapital

Natürlich gibt es noch eine Alternative, um nicht konsumierte Einkommen für die wirtschaftliche Wertschöpfung einzusetzen: die *Aktiengesellschaft.* Sie bietet Sparern die Möglichkeit, ohne Mitwirkung im Management eine Kontrolle über das Eigentum eines

Unternehmens auszuüben und am unternehmerischen Erfolg beteiligt zu sein. Während beim Kredit ein nominaler Betrag zu einem fest vereinbarten Zinssatz befristet überlassen wird, erwirbt ein Aktionär mit dem Kauf von Anteilscheinen, den **Aktien,** ein indirektes Eigentumsrecht am *Eigenkapital.* Es gibt bei einer Unternehmensbeteiligung keine sicheren oder garantierten Zahlungen und die Aktie verbleibt im Eigentum des Investors, bis er sie verkauft. Der Wert der Aktie hängt vor allem vom wirtschaftlichen Erfolg des Unternehmens ab. Die Rendite des Aktionärs ergibt sich aus der Änderung des Kurswertes seiner Aktien zuzüglich der ausgeschütteten Dividenden. Als *Aktionär* ist ein Investor stimmberechtigter Miteigentümer der Gesellschaft, als *Fremdkapitalgeber* ist er nur Anleihengläubiger, der nur das Recht auf Rückzahlung des Kredites mit Zinsen fordern kann. Doch kommen wir noch einmal auf den Kredit zurück:

Kredite sind keine Almosen

Kredite werden nicht einfach verteilt wie 2-für-1-Pizza-Gutscheine. Es gibt in der Eigentumsgesellschaft kein Anrecht auf Kredit, weil dieser vom Gläubiger nur freiwillig geleistet wird. Jeder Gläubiger will Sicherheiten, selbst wenn die Sicherheiten nur in einem stabilen Einkommen und der Möglichkeit des Einklagens der Forderungen liegen. Ohne den Glauben des Gläubigers (Kredit) auf die Rückkehr des Geldes (Return of Money) und auf Zinszahlung (Return on Money) kommt selbstredend kein Schuldverhältnis zustande.

Eine Bank, die einen vergebenen Kredit mit einer Hypothek besichert, riskiert womöglich wenig. Trotzdem wird sie eine Prämie für die Belastung ihres Eigenkapitals verlangen. Die Bank allein schafft kein (Kredit-)Geld. Sie muss ihren Einlegern Zinsen bezahlen oder für Zentralbankgeld Refinanzierungszinsen zahlen. Die Bank haftet gegenüber der Notenbank und den Einlegern mit ihrem Eigenkapital. Dieses Eigenkapital ist dadurch für andere Zwecke blockiert. Die Bank stellt den Kreditnehmern deshalb nicht nur die Zinsen der

Einleger und der Notenbank in Rechnung, sondern auch die eigenen Geschäftskosten und den notwendigen Gewinn für die Bank. Wozu sollten die Eigentümer der Bank sonst ihr Eigenkapital in der Bank lassen? Genauso gut könnten sie ihr Eigenkapital mit Krediten hebeln und Agrarland kaufen, um es dann zu verpachten – also zum Hedgefonds mutieren.

Kein »Free Lunch«

Es gibt kein »Free Lunch« und auch keinen Gratiskredit, solange es Eigentumsrechte gibt. Wenn der kurzfristige Zinssatz von einer Notenbank weit unter den einer langfristigen und risikolosen Anlage (siehe Ursprung des risikolosen Zinses) gedrückt wird, führt dies zur Geldmengenausweitung und, mit Verzögerung, zur Geldentwertung. Preissteigerungen werden dann aber später einen höheren risikolosen Zinssatz erzwingen.

Vollkommen unsinnig aber ist die Vorstellung von negativen Kreditzinsen für Schuldner einer monopolistischen Notenbank. Die privilegierten Banken könnten sich aufgrund von solchen Kreditbedingungen maßlos bereichern! Stellen Sie sich einmal vor, Sie könnten zu minus 2 % unbegrenzt Kredit aufnehmen. Sie könnten diesen Betrag als Sicherheit für denselben Kredit ins Schließfach legen und von den Zinsen gut leben! Die privilegierten Banken haben aber trotzdem kein »Free Lunch«. Die Rechnung bezahlt der Bürger über die Besteuerung per Inflation (siehe Kapitel A.15., »Die heimlichen Schattensteuern«).

»Gute« Schulden erweitern den Kapitalstock

Der Schlüssel zur Bildung des Kapitalstocks ist die Finanzierung von Investitionen in Produktivkapital über Eigenkapital (Aktien) oder Fremdkapital (Anleihen, Bankkredit). Die Höhe des *Kapitalstocks* ist – neben der Qualifikation der Arbeitnehmer (Humankapital) und dem technologischen Know-how – der wichtigste Faktor einer arbeitsteiligen Gesellschaft und das Fundament für deren materiellen Wohlstand.

Aus wichtigem Grund noch ein paar Bemerkungen zum Begriff *Humankapital,* **der vor einiger Zeit zu Unrecht zum Unwort des Jahres gewählt worden ist:** Die Fähigkeiten der Individuen gehören nicht ihrem Arbeitgeber, sondern den Menschen selbst. Damit diese Fähigkeiten in der Bilanz eines Unternehmens als Vermögenswert bei den Aktiva stehen können, müsste das Unternehmen nach IFRS (internationaler Bilanzierungsstandard) während einer gewissen Zeitdauer die Kontrolle über den ökonomischen Nutzen des Humankapitals ausüben. Das ist jedoch nicht möglich, wenn Arbeitnehmer kündigen und ihre Fähigkeiten einfach mitnehmen können. **Nur das Humankapital von Sklaven und Fußballspielern kann in einer Unternehmensbilanz aktiviert werden!** Das Humankapital von Arbeitnehmern ist also deren Eigentum – wieso halten manche sogenannten Experten »Humankapital« dann für ein Unwort?

Zurück zum Kapitalstock, der durch Investitionen wächst. Er wächst natürlich nur, wenn der Wert der Kapitalinvestitionen über dem der Abnutzungen durch Verschleiß liegt (in der Bilanz »Abschreibungen«). Prinzipiell könnte man auch das Humankapital zum Kapitalstock einer Volkswirtschaft zählen.

»Schlechte« Schulden machen arm

Solange die Verschuldung steigt, weil damit der Kapitalstock erweitert wird, birgt Verschuldung nur eine geringe Gefahr. Prekär wird die Situation, wenn Kredite in den Konsum oder in die Schaffung von Vermögen gehen, das nicht der Wertschöpfung dient. Ein einleuchtendes Beispiel hierfür dürften Ausgaben für Rüstungsgüter sein. Kredite, die für Schlachtschiffe ausgegeben werden, welche dann später im Ozean versenkt werden, erhöhen nicht die zukünftige Wertschöpfung. »Militärische Investitionen« waren zu allen Zeiten meistens Flops. Nur für expandierende Imperien konnten sich diese »Investitionen« für eine gewisse Zeit durch Tribute oder große Beutezüge amortisieren.

Ähnliches wie für Rüstungsausgaben gilt auch für staatliche Konjunkturprogramme, mit denen Brücken im Niemandsland oder Wohnungen finanziert werden, die nicht rentabel vermietet werden können. Es spielt keine Rolle, ob man Kriegsschiffe im Atlantik versenkt oder Sozialausgaben finanziert. Entscheidend ist, ob diese Ausgaben über Haushaltdefizite oder über reguläre Steuern finanziert werden.

Unternehmen und Privatpersonen werden zwangsvollstreckt, wenn sie ihre Schulden nicht mehr bedienen können. Nur ein Staat kann über lange Zeit »schlechte« Schulden auftürmen, die keinen Gegenwert erzeugen. **»Schlechte« Schulden sind die Startbedingung für ein Schneeballsystem.**

Der Übergang zum Schneeballsystem

Ein zunehmendes Angebot von Staatsschuldverschreibungen ist am Markt nur zu steigenden Zinssätzen unterzubringen. Das erschwert die Kreditbedingungen für Unternehmen. Die höheren Zinsen bremsen private Investitionen aus (Crowding-out-Effekt). Wenn ein Staat seine Kredite nicht mehr am Markt unterbringen kann, kann die Zentralbank für ihn die Schuldtitel am Markt erwerben – freilich mit neu erzeugtem Geld. Wie in unserer Auktionsökonomie, wo mehr Geld im Saal auch zu mehr Nachfrage und Einkommen führt, so auch in der realen Wirtschaft. Wenn die Wirtschaft an der Kapazitätsgrenze arbeitet, bedeutet mehr Nachfrage einfach nur steigende Preise für Waren und Dienstleistungen.

Der Vorteil solch einer *Notenbankfinanzierung* für den Staat liegt auf der Hand. Er entwertet dadurch bestehende Staatsanleihen (seine Schulden) und kann mit dem neuen Geld am Markt mehr Güter und Dienstleistungen kaufen als nur mit den Steuereinnahmen. Doch das funktioniert nur, weil die Preise und Zinsen sich nicht schlagartig mit der neuen Geldmenge mitbewegen. Würden Investoren und Anbieter von Dienstleistungen (inklusive Arbeitnehmer und Beamte) und Waren sofort die Preise anheben, würde der Effekt verpuffen. Deshalb ist die Manipulation der Inflationserwartung in der Bevölkerung so wichtig für die erwünschte Wirkung einer unsoliden Geldpolitik.

Sobald die Marktteilnehmer (eines Währungsraumes) merken, dass die Geldmenge und damit die Preise um eine gewisse Rate steigen, sagen wir um 2 %, verpufft der Vorteil, den sich der Staat von der Notenbankfinanzierung versprochen hatte. Um trotzdem den gewünschten Effekt zu erzielen, müsste die Neuverschuldung jetzt ein höheres Tempo vorlegen und exponentiell steigen. Das bedeutet praktisch eine Steigerung von 4,04 % ($1,02 \times 1,02 = 1,0404$) – längerfristig steigen aber auch die Preise im gleichen Maße. Ein Staat, der die Wirkung der Notenbankfinanzierung aufrechterhalten wollte, müsste die Neuverschuldung deshalb geometrisch steigern. Damit stiegen auch die Preise exponentiell! Das wäre ein Schneeballsystem.

Ab wann mutiert ein Geldsystem zum Schneeballsystem?

Solange die Wirtschaftsleistung, die Verschuldung und die Geldmenge synchron wachsen, erscheint die Inflationswirtschaft noch nachhaltig. **Sobald jedoch die gesamtwirtschaftliche Verschuldung schneller zunimmt als der Nutzen, den der zusätzliche Kapitalstock einbringt, kann man von einem finanziellen Schneeballsystem sprechen.** Wenn das Kreditvolumen schneller wächst als die wirtschaftliche Leistung, entsteht ein Wohlstandseffekt, der nur durch weiteres Kreditwachstum aufrechterhalten werden kann.

In der alten, nur auf Gold und Silber basierenden Geldordnung war Schluss, wenn das gesamte Kreditvolumen zu weit über die Geldbasis hinauswuchs und die Gläubiger sowohl das Vertrauen als auch ihre Schuldner verloren.

Die systemische Grenze der Kreditbelastung kann nur verschoben werden, wenn das Geld an keinen festen Wert gebunden ist. Mittels Kreditvergabe der Notenbank kann die kontinuierliche Ausweitung der Geldbasis (monetäre Basis) eine parallele Entwicklung von wirtschaftlicher Tätigkeit, Verschuldung und Geldmenge bewirken. Das ist das Gleichgewicht der modernen Keynes'schen Fiatgeldordnung.

Wird jedoch dieser Pfad bei einer überproportionalen Kreditvergabe verlassen, kommt es zunächst zu den erwähnten Wohlstandseffekten, die nur dadurch aufrechterhalten werden können, dass die Schulden stärker wachsen als die Einkommen. Wenn die gesamten Schulden im System schneller wachsen als die Einkommen, wachsen sie auch schneller als der Kapitalstock. Irgendwann wird dann auch die Schuldensättigung des Fiatsystems erreicht werden. Dann könnte der Wohlstandseffekt nur durch eine Monetarisierung der Schulden aufrechterhalten werden.

Das US-amerikanische Schneeballsystem in Aktion

Die Vorstellung eines Kreditsystems als Schneeballsystem ist keine fiktive Gedankenübung. Nachfolgend wird gezeigt, dass das heutige Dollar-System damit zutreffend beschrieben wird. Die gesamte Verschuldung des Systems im Verhältnis zum Bruttoinlandsprodukt nimmt dort seit 60 Jahren kontinuierlich zu (wie in den meisten Industriestaaten). In den letzten 30 Jahren hat der Zug erst richtig Fahrt aufgenommen. Der Grund dafür, dass die Expansion nach 1982 nicht zu exponentiellen Preissteigerungsraten führte, waren vor allem die Anleihenkäufe internationaler Notenbanken. Die ausländischen Notenbanken haben Dollardevisenreserven aufgebaut, was in den betreffenden Staaten zu Inflation führte. Die Notenbankfinanzierung der USA wurde quasi ausgelagert und die Inflation wurde dadurch exportiert.

Um den Nachfragestimulus, das permanent steigende Kreditvolumen der US-Wirtschaft, nach dem Ende der Mega-Hausse im Jahr 2000 am Aktienmarkt aufrechtzuerhalten, wurde ab 2003 der

»Volkssturm des US-Kreditsystems« mobilisiert. Im großen Stil wurden Immobilienkredite an nicht kreditwürdige Familien vergeben. Die Hypotheken wurden verbrieft und in alle Welt verkauft. Durch die späteren, unvermeidlichen Kreditausfälle wurden die Geldreserven der westlichen Banken aufgezehrt. Das gesamte Bankensystem wurde insolvent. Um diese Tatsache zu verschleiern, wurden eilends die Bilanzierungsrichtlinien geändert. Nicht mehr der Marktwert der Bankkredite zählte, sondern die Höhe der Rückzahlungsforderungen aus den Krediten. Den Banken, bei denen selbst dieser Bewertungstrick nicht mehr half, mussten die Staaten mit Bürgschaften helfen. In Irland, Belgien, Island und Großbritannien kam es zur Verstaatlichung von Banken. In Deutschland wurde die Hypo Real Estate vom Staat übernommen. Nur die Bilanzen der Staaten konnten noch stärker belastet werden, wodurch das System vor der Implosion gerettet wurde.

Da die Expansion der Bankenkredite nicht mehr lief wie vor der Finanzkrise, griffen die USA wieder auf die bewährte Finanzierung über die Notenbank Fed und den Export von Schulden (Devisenreserven anderer Notenbanken) zurück. Die Tendenz, von Unternehmen und Haushalten mehr Schulden zu tilgen, als neue aufzunehmen, zwingt jedoch die öffentlichen Haushalte mit höherer Neuverschuldung gegenzuhalten, um einen heftigen Nachfrageeinbruch zu verhindern. Mittlerweile expandieren die Kreditvolumen wieder. **Vor allem das unregulierte Schattenbankensystem wächst rasant.** Dies sind meist Hedgefonds und andere Vehikel, die dank dem Rückenwind negativer Realzinsen mit einem enormen Kredithebel risikobehaftete Vermögenswerte aufkaufen. Gekauft werden auch Ramschanleihen der regulierten Banken, die nun höhere Eigenkapitalvorschriften einhalten müssen. Weitere Kaufobjekte sind Immobilien, Firmen und Rohstoffe, alles zu mindestens 95 % auf Kredit! Das Geld besorgen sie sich wieder bei Versicherungen, Banken und Pensionsfonds. Dieses Schattenbankensystem dürfte die nächste Bruchstelle im Finanzsystem sein. Die Trennung von Schattenbankensystem und reguliertem Bankensystem dürfte dazu führen, dass nur betroffene regulierte Banken gestützt werden. Die armen Pensionäre und Versicherten.

Die folgende Grafik zeigt die Verschuldung aller Sektoren (Private Haushalte, Unternehmen, öffentliche Hände) der USA im Verhältnis zur Wirtschaftsleistung. Mittlerweile hat sich das Verhältnis noch weiter verschlechtert.

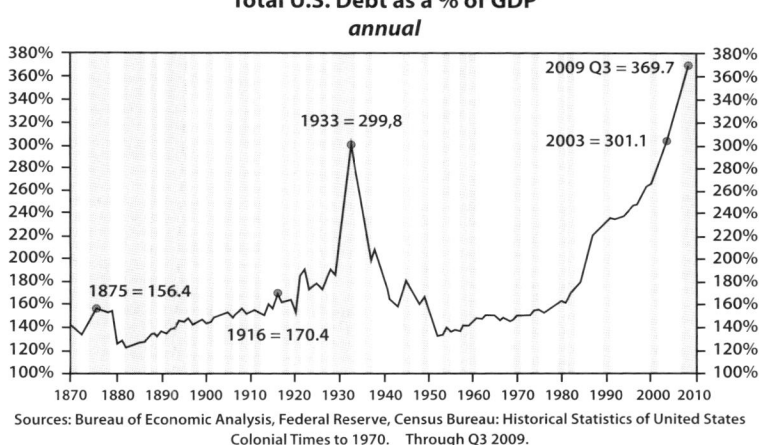

Quelle: www.theeconomiccollapseblog.com

Das dargestellte Volumen beschönigt die wahre Situation. Da Staaten keine ordentliche Bilanz führen müssen, können sie zukünftige Ausgaben, die jetzt noch nicht in dieser Höhe anfallen, einfach ignorieren, ohne dafür Rückstellungen zu bilden. Diese »impliziten Schulden« belaufen sich in den USA auf geschätzte 200 Billionen Dollar, also 1330 % des BIP (mehr dazu in »Die Globale Asymmetrie der Geld- und Warenströme«). Lasten dieser Größenordnung kann ein Staat kaum mehr stemmen.

Im nächsten Diagramm wird auf der senkrechten Achse der Zugewinn des inländischen Einkommens durch die Neuverschuldung abgebildet. Zu Beginn der Grafik im Jahr 1966 hat jeder Dollar der Neuverschuldung 90 Cent an zusätzlicher Wertschöpfung bewirkt. Seither ist der »Nutzen aus der Schuldenzunahme« stetig gefallen und hat bereits jetzt die Grenze unterschritten, wo an-

111

stelle von Zugewinnen Einkommensverluste erzielt werden (negativer Grenznutzen)! Entsprechend der langfristigen Regressionsgerade wäre dieser Punkt erst im Jahr 2015 erreicht worden, doch der Sturm der Finanzkrise hat das Kartenhaus früher zum Einsturz gebracht als erwartet.

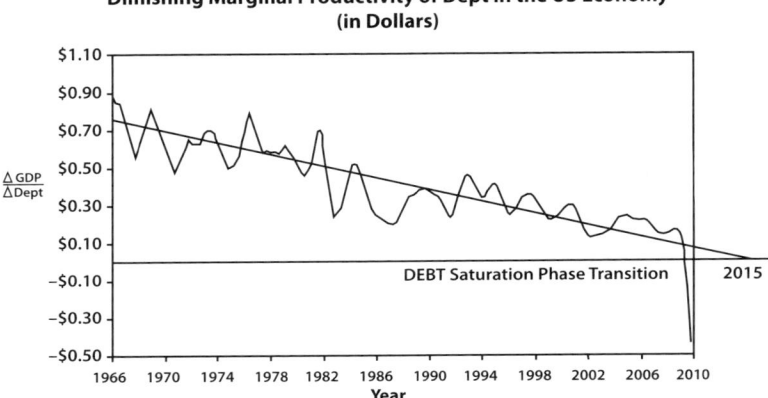

Die Schuldenwirtschaft fährt die Volkswirtschaft vor die Wand
Quelle: www.economicedge.blogspot.com

Das Federal Reserve System der USA hat den Verschuldungsspielraum für den Dollarraum ausgereizt. Nun müssen andere Währungsräume die Verschuldungslokomotive spielen.

Hier drängt sich folgende Frage auf: **Was passiert, wenn die** *Schuldensättigungsgrenze* **überall erreicht worden ist?** Die Welt gerät dann in die *Liquiditätsfalle,* wie Ökonomen sie nennen. Damit wird eine Situation bezeichnet, in der die Nachfrage nicht mehr durch die konventionelle Geldpolitik der Zentralbanken (Zinsen) gesteuert werden kann. Eine nicht gerade reizvolle Perspektive.

In früheren Phasen der wirtschaftlichen Entwicklung wurden Exzesse, bei denen die Kredite überproportional ausgedehnt worden waren, durch Systemgrenzen gestoppt und dann durch Rezessionen bereinigt. Im Jahre 1971 wurde mit der Aufhebung der internatio-

nalen Goldbindung des Dollars von Bretton Woods endgültig die
»Drehzahlbegrenzung« für Kredite aus dem Finanzsystem entfernt.
Dadurch konnte die Schuldenpyramide noch höher steigen als im
vorigen Kreditzyklus, der in der Weltwirtschaftskrise endete. Die Finanzeliten haben keinen Schimmer, wie sie dieser Zwickmühle entkommen könnten. In Davos wurde Anfang 2011 nur diskutiert, wie
man auf die Schuldenpyramide noch eine Schicht drauflegen kann.

11. Auf Kreditexpansion folgt Kreditkontraktion

Bei allen natürlichen Vorgängen lassen sich periodisch wiederkehrende Phänomene beobachten. Es ist also nicht verwunderlich, wenn
auch das Angebots- und Nachfrageverhalten der Teilnehmer am
Wirtschaftsgeschehen gewissen periodischen Schwankungen unter-
worfen ist.

**Die natürlichen Schwankungen der Nachfrage werden ins-
besondere durch die prozyklische Kreditvergabe von Geschäftsbanken verstärkt.** Wenn sich ein Abschwung abzeichnet,
werden neue Kreditaufnahmen verschoben und lieber bestehende
Kredite getilgt. Durch die Tilgung von Bankkrediten (nicht aber anderen Krediten) reduziert sich die Geldmenge: Die Nachfrage geht
weiter zurück. Den Rückgang der Nachfrage nennt man Rezession.
Umsätze und Gewinne sowie die Investitionstätigkeit und die Beschäftigung nehmen ab, und die Vermögenspreise fallen. Diese Entwicklung kann spiralenartig zur Depression führen, wenn Konkurse
die Solvenz der Banken und damit ihre Möglichkeiten, Kredite zu
vergeben, beeinträchtigen.

Diese Entwicklung kann genauso gut umgekehrt ablaufen, wenn
die Akteure durch die Aussicht auf einen wirtschaftlichen Aufschwung beflügelt werden. Individuen und Unternehmen nehmen
eifrig Kredite auf, um zu investieren oder zu konsumieren. Bankkredite erhöhen aber die Geldmenge (Geldschöpfungseigenschaft) und
mehr Geld stärkt die Nachfrage. Die zunehmende Nachfrage treibt
dann die Preise und das Wirtschaftsvolumen in die Höhe – wir be-

kommen einen inflationären Boom. Jetzt schreitet die Notenbank ein und erhöht die Refinanzierungszinsen – es wird allgemein ein Abschwung erwartet. Alles wie gehabt (erinnert mich an den Film »Und täglich grüßt das Murmeltier«): Der Kreislauf beginnt wieder von vorn.

Was unterscheidet Bank- und Notenbankkredite von anderen Schuldverträgen?

Bei der Kreditvergabe von Noten- und Geschäftsbanken vergrößert sich die Geldmenge. Eine am Kapitalmarkt gekaufte Anleihe, ein Kredit unter Privatleuten oder Unternehmern, ist hingegen neutral für die Geldmenge des Systems. Eine Veränderung der Geldmenge durch Bankkredite greift unmittelbar in die Nachfrage der Wirtschaft ein. Wenn Sie sich an unser Beispiel aus der Auktionsökonomie (in »Geldmenge und Preisniveau«) erinnern, können Sie sich vor Augen führen, wie eine Änderung der Geldmenge auf Nachfrage und Preise wirkt. **Die Geldschöpfung durch Bankenkredite funktioniert auch umgekehrt, sie ist reversibel.** Wenn mehr Kredite getilgt als aufgenommen werden, schrumpfen auch die Geldmenge und die wirtschaftliche Nachfrage.

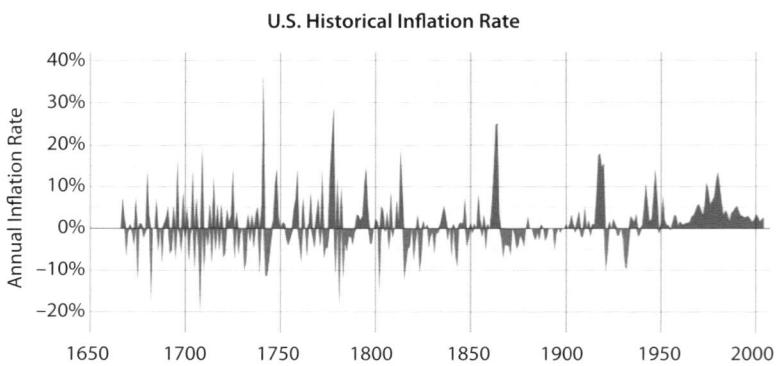

Quelle: www.zerohedge.com; Daten von John J. McCusker

Die Grafik auf Seite 114 zeigt die Fieberkurven des Preisniveaus in den USA auf (vor der Unabhängigkeit Neuenglands). Die zyklischen Schwankungen der Veränderungsrate beim Preisniveau sind beeindruckend. Hinter diesem zyklischen Verhalten stehen durch Kreditgeld verstärkte Nachfrageschwankungen.

Die Muster von Inflation und Deflation kann man vielleicht mit einem geometrischen Fraktal vergleichen. Bei den sogenannten Fraktalen wiederholen sich immer wieder die gleichen Muster, ineinandergepackt und in unterschiedlichen Größen- oder Zeithorizonten. Es gibt sehr lange Kreditzyklen von über 50 Jahren Dauer. Darüber sind Schwankungen aufmoduliert, die dem jeweiligen Konjunkturzyklus entsprechen. Andere Wellenanteile sind länger oder auch kürzer.

Besonders auffällig an dem umseitigen Preisänderungschart ist die Besonderheit, dass negative Preisentwicklungen seit der Weltwirtschaftskrise (1929–1933) ausgeblieben sind. Seit der Großen Depression gab es für die Geldschöpfung zunächst keine natürlichen Barrieren mehr für die Inflation, also die Ausweitung der Geldmenge.

Bei genauer Betrachtung der Muster erkennt man, dass einem kleinen Inflationsschub auch ein kleiner Deflationsschub folgte. Könnte man daraus schließen, dass wir wieder vor einer stark deflationärer Entwicklung stehen, welche die vorherige hohe Preisinflation kompensieren wird?

Es scheint so, als ob die Marktkräfte in diese Richtung tendieren. Allerdings steuern viele Staaten, insbesondere die USA, mit ihrer Haushaltspolitik und den Mitteln der Geldpolitik kräftig dagegen.

Halten Sie sich einmal die folgende Aussage des Ökonomen Ludwig von Mises aus dem Jahre 1924 vor Augen:

> *»Es gibt keinen Weg, den finalen Kollaps eines Booms durch Kreditexpansion zu vermeiden. Die Frage ist nur, ob die Krise früher*

durch freiwillige Aufgabe der Kreditexpansion kommen oder später zusammen mit einer finalen und totalen Katastrophe des Währungssystems kommen soll.«

Die aktuelle Kreditexpansion hat in den 60er-Jahren des letzten Jahrhunderts unter den US-Präsidenten Kennedy und Johnson begonnen und unter Ronald Reagan richtig Fahrt aufgenommen. Ein freiwilliges Stoppen der Expansion wäre wohl ohne eine jahrelange schwere Rezession nicht möglich. Sie haben eben selbst gelesen, welches Ende die Österreichische Schule jedoch für das unbegrenzte Experiment voraussagt.

12. Goethe kannte den Geldzauber

Johann Wolfgang von Goethe war nicht nur Minister und Literat, sondern auch ein ranghohes Mitglied in dem 1776 von dem Regensburger Professor Adam Weishaupt gegründeten Geheimbund der Illuminaten. In diesem Geheimbund waren – je nach Quelle – 1500 bis 2500 Gelehrte, Minister, Beamte und Bürger jener Zeit organisiert. Dem hierarchisch strukturierten Geheimbund gehörten viele prominente Persönlichkeiten an. Unter den bislang bekannten 1500 Mitgliedern waren unter anderem der Salzburger Erzbischof Graf Colloredo und seine späteren Minister Laudon und Cobenzl, Johann Gottfried Herder, Adolph Freiherr von Knigge und Gotthold Ephraim Lessing. Der Orden vertrat den Geist der Aufklärung, der im Grunde auch auf die Beseitigung der alleinigen Herrschaft von Adel und Klerus abzielte. Die Idee, über die Kontrolle des Geldes (»Der Stein der Weisen«) Macht auszuüben, war vielen Geheimbünden jener Zeit bekannt.

Am 22. Juni 1784 wurde der Illuminatenorden in Bayern zusammen mit anderen Geheimbünden von Kurfürst Karl Theodor verboten. 1785 erklärt Papst Pius VI. in zwei Briefen (vom 18. Juni und 12. November) an den Bischof von Freising die Mitgliedschaft im Orden als unvereinbar mit dem katholischen Glauben.

In Goethes Werk Faust II kommt der Stein der Weisen (m.E. die Erschaffung von Symbolgeld) zum Einsatz. Es ist von einem Kaiserland die Rede, dessen Kassen nach der Verwüstung durch den Krieg leer sind, sodass dem Schatzmeister niemand mehr Kredit gewährt. Der Teufel in Gestalt des Hofnarren überzeugt den Kaiser davon, Goldnoten in Umlauf zu bringen, die nur durch fiktive Goldreserven gedeckt sind (»Quantitative Easing« des 18.Jahrhunderts). Der unerwartete Geldsegen scheint alle Probleme hinwegzufegen: Alle Finanzsorgen scheinen vorüber, Gewerbe und Handel blühen, es wird konsumiert und der Kaiser ist im Volk beliebt. Von den Fesseln der Haushaltsdisziplin befreit, beginnt der junge Kaiser verschwenderisch mit der Druckerpresse umzugehen. Durch die Inflation verfällt das Reich erneut in Krieg und in Anarchie. Zu spät erkennt der Kaiser, dass ihn die Geldtricks seines Beraters ins Verderben treiben. Letztendlich kann er nur unter den Schutzschirm der Kirche kriechen, die ihn vor dem Volkszorn schützt und ihm Buße auferlegt. Der Erzbischof verlangt als Preis die wahre Macht im Reich: das Recht der Besteuerung.

Ausgesuchte Textauszüge, die den monetären Hintergrund belegen:

HEERMEISTER:
Wie tobt's in diesen wilden Tagen!
Ein jeder schlägt und wird erschlagen,
Und fürs Kommando bleibt man taub.
Der Bürger hinter seinen Mauern,
Der Ritter auf dem Felsennest
Verschwuren sich, uns auszudauern,
Und halten ihre Kräfte fest.
Der Mietsoldat wird ungeduldig,
Mit Ungestüm verlangt er seinen Lohn,
Und wären wir ihm nichts mehr schuldig,
Er liefe ganz und gar davon.
Verbiete wer, was alle wollten,
Der hat ins Wespennest gestört;
Das Reich, das sie beschützen sollten,
Es liegt geplündert und verheert.
Man lässt ihr Toben wütend hausen, [...]

117

SCHATZMEISTER:
[…] Wir haben so viel Rechte hingegeben,
Dass uns auf nichts ein Recht mehr übrigbleibt […]
Wer jetzt will seinem Nachbar helfen?
Ein jeder hat für sich zu tun.
Die Goldespforten sind verrammelt,
Ein jeder kratzt und scharrt und sammelt,
Und unsre Kassen bleiben leer. […]

MARSCHALK:
Welch Unheil muss auch ich erfahren!
Wir wollen alle Tage sparen
Und brauchen alle Tage mehr.
Und täglich wächst mir neue Pein.
[…] Nun soll ich zahlen, Alle lohnen;
Der Jude wird mich nicht verschonen,
Der schafft Antizipationen,
Die speisen Jahr um Jahr voraus.
[…]

MEPHISTOPHELES:
Wo fehlt's nicht irgendwo auf dieser Welt?
Dem dies, dem das, hier aber fehlt das Geld.
Vom Estrich zwar ist es nicht aufzuraffen;
Doch Weisheit weiß das Tiefste herzuschaffen.
In Bergesadern, Mauergründen
Ist Gold gemünzt und ungemünzt zu finden,
Und fragt ihr mich, wer es zutage schafft: […]

MEPHISTOPHELES:
Daran erkenn' ich den gelehrten Herrn!
Was ihr nicht tastet, steht euch meilenfern;
Was ihr nicht fasst, das fehlt euch ganz und gar;
Was ihr nicht rechnet, glaubt ihr, sei nicht wahr;
Was ihr nicht wägt, hat für euch kein Gewicht;
Was ihr nicht münzt, das, meint ihr, gelte nicht.

KAISER:
[…] Ich habe satt das ewige Wie und Wenn;
Es fehlt an Geld, nun gut, so schaff es denn.

MEPHISTOPHELES:
Ich schaffe, was ihr wollt, und schaffe mehr;
Zwar ist es leicht, doch ist das Leichte schwer.
Es liegt schon da, doch um es zu erlangen,
Das ist die Kunst; wer weiß es anzufangen?
[…]
Das alles liegt im Boden still begraben;
Der Boden ist des Kaisers, der soll's haben.

SCHATZMEISTER:
Für einen Narren spricht er gar nicht schlecht,
Das ist fürwahr des alten Kaisers Recht.

KANZLER:
Der Satan legt euch goldgewirkte Schlingen,
Es geht nicht zu mit frommen rechten Dingen.

ASTROLOG:
[…] Ja! wenn zu Sol sich Luna fein gesellt,
Zum Silber Gold, dann ist es heitre Welt;
Das übrige ist alles zu erlangen:
Paläste, Gärten, Brüstlein, rothe Wangen,
Das alles schafft der hochgelehrte Mann,
Der das vermag, was unser Keiner kann.
[…]

ASTROLOG:
Herr, mäßige solch dringendes Begehren,
Lass erst vorbei das bunte Freudenspiel […]

MEPHISTOPHELES:
Wie sich Verdienst und Glück verketten,
Das fällt den Toren niemals ein;

Wenn sie den Stein der Weisen hätten,
Der Weise mangelte dem Stein.

MARSCHALK:
Durchlauchtigster, ich dacht' in meinem Leben
Vom schönsten Glück Verkündung nicht zu geben
Als diese, die mich hoch beglückt,
In deiner Gegenwart entzückt:
Rechnung für Rechnung ist berichtigt,
Die Wucherklauen sind beschwichtigt,
Los bin ich solcher Höllenpein;
Im Himmel kann's nicht heitrer sein.

HEERMEISTER:
Abschläglich ist der Sold entrichtet,
Das ganze Heer aufs neu' verpflichtet,
Der Landsknecht fühlt sich frisches Blut,
Und Wirt und Dirnen haben's gut.

KAISER:
Wie atmet eure Brust erweitert!
Das faltige Gesicht erheitert!
Wie eilig tretet ihr heran!

SCHATZMEISTER:
Befrage diese, die das Werk getan.

FAUST:
Dem Kanzler ziemt's, die Sache vorzutragen.

KANZLER:
Beglückt genug in meinen alten Tagen. –
So hört und schaut das schicksalschwere Blatt,
Das alles Weh in Wohl verwandelt hat.
»Zu wissen sei es Jedem, der's begehrt:
Der Zettel hier ist tausend Kronen wert.
Ihm liegt gesichert, als gewisses Pfand

Unzahl vergrabnen Guts im Kaiserland.
Nun ist gesorgt, damit der reiche Schatz,
Sogleich gehoben, diene zum Ersatz.«

KAISER:
Ich ahne Frevel, ungeheuren Trug!
Wer fälschte hier des Kaisers Namenszug?
Ist solch Verbrechen ungestraft geblieben?

SCHATZMEISTER:
Erinnre dich! hast selbst es unterschrieben;
Erst heute Nacht. Du standst als großer Pan,
Der Kanzler sprach mit uns zu dir heran:
»Gewähre dir das hohe Festvergnügen,
Des Volkes Heil, mit wenig Federzügen.«
Du zogst sie rein, dann ward's in dieser Nacht
Durch Tausendkünstler schnell vertausendfacht.
Damit die Wohltat allen gleich gedeihe,
So stempelten wir gleich die ganze Reihe,
Zehn, Dreißig, Fünfzig, Hundert sind parat.
Ihr denkt euch nicht, wie wohl's dem Volke that.
Seht eure Stadt, sonst halb im Tod verschimmelt,
Wie alles lebt und lustgenießend wimmelt!
Obschon dein Name längst die Welt beglückt,
Man hat ihn nie so freundlich angeblickt.
Das Alphabet ist nun erst überzählig,
In diesem Zeichen wird nun Jeder selig.

KAISER:
Und meinen Leuten gilts für gutes Gold?
Dem Heer, dem Hofe gnügts zu vollem Sold?
So sehr michs wundert, muss ichs gelten lassen.

MARSCHALK:
Unmöglich wärs, die Flüchtigen einzufassen;
Mit Blitzeswink zerstreute sichs im Lauf.
Die Wechslerbänke stehen sperrig auf,

Man honoriert daselbst ein jedes Blatt
Durch Gold und Silber, freilich mit Rabatt.
Nun geht's von da zum Fleischer, Bäcker, Schenken;
Die halbe Welt scheint nur an Schmaus zu denken,
Wenn sich die andre neu in Kleidern bläht.
Der Krämer schneidet aus, der Schneider näht.
Bei »Hoch dem Kaiser!« sprudelt's in den Kellern,
Dort kocht's und brät's und klappert mit den Tellern.

MEPHISTOPHELES:
[…] Und hurtiger als durch Witz und Redekunst
Vermittelt sich die reichste Liebesgunst.
Man wird sich nicht mit Börs und Beutel plagen,
Ein Blättchen ist im Busen leicht zu tragen,
Mit Liebesbrieflein paarts bequem sich hier.
Der Priester trägts andächtig im Brevier,
Und der Soldat, um rascher sich zu wenden,
Erleichtert schnell den Gürtel seiner Lenden.
Die Majestät verzeihe, wenn ins Kleine
Das hohe Werk ich zu erniedern scheine.

FAUST:
[…] Die Phantasie, in ihrem höchsten Flug,
Sie strengt sich an und tut sich nie genug.
Doch fassen Geister, würdig, tief zu schauen,
Zum Grenzenlosen grenzenlos Vertrauen.

MEPHISTOPHELES:
Ein solch Papier, an Gold und Perlen Statt,
Ist so bequem, man weiß doch, was man hat;
Man braucht nicht erst zu markten, noch zu tauschen,
Kann sich nach Lust in Lieb und Wein berauschen.
Will man Metall, ein Wechsler ist bereit,
Und fehlt es da, so gräbt man eine Zeit.
Pokal und Kette wird verauktioniert,
Und das Papier, sogleich amortisiert,

Beschämt den Zweifler, der uns frech verhöhnt.
Man will nichts anders, ist daran gewöhnt.
So bleibt von nun an allen Kaiserlanden
An Kleinod, Gold, Papier genug vorhanden.

SCHATZMEISTER:
Soll zwischen uns kein fernster Zwist sich regen,
Ich liebe mir den Zaubrer zum Kollegen.

KAISER:
Beschenk ich nun bei Hofe Mann für Mann,
Gesteh er mir, wozu ers brauchen kann.

EIN ANDRER:
Ich schaffe gleich dem Liebchen Kett und Ringe.

KÄMMERER:
Von nun an trink ich doppelt beßre Flasche.

BANNERHERR:
Mein Schloß und Feld, ich mach' es schuldenfrei.

NARR:
Ihr spendet Gnaden, gönnt auch mir davon!

KAISER:
Und lebst Du wieder? Du vertrinkst sie schon.

NARR:
Die Zauberblätter! Ich verstehs nicht recht.

KAISER:
Das glaub ich wohl, denn du gebrauchst sie schlecht.

NARR:
Und kaufen kann ich Acker, Haus und Vieh?

MEPHISTOPHELES:
Versteht sich! Biete nur, das fehlt dir nie.

NARR:
Und Schloss, mit Wald und Jagd und Fischbach?

MEPHISTOPHELES:
Traun!
Ich möchte dich gestrengen Herrn wohl schaun!

NARR:
Heut abend wieg ich mich im Grundbesitz!

FAUST:
Du hast, Geselle, nicht bedacht,
Wohin uns deine Künste führen;
Erst haben wir ihn reich gemacht,
Nun sollen wir ihn amüsieren.
[…]

MEPHISTOPHELES:
Wie leicht ist das! – Hörst du die Trommeln fern?

FAUST:
Schon wieder Krieg! Der Kluge hörts nicht gern.

MEPHISTOPHELES:
Auf meinem Zuge blieb mir nicht verborgen,
Der gute Kaiser schwebt in großen Sorgen;
Du kennst ihn ja. Als wir ihn unterhielten,
Ihm falschen Reichtum in die Hände spielten,
Da war die ganze Welt ihm feil.
Denn jung ward ihm der Thron zu Theil,
und ihm beliebt' es, falsch zu schließen,
Es könne wohl zusammengehn,
Und sei recht wünschenswert und schön,
Regieren und zugleich genießen.

FAUST:
Ein großer Irrtum. Wer befehlen soll,
Muß im Befehlen Seligkeit empfinden. [...]

MEPHISTOPHELES:
So ist er nicht. Er selbst genoß, und wie!
Indes zerfiel das Reich in Anarchie,
Wo groß und klein sich kreuz und quer befehdeten
und Brüder sich vertrieben, tödteten,
Burg gegen Burg, Stadt gegen Stadt,
Zunft gegen Adel Fehde hat,
Der Bischof mit Kapitel und Gemeinde;
Was sich nur ansah, waren Feinde. [...]
[...]

KAISER:
So bin ich endlich doch betrogen!
Ihr habt mich in das Netz gezogen;
Mir graut, seitdem es mich umstrickt

[...] KAISER:
[...] Deshalb erweitr' ich gleich jetzt des Besitztums Grenzen
Vom Erbtheil jener, die sich von uns abgewandt.
Euch Treuen sprech ich zu so manches schöne Land,
Zugleich das hohe Recht, euch nach Gelegenheiten
Durch Anfall, Kauf und Tausch ins Weitre zu verbreiten;
Dann sei bestimmt vergönnt, zu üben ungestört,
Was von Gerechtsamen euch Landesherrn gehört.
Als Richter werdet ihr die Endurteile fällen,
Berufung gelte nicht von euern höchsten Stellen.
Dann Steuer, Zins und Beth', Lehn und Geleit und Zoll,
Berg-, Salz- und Münzregal euch angehören soll.
Denn meine Dankbarkeit vollgültig zu erproben,
Hab ich euch ganz zunächst der Majestät erhoben.

ERZBISCHOF:
Im Namen aller sei dir tiefster Dank gebracht!

125

Du machst uns stark und fest und stärkest deine Macht.
[...]

ERZBISCHOF:
Dann widmest du zugleich dem Werke, wie's entsteht,
Gesammte Landsgefälle: Zehnten, Zinsen, Beth,
Für ewig. Viel bedarfs zu würdiger Unterhaltung,
Und schwere Kosten macht die sorgliche Verwaltung.
Zum schnellen Aufbau selbst auf solchem wüsten Platz
Reichst du uns einiges Gold aus deinem Beuteschatz.
Daneben braucht man auch, ich kann es nicht verschweigen,
Entferntes Holz und Kalk und Schiefer und dergleichen.
Die Fuhren tut das Volk, vom Predigtstuhl belehrt,
Die Kirche segnet den, der ihr zu Diensten fährt.

KAISER:
Die Sünd' ist groß und schwer, womit ich mich beladen;
Das leidige Zaubervolk bringt mich in harten Schaden.

ERZBISCHOF:
Verzeih, o Herr! Es ward dem sehr verruf'nen Mann
Des Reiches Strand verliehn; doch diesen trifft der Bann,
Verleihst du reuig nicht der hohen Kirchenstelle
Auch dort den Zehnten, Zins und Gaben und Gefälle

13. Gewinner und Verlierer bei Deflation und Inflation

Wir knüpfen bei der von uns favorisierten Definition von Deflation und Inflation an: Demnach ist Deflation eine Abnahme der Geldmenge im Verhältnis zu der nachgefragten Menge an Waren und Dienstleistungen. Die Inflation ist hingegen eine Geldmengenzunahme im Verhältnis zu der nachgefragten Menge an Waren und Dienstleistungen. Deflation sowie Inflation haben natürlich Auswirkungen auf das Preisniveau. Eine Deflation führt zum Absinken und eine Inflation zum Steigen der allgemeinen Preise.

Nun können solche Veränderungen bei Geldmenge und Preisniveau entweder vom Markt erwartet sein oder die Akteure kalt erwischen. Eine nicht erwartete Veränderung des Preisniveaus betrifft insbesondere Schuldner und Gläubiger jedes Kreditvertrages. Ein unerwarteter Anstieg der Preisinflation wird am Kapitalmarkt zu höheren Zinsen führen. Es sollte logisch erscheinen, dass bereits bestehenden Anleihen, die einen niedrigeren Zins abwerfen als neue Anleihenemissionen, nun im Wert sinken. Umgekehrt verhält es sich bei sinkender Preisinflation und fallenden Zinsen: Die Anleihenwerte steigen. Es kommt zur **Umverteilung zwischen Gläubigern und Schuldnern zugunsten der Gläubiger.**

Der Umverteilungseffekt ergibt sich nicht nur für am Markt gehandelte Schuldverschreibungen. Durch eine Veränderung des Zinsniveaus erfährt auch jede andere finanzielle Schuld eine Veränderung ihres Marktwertes. Betrachten wir beispielsweise ein Hypothekendarlehen bei einer Sparkasse. Wenn der Zinssatz gestiegen ist, kann die Sparkasse eine mit 5 % verzinste Hypothekenschuld über 150 000 Euro nicht mehr für denselben Betrag an eine andere Bank verkaufen. Andererseits wird die Hypothek wertvoller als die zu leistende Tilgungssumme, wenn die Zinsen fallen.

Für diejenigen, die das gern an einem konkreten Rechenbeispiel nachvollziehen wollen:

Eine Schuld von 100 Euro, die sich zu 5 % per annum verzinst (5 Euro Coupon pro Jahr) und nach vier Jahren fällig ist, wird mit dem Marktzins von 6 % bewertet. Der *Gegenwartswert (Barwert)* ist der Wert, den der gesamte Zahlungsstrom über die vier Jahre zu Beginn hat. Fachleute sagen, die Zahlungen werden auf die Gegenwart **abgezinst (diskontiert).** Die nominale Schuld von 100 Euro ist in unserem Beispiel 96,54 Euro wert. Die Potenzen im Nenner stehen für die Entfernung der Zahlungen in Jahren (diese müssen nicht unbedingt ganzzahlig sein).

$$\text{Gegenwartswert} = 5 \text{ Euro} \div 1,06 + 5 \text{ Euro} \div 1,06^2 + 5 \text{ Euro} \div 1,06^3 + 5 \text{ Euro} \div 1,06^4 = 96,535 \text{ Euro}$$

Das Abzinsen gehört zu den wichtigsten Rechnungen eines Kaufmanns. Alle Vermögenswerte, die Erträge bringen – ob Aktien, Immobilien, Agrarflächen, Lizenzen – werden über eine Diskontierung bewertet. Somit sollte klar sein, dass alle Vermögenswerte untrennbar mit dem Zinssatz verknüpft sind. Steigen die Zinsen, fallen die Vermögenswerte – und umgekehrt: Fallen die Zinssätze, steigen die Vermögenswerte.

Der Hebel, den Zinsänderungen auf die Vermögenswerte haben, hängt von der Reichweite des Zahlungsstroms ab. Je weiter weg die Zahlungen, desto heftiger sind die Wertschwankungen durch auftretende Zinsänderungen. Bei Anleihen wird der Hebel, den Zinsänderungen auf die Bewertung haben, *Duration* genannt.

Fazit: Gläubiger werden durch eine unerwartete Inflation geschädigt, weil die zuvor vereinbarten Zinsen die Geldentwertung nicht voll kompensieren. Schuldner werden durch unerwartete Deflation und sinkende Preise geschädigt, weil die Gläubiger durch die zuvor vereinbarten Zinsen für die nun aktuelle Preisinflation überkompensiert werden.

Im nächsten Abschnitt betrachten wir, wie eine deflationäre Entwicklung, die zu einem Nachfrageeinbruch und damit zu fallenden Unternehmensumsätzen führt, auf die Unternehmensgewinne wirken würde.

Der Fixkostenhebel eliminiert den Gewinn

Eine Deflation mit fallenden Preisen belastet insbesondere auch die Unternehmensgewinne. Da das Lohnniveau der Beschäftigten, vertragliche Zinszahlungen und vertragliche Verpflichtungen nicht entsprechend dem sinkenden Preisniveau abnehmen, geraten Unternehmen durch ihre Fixkosten in finanzielle Schwierigkeiten. Das folgende fiktive Beispiel soll Ihnen ein Gefühl dafür vermitteln, wie sich Fixkosten bei einem Umsatzrückgang auswirken: Wir vergleichen die Flex AG mit 90 % variablen Kosten (bezogen auf den Umsatz) und die Fix AG mit 70 % Fixkosten und 20 % variablen Kosten. Beide sehr profitable Unternehmen haben eine Gewinnmarge vor Steuern und Zinsen von 10 %. In der ersten Spalte stehen die Zahlen vor dem simulierten Umsatzrückgang um 10 %, in der zweiten die nach dem Schrumpfen der Umsätze um 10 %. Bei der Flex AG sind Gewinn und Umsatz um je 10 % geschrumpft, dagegen ist der Gewinn bei der Fix AG durch den Umsatzeinbruch um 80 % gefallen! Die gravierenden Folgen eines sinkenden Absatzpreisniveaus für Unternehmen mit hohen Fixkosten werden hier sehr deutlich.

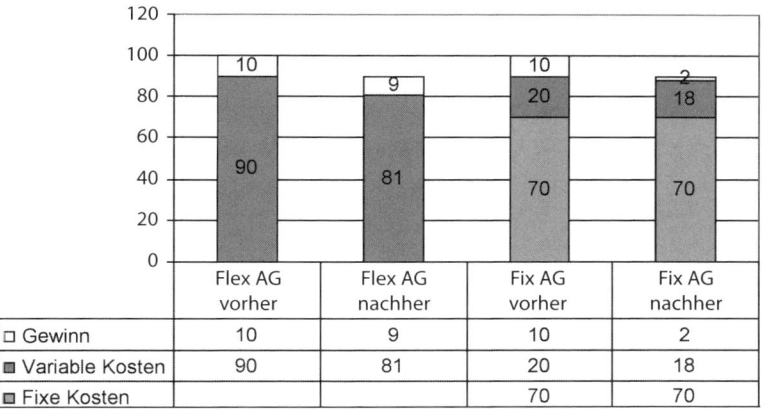

Beispiel eines Umsatzrückgangs um 10 %

	Flex AG vorher	Flex AG nachher	Fix AG vorher	Fix AG nachher
□ Gewinn	10	9	10	2
■ Variable Kosten	90	81	20	18
▣ Fixe Kosten			70	70

Der jüngste Beinahe-Kollaps des Finanzsystems um den Jahreswechsel 2008/09 hat zu einer Abschwächung der Konjunktur und bei vielen Gesellschaften zu Umsatzeinbrüchen von mehr als 25 % geführt. Ein spontaner, starker Nachfrageeinbruch (Schock) gefährdet die Existenz von konjunkturabhängigen Unternehmen. Es ist deshalb kein Wunder, dass Unternehmen mit starker Verschuldung und hohen Fixkosten vom Markt mit entsprechend höheren Kapitalkosten bewertet werden.

14. Die hohe Kunst des Schuldenpyramidenbaus

Die natürlichen Grenzen der Kapitalakkumulation

Im Jahre 45 v. Chr. führte Julius Cäsar im Römischen Reich den Goldstandard ein. Er ließ aus keltischem Beutegold den Aureus prägen, eine Goldmünze mit 8,19 Gramm Gold. Hätte ein Zeitgenosse die Möglichkeit gehabt, diesen Wert ohne die damals übliche Münzverschlechterung und ungeachtet anderer Faktoren (inklusive Zinseszins) mit 2% pro Jahr zu verzinsen, hätten die Forderungen heute, nach 2056 Jahren, einen Gegenwert von 3,94 Mrd. Tonnen Gold. Die gesamte von Menschenhand jemals geförderte Goldmenge wird jedoch nur auf zirka 160 000 Tonnen geschätzt. Die aufgehäuften Ansprüche auf Gold wären zu heutigen Preisen (39 600 Euro/kg) rund 1 560 240 Billionen Euro wert – das würde den Wert aller Ländereien und bis heute von Menschen geschaffener Vermögenswerte um ein Vielfaches übersteigen. Der Wert aller von Menschen pro Jahr produzierten Werte und Dienstleistungen (Weltprodukt) beträgt im Vergleich dazu nur rund 45 Billionen Euro!

Sie sehen, dass *Thesaurieren* oder die *Akkumulation* von Kapital eine ungeheure Dynamik entwickelt, ähnlich dem ungebremsten Wachstum in der Natur, bei der sich die Anzahl von Bakterien oder Algen in einer immer gleichbleibenden Zeit verdoppelt. Dieses Wachstum mit gleichbleibender »Verdopplungszeit« nennt man *exponentielles Wachstum.*

Doch so wie in der Natur, wo übermäßiges Wachstum stets an eine physikalische Grenze stößt, verhält es sich auch mit der Akkumulation von Vermögenswerten. Die Ansammlung solcher Reichtümer würde kaum über mehrere Generationen funktionieren. Den meisten Menschen ist eine solche Motivation auch eher fremd. Sie konsumieren die Früchte ihres Kapitals (Renditen) lieber, als das Erbe zu vermehren. Wer es trotzdem versucht, stößt bald auf den Widerstand von anderen Menschen. In der Menschheitsgeschichte setzten Plünderung, Raub und Willkür der Herrschenden solchen Ambitionen stets rabiate Grenzen. Die Akkumulation von Vermögen setzte zudem immer eine Unterstützung der Mächtigen, also des »herrschenden« Rechts voraus. In der Renaissance waren die Medici in Norditalien mächtig genug, um über einige Generationen unermessliche Reichtümer anzuhäufen, dasselbe gelang auch den Fuggern in Augsburg. Doch das Spiel der norditalienischen und der süddeutschen Finanziers war nach drei Staatsbankrotten ihres Hauptgläubigers, der spanisch-habsburgischen Monarchie, vorbei.

Die Anhäufung von Vermögen über mehrere Generationen hinweg ist eigentlich eine krasse Ausnahme. Ein deutsches Sprichwort sagt über Vermögen: »Die erste Generation baut es auf, die zweite erhält es und die dritte bringt es durch.« Um die oft vermutete Dauerakkumulation zu ermöglichen, darf das Erbe auch nicht auf zu viele Erben aufgeteilt werden; die Weitergabe darf auch nicht durch Erbschaftsteuern eingeschränkt werden. Zudem erreicht jedes Geschäftsmodell irgendwann eine Grenze. Bankrotte, Fehlinvestitionen und andere Ereignisse verhindern eine sichere und dauerhafte Kapitalanhäufung.

Der Betrieb eines Bankenmonopols innerhalb eines Währungsraumes kommt dem Konzept der permanenten Akkumulation allerdings am nächsten. Schon die norditalienischen Bankiers und die Fugger waren Staatsfinanzierer und standen unter dem besonderen Schutz des jeweiligen Souveräns, der ihre Kooperation zwecks Erhöhung der Staatsquote benötigte. Später haben private Finanziers wie N. M. Rothschild (mit Unterstützung der Bank of England) oder die amerikanischen Privatbanken zusammen mit der Fed ein großes Kreditmonopol geschaffen.

Das Problem bei der Akkumulation generell ist, dass in der Regel Forderungen akkumuliert werden. Auf einer weitgehend unveränderlichen Geldbasis wird eine Schuldenpyramide errichtet. **Die Metapher der Pyramide stammt von dem ehemaligen Fed-Chef John Exter, der das Kreditgeldsystem als umgekehrte Pyramide darstellte.** Unten an der Spitze befand sich eine schmale Goldbasis, über der immer breitere und immer weniger liquide Schichten von Finanzwerten gestapelt werden. Aus Sicht der Finanzbuchhaltung kann man diesen **Prozess der Aufschuldung auch als eine systemweite Bilanzverlängerung** bezeichnen.

In dem obigen Beispiel mit dem Aureus des Julius Cäsar entstanden Ansprüche auf Gold. Die Goldmenge wurde jedoch durch die fälligen Zinsen nicht vermehrt. Den Ansprüchen standen Schulden in gleicher Höhe gegenüber. Sobald die Schulden die Vermögenswerte der einzelnen Schuldner überstiegen, verloren diese ihr Eigentum an die Gläubiger. Diese akkumulierten dadurch jedoch Sachwerte und kein Gold (Geld). Die Anhäufung großer Reichtümer hat jedoch zu allen Zeiten neidische oder weniger bemittelte Zeitgenossen zu Kriegen, Revolten und Beutezügen inspiriert.

Es gibt also eine Grenze für die gesamte Verschuldung in einer Wirtschaft. Diese Grenze liegt bei dem Wert aller Vermögen, die als Sicherheit für Schuldner dienen können. Wenn alle Vermögenswerte belastet und zudem auch der Staat an die Grenze seiner Verschuldungsfähigkeit gelangt ist, können keine neuen Kredite vergeben werden: Die Pyramide stagniert und beginnt zu schrumpfen. Im Endstadium des Kreditkettenbriefes werden dann mehr Kredite getilgt, als neue vergeben.

Über die Grenzen hinaus ...

Im Falle der Insolvenz ihrer Schuldner müssen Gläubiger, die nicht auf Vermögenswerte der Schuldner zugreifen können, ihre Kredite abschreiben. Daher wird schon die Perspektive eines Kreditausfalls von »schlechten Schulden« eine Schuldenpyramide ins Wanken bringen, wenn die Gläubiger den Glauben an die Schuldentilgung verlieren.

Die Vermögenswerte der Schuldner bilden zwar eine natürliche Grenze der Verschuldung, doch über die Belastung fiktiver Vermögenswerte kann die Pyramide weiter erhöht werden. Der Kauf von Staatsanleihen durch eine monopolistische

Notenbank kann die Grenze weit hinausschieben. Der Versuch, die Pyramide auf der Basis von »fiktiven Pfändern« zu erweitern, führt zu einer Inflation der Geldmenge. Durch den Anstieg der Preise wird dieser Versuch aber vereitelt. Die Schulden fallen in realen Werten, denn ab einem bestimmten Punkt werden die Preise stärker steigen als die Geldmenge. Dann schrumpft die Pyramide inflationär, weil der reale Wert aller Schulden fällt.

Wird die Grenze nicht durch Fiatgeldproduktion übersprungen, kommt es zu einer Deflation: Ein schrumpfendes Kreditvolumen lässt auch die Nachfrage und die Geldmenge schrumpfen – das Preisniveau sinkt. Die Schuldenpyramide wird deflationär geschrumpft. Der Wert der Schulden sinkt nominal und real. Schuldenpyramiden können also nicht in den Himmel wachsen und werden es auch in Zukunft nicht.

Wenn die Kreditvolumen überproportional zu den Einkommen wachsen und sich das Kreditsystem zum Schneeballsystem verwandelt, wird das Finale entweder gläubigerfreundlich (Liquidation, langsame Deflation) oder schuldnerfreundlich (Schuldenerlass, Schuldverweigerung, Hyperinflation) ausfallen.

Die Pyramide der Gegenwart

Die größte Schuldenpyramide aller Zeiten ist gegenwärtig auf dem Fundament des US-Dollars errichtet. Das Federal Reserve System in den USA versorgt die Banken des »Primary-Lender-Konsortiums« mit Liquidität und diese wiederum global Investoren, Unternehmen und Staaten mit Krediten. Mittels Zins- und Währungsswaps wandeln diese privilegierten Geschäftsbanken kurzfristige US-Dollarguthaben in langfristige Kredite in anderer Währung um. Durch Derivate konnte die Weltdollarschuldenpyramide immer höher geschichtet werden. Nach der Aufhebung der Goldbindung des Dollars gab es zunächst scheinbar keine systemische Grenze mehr für die Verschuldung.

Wie ich bereits erwähnte, gibt es aber eine systemische Grenze für die Verschuldung. Wenn alle Vermögenswerte belastet und auch die Staaten an die Grenze ihrer Verschuldungsfähigkeit angekommen sind, können keine neuen Kredite vergeben werden. Die Pyramide würde stagnieren und zu schrumpfen beginnen. In solch einem Endstadium des Kreditkettenbriefes würden mehr Kredite getilgt als neue vergeben.

Dieser Punkt der absoluten Schuldensättigung ist die Situation, welche die Deflationisten vor Augen haben:

Eine Verringerung der Summe aller globalen Notenbank- und Bankenkredite würde die Geldmenge reduzieren und damit die Nachfrage und das Preisniveau weltweit drücken. Diese Situation, in der wir bei der Finanzkrise im Jahr 2009 standen, wurde von den G20-Staaten durch gigantische Neuverschuldungen der Staaten abgewendet. Es wurde noch einmal ein weiteres Wachstum der Schuldenpyramide ermöglicht. Wenn jedoch Staaten wie zum Beispiel die USA am Markt nicht mehr beliebig viele Staatsanleihen platzieren könnten, würde es extrem schwierig werden mit der Aufrechterhaltung der Pyramide. Der einzige Weg wäre die Schaffung zusätzlichen Geldes. Eine Notenbank kann Geld durch Kredit, den Ankauf von Schulden, Edelmetallen und Rohstoffen oder anderen liquiden, handelbaren Vermögenswerten schaffen. Eine Notenbank sollte jedoch stets solvent sein, also Vermögenswerte in Höhe ihrer Verbindlichkeiten halten, um das Geldangebot bei Bedarf auch verknappen zu können. Aber das ist ein anderes Thema.

Wenn die Notenbank eine schrumpfende Kreditpyramide vor weiterem Schrumpfen bewahren will, muss die Kreditverknappung mit neuem Geld kompensiert werden. Ein ernstes Problem kann aber durch die Größenverhältnisse entstehen, denn die privaten Kredite der USA sind etwa 5-mal so hoch wie die jederzeit fälligen Sichteinlagen und Guthaben im Dollarraum. Daraus folgt, dass die Geldmenge jährlich um 10 % zunehmen müsste, um eine Kreditkontraktion von jährlich 2 % aufzufangen – die Folge wäre eine eskalierende Inflation.

Die Alternative für die USA besteht in einer Austeritätspolitik (strikte Haushaltsdisziplin) mit drastischen Kürzungen staatlicher Ausgaben, der Abwicklung von insolventen Gläubigern, auch von Kommunen und Bundesstaaten, sowie einer deutlichen Reduktion der Militärausgaben.

Im Prinzip werden die USA (wie auch die Eurozone) zwischen einer Stagnation mit sehr hohen Preissteigerungen (Stagflation) bei relativ schwacher Währung und einem Szenario wie in Japan, also einer deflationären Stagnation mit relativ starker Währung, wählen müssen. Beide Wege bergen erhebliche Risiken. Die Aussichten für Wirtschaft und Politik der Vereinigten Staaten werden wir noch in einem späteren Kapitel erläutern.

15. Die heimlichen Schattensteuern

Große Kriege oder grenzenlose Forderungen der Bevölkerung eines demokratischen Staates nach staatlichen Leistungen führten Staaten häufig über die Grenze der Besteuerungsfähigkeit. Die nach dem Ökonomen Arthur B. Laffer benannte *Laffer-Kurve* beschreibt den Zusammenhang zwischen Steuersatz und Steueraufkommen: Bei höheren Steuersätzen steigen auch die Staatseinnahmen. Ab einem bestimmten Steuersatz aber fallen die Steuereinnahmen trotz höherem Steuersatz. Bei einem Steuersatz von 100 % ist bald nichts mehr zu versteuern, weil die Wirtschaftstätigkeit zum Erliegen kommt. Man kann den Bürger nur zur Kasse bitten, solange er willens ist.

Um die Steuereinnahmen zu erhöhen, greifen Staaten zu raffinierten Methoden der Besteuerung: Mehr indirekte Steuern, die nicht als solche wahrgenommen werden oder nicht so leicht zu umgehen sind. Neben *direkten Steuern* auf Einkommen und *indirekten Steuern* (Kfz-Steuer, Sektsteuer, Branntweinsteuer etc.) sind regelrechte *Schattensteuern* sehr in Mode gekommen.

Schattensteuern nenne ich sie deshalb, weil sie nicht als Steuern deklariert werden. Wobei Steuern, die nicht als solche erkennbar sind, meines Erachtens nicht verfassungskonform sein können. Über den Strompreis müssen die Stromkunden die Einspeisevergütungen für alternative Energien berappen. Auch die Zertifikate für Kohlendioxidemissionen sind Steuern, die auf den Stromkunden abgewälzt werden. In ihrer globalen Ausgestaltung verletzen sie sogar die Steuersouveränität der einzelnen Staaten. Die Krankenversicherungspflicht in Deutschland ist dem Wesen nach eine Steuer, da sie für alle verpflichtend ist und die Gegenleistung nicht im Verhältnis zur erbrachten Leistung steht. Die geplante GEZ-»Haushaltsabgabe« ist ebenfalls eine Schattensteuer, die, unabhängig davon, ob jemand überhaupt Funk- und TV-Angebote nutzt, erhoben werden soll.

Die bedeutsamste Version der Schattenbesteuerung stellen die *kreditfinanzierten Haushaltsdefizite* von Bundesländern und des Bundes dar. Wie wichtig diese Besteuerung heute geworden ist, wird klar, wenn man sich vor Augen hält, dass selbst die Maastricht-Kriterien, die heutzutage als grandioses Ziel gelten, bereits eine Lücke von 3 % des Haushaltes als Defizitobergrenze festschreiben. Ein echt ausgeglichener Haushalt war folglich nie geplant und ist im Fiatgeld-System wohl kaum zu verwirklichen, da ein Rückgang der Kreditgeldvolumina die wirtschaftliche Nachfrage schwächt.

Haushaltsdefizite sind in Wirklichkeit Steuern, die in der Zukunft fällig sind, also in der Zukunft von allen Bürgern aufgebracht werden müssen. **Es gibt drei Wege, die Differenz von Ausgaben und Einnahmen eines Staatshaushaltes zu »begleichen«:**

- **Erstens:** Die Schulden könnten von den Kindern der Schuldenmacher mit Zins und Zinseszins **über Steuern getilgt werden.** Das ist aber reine Theorie und nur selten geschafft worden. Es gibt in der Geschichte wenig Beispiele, wo dies bei hohen Schuldenständen klappte: England nach dem Sieg über Napoleon in Waterloo, die USA nach dem Sieg im Zweiten Weltkrieg.
- **Zweitens:** Die **Anleihengläubiger** des Staates, die gerade zufällig zum Zeitpunkt der Zahlungsunfähigkeit bzw. -unwilligkeit im Besitz der Wertpapiere sind, **werden um**

ihren Kapitaleinsatz gebracht. Die Willkür dieser quasi »nachgelagerten« Besteuerung per Bankrott liegt im Zeitpunkt der Insolvenzerklärung. Die Halter der Schuldtitel sind kaum die Gewinner der jahrzehntelangen vorherigen Sause. Der Bankrott eines Staates hat viele harmlose Namen: Schuldenmoratorium, Umschuldung, Schulden- oder Währungsschnitt usw.

* **Drittens: Die Notenbank** der Währung, in der sich der Staat verschuldet, **kauft alle Anleihen** ohne Ansehen des Zinssatzes, des Marktwertes und der potenziellen Rückzahlungsfähigkeit des Staates auf. Dies nennt man ***Monetarisierung*** von Schulden. Dabei wird elektronisch per Mausklick oder via Druckerpresse neues Zentralbankgeld per Kreditbuchung aus dem Nichts geschaffen, das die Geldmenge aufbläht, also »inflationiert«.

In diesem Fall wird die Schattensteuer über die Entwertung aller nominalen Ansprüche gegenüber dem Staat erhoben. Außerdem trifft diese Inflationsbesteuerung Eigentümer von bestimmten Vermögenswerten hart.

Nehmen wir einmal an, Sie kaufen Anteile einer Aktiengesellschaft für 250 Geldeinheiten. Der Marktwert der Aktien steigt mit dem allgemeinen Preisniveau infolge der Geldmengenausweitung auf 500 Geldeinheiten in zehn Jahren. Wenn das Unternehmen keine Dividenden ausgeschüttet hat und alle Preise genauso mitgestiegen sind, haben sie real eigentlich keinen Gewinn erzielt. Doch die Finanzbehörden wollen von Geldentwertung nichts wissen und besteuern den zahlenmäßigen »Wertanstieg« von 250 Geldeinheiten mit der Abgeltungsteuer. Diese Besteuerung fiktiver, nominaler Wertsteigerungen nennt man Inflationsbesteuerung.

Möglicherweise ist Ihnen die Vorstellung, der Staat betreibe eine Umverteilung am Steuersystem vorbei, fremd. Vielleicht überzeugt Sie der Aufsatz des ehemaligen US-Notenbank-Chefs Alan Greenspan. Lesen Sie den folgenden Aufsatz, der 1966 in einem Informationsdienst mit dem Namen »The Objectivist« veröffentlicht wurde.

Er erschien erneut in Buchform unter dem Titel »Capitalism: The Unknown Ideal« von Ayn Rand in einer Sammlung weiterer Artikel von Alan Greenspan und Robert Hessen.

Gold und wirtschaftliche Freiheit

VON ALAN GREENSPAN, 1966

»Eine geradezu hysterische Feindschaft gegen den Goldstandard verbindet Staatsinterventionisten aller Art. Sie spüren offenbar klarer und sensibler als viele Befürworter der freien Marktwirtschaft, dass Gold und wirtschaftliche Freiheit untrennbar sind, dass der Goldstandard ein Instrument der freien Marktwirtschaft ist und beide sich wechselseitig bedingen. Um den Grund ihrer Feindschaft zu verstehen, muss man zunächst die Rolle des Goldes in einer freien Gesellschaft verstehen.

Geld ist der gemeinsame Maßstab aller wirtschaftlichen Transaktionen. Es ist der Rohstoff, der als Tauschmittel dient, der von allen Teilnehmern einer Tauschgesellschaft zur Bezahlung ihrer Güter und Dienstleistungen akzeptiert wird, und der von daher als Bewertungsmaßstab und zur Wertaufbewahrung durch Sparen dient. Die Existenz dieses Rohstoffes ist die Voraussetzung für eine arbeitsteilige Wirtschaft. Wenn die Menschen keinen objektiv bewertbaren Rohstoff hätten, der allgemein als Geld akzeptiert wird, so wären sie auf primitiven Naturaltausch angewiesen oder gezwungen, autark auf Bauernhöfen zu leben und auf die unschätzbaren Vorteile der Arbeitsteilung zu verzichten. Wenn die Menschen kein Mittel zur Wertaufbewahrung, d. h. zum Sparen hätten, wären weder eine langfristige Planung noch ein Austausch möglich.

Welches Tauschmittel von allen Wirtschaftsteilnehmern akzeptiert wird, kann nicht willkürlich festgelegt werden. Zunächst muss das Tauschmittel dauerhaft sein. In einer primitiven Gesellschaft mit geringem Wohlstand könnte Weizen ausreichend »dauerhaft« sein, um als Tauschmittel zu dienen, da alle Tauschvorgänge nur wäh-

rend der Ernte oder unmittelbar danach stattfinden würden, ohne
dass große Werte gelagert werden müssten. Aber sobald eine längere
Wertaufbewahrung bedeutsam wird, wie in zivilisierten und wohl-
habenden Gesellschaften, muss das Tauschmittel ein wirklich dauerhafter Rohstoff sein, üblicherweise ein Metall.

Ein Metall wird üblicherweise deshalb gewählt, weil es vergleichbar
und teilbar ist. Jede Einheit ist gleich allen anderen und kann in
beliebiger Menge verformt und vermischt werden. Wertvolle Edel-
steine z.B. sind weder gleichartig noch teilbar. Noch wichtiger ist:
der als Tauschmittel gewählte Rohstoff muss ein Luxusgegenstand
sein. Das menschliche Bedürfnis nach Luxus ist unbegrenzt, und
deswegen werden Luxusgüter immer nachgefragt und auch immer
akzeptiert. Weizen ist zwar in einer unterernährten Gesellschaft ein
Luxusgut, nicht aber in einer Wohlstandsgesellschaft. Zigaretten
würden normalerweise nicht als Geld dienen, aber nach dem Zweiten Weltkrieg wurden sie in Europa als Luxusgut betrachtet. Der
Begriff Luxusgut beinhaltet Knappheit und hohen Wert pro Einheit. Da es einen hohen Wert pro Einheit besitzt, lässt sich solch
ein Gut leicht transportieren. Eine Unze Gold zum Beispiel hat
den Wert von einer halben Tonne Eisenerz.

Auf den ersten Stufen einer sich entwickelnden Geldgesellschaft
mögen mehrere Tauschmittel benutzt werden, da zahlreiche Rohstoffe die jeweiligen Anforderungen erfüllen können. Mit der Zeit
wird jedoch ein Rohstoff alle anderen verdrängen, weil er größere Akzeptanz findet. Die Vorliebe für das, was der Wertaufbewahrung dienen soll, wird sich auf den am meisten verbreiteten Rohstoff konzentrieren, wodurch dieser wiederum noch mehr Akzeptanz
findet. Diese Entwicklung wird sich verstärken, bis dieser Rohstoff zum einzigen Tauschmittel wird. Der Gebrauch eines einzigen
Tauschmittels hat große Vorteile, und zwar aus den gleichen Gründen, deretwegen eine Geldwirtschaft der Naturaltauschwirtschaft
überlegen ist: Es ermöglicht einen Austausch in ungleich größerem
Umfang. Ob dieses ein Medium nun Gold ist, Silber, Muscheln,
Vieh oder Tabak, ist beliebig und abhängig vom Umfeld und von
der Entwicklung der jeweiligen Gesellschaft. In der Tat wurden die

genannten Rohstoffe alle schon einmal zu verschiedenen Zeiten als Tauschmittel verwendet. Sogar noch in unserem Jahrhundert wurden zwei bedeutende Rohstoffe, nämlich Gold und Silber, als internationales Tauschmittel benutzt, wobei Gold vorherrschend war. Gold, das sowohl künstlerischen als auch funktionalen Gebrauch findet und relativ knapp ist, wurde immer als Luxusgut betrachtet. Es ist dauerhaft, leicht zu transportieren, vergleichbar und teilbar. Es hat deshalb bedeutende Vorteile gegenüber allen anderen Tauschmitteln. Seit Beginn des Ersten Weltkrieges ist es praktisch der einzige internationale Tauschstandard.

Wenn alle Güter und Dienste in Gold bezahlt werden müssten, wären große Zahlungen schwierig zu bewerkstelligen und dies wiederum würde bis zu einem gewissen Grade den Umfang der Arbeitsteilung und Spezialisierung einer Gesellschaft begrenzen. Die logische Fortsetzung der Entwicklung eines Tauschmittels ist es daher, ein Bankensystem und Kreditinstrumente (Banknoten und Einlagen) zu entwickeln, die als Stellvertreter funktionieren, aber in Gold umtauschbar sind. Ein freies, auf Gold gegründetes Bankensystem ist in der Lage, Kredit zu gewähren und so Banknoten (Währung) und Guthaben zu schöpfen, entsprechend den Produktionserfordernissen der Wirtschaft. Individuelle Goldbesitzer werden durch Zinszahlungen dazu gebracht, ihr Gold in einer Bank einzulagern, worauf sie Schecks ziehen können. Und da in den seltensten Fällen alle Einleger ihr Gold zur gleichen Zeit abziehen wollen, muss der Bankier nur einen Teil der gesamten Einlage in Gold als Reserve vorhalten. Dies ermöglicht es dem Banker, mehr als seine Goldanlagen auszuleihen (d. h., er hält Forderungen auf Gold statt wirkliches Gold als Sicherheit für seine Einlagen). Aber der Umfang der Kredite, welche er ausleihen kann, ist nicht willkürlich. Er muss es in ein Gleichgewicht zu seinen Reserven und dem aktuellen Stand seiner Investitionen bringen.

Wenn Banken Geld ausleihen, um produktive und profitable Unternehmen zu finanzieren, werden die Kredite rasch zurückgezahlt und der Bankkredit ist weiterhin allgemein verfügbar. Aber wenn die mit Bankkredit finanzierten Geschäfte weniger profitabel sind und Kredite nur langsam zurückgezahlt werden, spüren die Banker schnell, dass ihre ausstehenden Darlehen im Verhältnis zu ihren Goldreserven zu hoch sind, und sie fangen an, mit der Ausgabe neuer Darlehen zurückhaltender zu sein, üblicherweise indem sie höhere Zinsen berechnen. Dies begrenzt die Finanzierung neuer Unternehmungen und erfordert von den Schuldnern, dass sie ihre Gewinnsituation verbessern, bevor sie Kredite für weitere Expansionen bekommen können. Daher wirkt beim Goldstandard ein freies Bankensystem als Hüter von ökonomischer Stabilität und ausgeglichenem Wachstum.

Wenn Gold von den meisten oder gar allen Nationen als Tauschmittel akzeptiert wird, so begünstigt und fördert ein ungehinderter, freier Goldstandard weltweit die Arbeitsteilung und einen umfangreichen internationalen Handel. Obwohl die Tauscheinheiten (Dollar, Pfund, Franc etc.) von Land zu Land uneinheitlich sind, funktionieren die Ökonomien der einzelnen Länder doch wie eine einheitliche Wirtschaft, wenn die Einheiten alle in Gold definiert sind und sofern es keine Behinderungen für Handel und freie Kapitalbewegungen gibt. Kredite, Zinsen und Preise reagieren dann nach gleichartigen Mustern in allen Ländern. Wenn zum Beispiel die Banken in einem Land zu großzügig Kredit gewähren, gibt es in diesem Land eine Tendenz zu fallenden Zinsen, was die Goldbesitzer veranlasst, ihr Gold zu Banken in anderen Ländern zu verlagern, wo es höhere Zinsen bringt. Dies wird unmittelbar zu einer Verknappung der Bankreserven in dem Land mit den lockeren Kreditbedingungen führen, was wiederum zu strengeren Kreditbedingungen und einer Rückkehr zu wettbewerbsgerechten höheren Zinsen führt.

Ein vollkommen freies Bankensystem und ein damit übereinstimmender Goldstandard wurden bisher noch nie verwirklicht. Aber vor dem Ersten Weltkrieg war das Bankensystem in den Vereinigen Staaten (und dem größten Teil der Welt) auf Gold gegründet, und obwohl die Regierungen zuweilen intervenierten, war das Bankgeschäft doch überwiegend frei und unkontrolliert. Gelegentlich hatten die Banken durch zu schnelle Kreditexpansion die Be-

141

leihungsgrenzen ihrer Goldreserven erreicht, woraufhin die Zins-sätze scharf anzogen, neue Kredite nicht gewährt werden konnten und die Wirtschaft in eine scharfe, aber kurze Rezession fiel (im Vergleich zu den Depressionen von 1920 und 1932 waren die Konjunkturabschwünge vor dem Ersten Weltkrieg in der Tat mil-de). Es waren die begrenzten Goldreserven, die eine ungleichge-wichtige Expansion der Geschäftstätigkeit stoppten, bevor sich ein Desaster entwickeln konnte, wie es nach dem Ersten Weltkrieg ge-schah. Die Korrekturphasen waren kurz und die Wirtschaft fand schnell wieder eine gesunde Basis für die weitere Expansion.

Aber der Heilungsprozess wurde fälschlich als Krankheit inter-pretiert. Wenn der Mangel an Bankreserven einen Konjunktur-abschwung bewirkte – so die Argumentation der Wirtschaftsinter-ventionisten – warum finden wir dann nicht einen Weg, um den Banken zusätzliche Reserven zur Verfügung zu stellen und da-durch zu verhindern, dass das Geld knapp wird?! Wenn die Ban-ken unbegrenzt fortfahren können, Geld zu verleihen – so wur-de behauptet – muss es keine Konjunkturrückschläge mehr geben. Und so wurde 1913 das Federal Reserve System organisiert. Es bestand aus zwölf regionalen Federal Reserve Banken, die nomi-nal zwar privaten Bankern gehörten, in Wirklichkeit aber vom Staat gefördert, kontrolliert und unterstützt wurden. Der von die-sen Banken geschöpfte Kredit wird praktisch (nicht gesetzlich) von der Steuerkraft der Bundesregierung abgesichert. Technisch sind wir beim Goldstandard geblieben; Privatpersonen war es noch er-laubt, Gold zu besitzen, und Gold wurde auch noch als Bankre-serve benutzt. Aber jetzt konnte zusätzlich zum Gold auch noch von den Federal-Reserve-Banken geschöpfter Kredit (Papiergeld-reserven) als legales Zahlungsmittel dienen, um die Einleger zu befriedigen.

Als die Konjunktur in den Vereinigten Staaten 1927 etwas ab-kühlte, schöpften die Federal-Reserve-Banken zusätzliche Papier-geldreserven in der Hoffnung, damit der Verknappung der Bank-reserven zuvorzukommen.

*Katastrophaler jedoch war der Versuch der Federal Reserve, Groß-
britannien zu helfen. Dieses hatte Gold an uns verloren, weil die
Bank von England sich weigerte, die Zinsen so steigen zu lassen,
wie es der Markt erfordert hätte (das war politisch unerwünscht).
Die Argumentation der beteiligten Instanzen war wie folgt: Wenn
die Federal Reserve massiv Papiergeldreserven in die amerikanischen Banken pumpt, würden die Zinsen in den Vereinigten Staaten auf ein Niveau fallen, das mit dem in Großbritannien vergleichbar war. Dies würde dazu führen, dass die Goldabflüsse aus
England aufhörten und die mit einer Zinsanhebung verbundenem
politischen Unannehmlichkeiten vermieden werden konnten. Die
Fed hatte Erfolg: Die Goldverluste wurden gestoppt, aber gleichzeitig wurde fast die gesamte Weltwirtschaft zerstört. Der übertrie-
bene Kredit, den die Fed in die Wirtschaft gepumpt hatte, floss in
den Aktienmarkt – und löste einen fantastischen spekulativen Ak-
tienboom aus. Daraufhin versuchten die Beamten der Federal Reserve, die Überschussreserven abzusaugen, und schließlich es gelang
ihnen, den Boom zu brechen. Aber es war zu spät: 1929 war das
spekulative Ungleichgewicht bereits so überwältigend, dass diese
Maßnahme den Konjunktureinbruch noch beschleunigte und zu
einem Vertrauensverlust in der Geschäftswelt führte. Im Endeffekt
brach die amerikanische Wirtschaft zusammen.*

*Großbritannien erging es noch schlechter, und statt die vollen Kon-
sequenzen der vorherigen Fehlentscheidungen zu akzeptieren, ver-
ließ es 1931 den Goldstandard komplett und zerstörte dadurch
auch noch den letzten Rest von Vertrauen in die Banken. Das
führte zu einer weltweiten Serie von Bankzusammenbrüchen, und
die Weltwirtschaft verfiel in die Große Depression der 1930er-
Jahre.*

*Mit der gleichen Logik, der sich auch die vorangehende Generati-
on bediente, argumentierten die Interventionisten: In erster Linie sei
der Goldstandard für das Debakel verantwortlich, das zur Großen
Depression führte. Wenn der Goldstandard nicht existiert hätte, so
argumentierten sie, dann hätte Englands Abkehr von Goldzah-
lungen 1931 nicht die Bankzusammenbrüche in der ganzen Welt*

verursacht. (Die Ironie dabei war, dass wir seit 1913 gar keinen Goldstandard mehr hatten, sondern so etwas wie einen »gemischten Goldstandard«, gleichwohl wurde die Schuld aufs Gold geschoben.)

Aber die Gegnerschaft gegen den Goldstandard in jeglicher Form – durch eine wachsende Zahl von Befürwortern des Wohlfahrtsstaates – wurde von einer viel subtileren Erkenntnis gespeist, dass nämlich der Goldstandard unvereinbar ist mit chronischen Haushaltsdefiziten (einem Wahrzeichen des Wohlfahrtsstaates). Wenn man den akademischen Sprachschleier einmal wegzieht, dann erkennt man, dass der Wohlfahrtsstaat lediglich ein Mechanismus ist, mit dessen Hilfe die Regierungen Vermögen der produktiven Mitglieder einer Gesellschaft konfiszieren, um damit zahlreiche Wohlfahrtsprojekte zu finanzieren (unterstützen). Ein großer Teil dieser Vermögenskonfiskation erfolgt durch Steuereinziehung. Aber die Wohlfahrtsbürokraten haben schnell erkannt, dass die Steuerlast begrenzt werden muss, wenn sie an der Macht bleiben wollen, und dass sie daher auf massives »deficit spending« ausweichen müssen: um in großem Stil Wohlfahrtsausgaben finanzieren zu können, müssen sie in Form von Staatsanleihen Geld borgen.

Unter einem Goldstandard wird der Kreditumfang, den eine Wirtschaft verkraften kann, von den realen Sachwerten der Wirtschaft begrenzt, weil jeder Kreditvertrag letztlich einen Anspruch auf reale Sachwerte bedeutet. Aber Staatsanleihen werden nicht durch reale Sachwerte abgesichert, sondern nur durch das Regierungsversprechen, die Rückzahlung durch künftige Steuereinnahmen zu finanzieren. Sie können daher nicht ohne Weiteres von den Finanzmärkten aufgenommen werden. Große Mengen neuer Staatsanleihen können der Öffentlichkeit nur zu ständig steigenden Zinssätzen verkauft werden. Deshalb ist staatliche Schuldenfinanzierung bei einem Goldstandard eng begrenzt. Erst die Abschaffung des Goldstandards ermöglichte es den Verfechtern des Wohlfahrtsstaates, das Bankensystem für eine unbegrenzte Kreditexpansion zu missbrauchen. In Form von Staatsanleihen haben sie Papiervermögen erzeugt, welches die Banken nach einer komplexen Folge von Schritten wie Realvermögen als Sicherheit ak-

zeptieren, gleichsam als Ersatz für das, was früher eine Einlage in Gold war. Der Inhaber einer Staatsanleihe oder eines auf Papiergeld gegründeten Bankguthabens glaubt, dass er einen gültigen Anspruch auf Realwerte hat. In Wirklichkeit sind aber mehr Ansprüche auf Realwerte im Umlauf als Realwerte vorhanden sind.

Das Gesetz von Angebot und Nachfrage lässt sich nicht aufheben. Wenn das Angebot an Geld (Ansprüchen) im Verhältnis zum Angebot von realen Gütern in der Wirtschaft steigt, müssen die Preise unweigerlich steigen. Das heißt, dass die von den produktiven Teilen der Gesellschaft ersparten Erträge im Verhältnis zu Gütern an Wert verlieren. Die Bilanz unter dem Strich ergibt dann, dass dieser Verlust genau dem Wert derjenigen Güter entspricht, die von der Regierung zu Wohlfahrts- und anderen Zwecken mit dem Geld aus Staatsanleihen erworben wurden, finanziert über eine Kreditexpansion der Banken.

Ohne Goldstandard gibt es keine Möglichkeit, Ersparnisse vor der Enteignung durch Inflation zu schützen; es gibt dann kein sicheres Wertaufbewahrungsmittel mehr. Wenn es das gäbe, dann müsste die Regierung seinen Besitz für illegal erklären, wie es im Falle von Gold ja auch geschah [Goldbesitz war in Amerika von 1933 bis 1976 für Privatleute verboten, Anm. d. Verf.]. Wenn sich zum Beispiel jeder entscheidet, alle Bankguthaben in Silber, Kupfer oder ein anderes Gut einzutauschen und sich anschließend weigert, Schecks als Zahlung für Güter zu akzeptieren, dann verlieren Bankguthaben ihre Kaufkraft und Regierungsschulden sind nicht mehr durch Anspruch auf Güter gedeckt. Die Finanzpolitik des Wohlfahrtsstaates setzt voraus, dass es für Vermögensbesitzer keine Möglichkeit gibt, sich vor Verlusten zu schützen. Das ist das schäbige Geheimnis hinter der Verteufelung des Goldes durch die Befürworter des Wohlfahrtsstaates. Staatsverschuldung ist einfach ein Mechanismus für die »heimliche« Enteignung von Vermögen. Gold verhindert diesen heimtückischen Prozess; es beschützt Eigentumsrechte. Wenn man das einmal verstanden hat, ist es nicht mehr schwer zu verstehen, warum die Befürworter des Wohlfahrtsstaates gegen den Goldstandard sind.«

Nun könnte man vermuten, Alan Greenspan hätte seit jener Zeit seine Meinung geändert. Zumal er lange Jahre Vorsitzender einer der mächtigsten Institutionen – der Federal Reserve – war. Als Vorsitzender dieser Institution, welche die Weltreservewährung emittiert, hat er schließlich eine Mitverantwortung für die massive globale Expansion des Dollarkreditvolumens. Das folgende Statement gegenüber Larry Parks zeigt, dass er zwar die Umverteilungsmechanismen des Dollarsystems verstand, jedoch dem »Dollartributsystem« zum Vorteil der USA treue Dienste leistete:

> *»Am 19. April 1993 fragte ich den Zentralbankpräsidenten Alan Greenspan im Anschluss an eine Rede vor dem Wirtschaftsclub von New York, ob er heute noch zu den Argumenten und Schlussfolgerungen des obigen Artikels stünde. Er antwortete: »Absolut« – und fügte hinzu, dass er den Artikel gerade kürzlich wieder gelesen habe. Ich fragte ihn, warum er das nicht öffentlich sage und er antwortete: »Einige meiner Kollegen in der Institution, die ich repräsentiere, stimmen da nicht mit mir überein.« Ich sagte daraufhin: »Aber Sie wissen, wohin das alles führt« – er drehte die Augen nach oben und ging weiter. Diese Bestätigung des Präsidenten der Fed ist ein wichtiger Schlüssel für das Verständnis seiner mündlichen und schriftlichen Aussagen in den letzten Jahren.«*

Larry Parks, Vorsitzender FAME (Non-Profit-Organsition für monetäre Aufklärung)

Quelle: http://www.gold-eagle.com/analysis/0003.html

Versicherungen – Steigbügelhalter des Verschuldungsstaates

Ein weiterer Weg, die Finanzierung staatlicher Ausgaben über Haushaltsdefizite gangbar zu machen, ist die Beeinflussung der Anlagepolitik von unzähligen privaten Rentenversicherungen, Lebensversicherungen, Anbietern der Riester-Rente usw. Durch gesetzliche Vorgaben, die eine vornehmliche Anlage in Staatsanleihen erzwingen, bleiben Renditen in diesen Produkten unter den Möglichkeiten der Alternativen. Dies gereicht zum Vorteil der Schuldner, die sich selbst über solche Gesetze niedrige Finanzierungskosten schaffen. **Somit wird die Versicherungswirtschaft zum Komplizen des Schuldenstaates.**

Der Versicherungsmoloch führt dem Schuldenstaat ahnungslose, entmündigte Gläubiger zu. Steuerberater können ein Lied von Selbstständigen singen, die ihre Raten für die private Altersvorsorge bei wirtschaftlichen Schwächephasen nicht berappen können und bei vorzeitigen Vertragsauflösungen massive Kapitalverluste auf ihre Beiträge hinnehmen mussten. Um den Absatz von Staatsanleihen in Rezessionen und für langfristige Staatstitel zu sichern, werden Versicherungsnehmer in Risiken gelockt, die sie nicht immer stemmen können. **Über die Komplizenschaft von Versicherungswirtschaft und Schuldenstaat werden Versicherungsnehmern Risiken aufgebürdet, für die sie nicht kompensiert werden.** Denn durch langfristige Versicherungsverträge gewähren die Versicherten dem Staat eine stabile Kreditversorgung. Wenn aber ihr Einkommen stark fällt, verlieren die Versicherten anstatt der Staat, der sonst höhere Zinsen auf seine Schuldtitel zahlen müsste. Dieser erzwungene, unentgeltliche Risikotransfer wirkt wie eine Steuer. Da sie in keinem Steuergesetz vorkommt, ist sie ebenfalls eine Schattensteuer.

Nun wissen Sie, wie Haushaltsdefizite bezahlt werden, und dass jede Lücke im Haushalt des Staates von seinen Bürgern später, auf die eine oder andere Weise, geschlossen wird. Das Bequeme für die Politklasse daran ist, dass der Preis für die Geschenke, die sie heute verteilt, um damit die Wählerstimmen zu kaufen, vom Bürger viele Jahre später entrichtet werden muss. Ich bin der Meinung, jeder Staatsbürger, der wählen geht, sollte solche Zusammenhänge verstehen. Oder möchten Sie sich mit Ihrem eigenen Geld bestechen lassen?

Staatsanleihen sind so sicher wie die Rente ...

Wirklich? In jedem amerikanischen Wertpapierprospekt und am Ende jedes US-Börsenbriefes steht: »Past returns are no guarantee for future performance« [Die Renditen der Vergangenheit sind kein verlässliches Maß für die zukünftige Wertentwicklung]. In manchen Dokumenten dieser Art dürfte dies der einzige wahre Satz sein.

Wenn Sie zu den Anlegern gehören, die genauso wie die Statistiker glauben, aus einer befristeten vergangenen Periode Aussagen über die Zukunft treffen zu können, genießen Sie den folgenden kleinen Aufsatz. Der Aufsatz wurde in Anlehnung an eine Metapher des Philosophen Bertrand Russell (Russell's Chicken) ausgestaltet.

Der wohltätige Farmer

Auf einer Farm wurde eine Schar Hühner gehalten. Ein Huhn begann zu einem anderen zu reden: »*Der Farmer ist wirklich gut zu uns, er ist echt ein netter Mensch, da er jeden Morgen zu uns kommt und uns füttert.*« *Ein anderes Huhn nickte zustimmend und fügte hinzu:* »*Ja, und er füttert uns regelmäßig wie ein Uhrwerk, seit wir junge Küken waren, ohne auch nur einen Tag auszusetzen. Als die anderen gefragt wurden, stimmten diese zu, dass der Farmer ein Wohltäter sei.*

Doch ein intelligentes, aber exzentrisches Huhn widersprach: »*Woher wollt ihr wissen, dass er wirklich so gut ist? Ich kann mich erinnern, es ist nicht lange her, da wurden einige ältere Hühner weggebracht. Ich hab sie seitdem nicht wieder gesehen. Was ist mit ihnen geschehen?*

In der folgenden Nacht schliefen einige Hühner schlecht, doch wie gewöhnlich kam morgens der Farmer, um sie zu füttern. Er verstreute sogar mehr Futter als sonst. Die Hühner fraßen es mit Genuss und verdrängten die verbleibenden Zweifel an der Wohltätigkeit des Farmers.

»*Du siehst, es gibt keinen Grund zur Sorge, unser Farmer hatte etwas mehr Futter, und weil er uns mag, hat er es uns gegeben*«, *sagte das ranghöchste Huhn. Alle anderen nickten zustimmend, nur das intelligente Huhn nicht.*

Das intelligente, aber exzentrische Huhn warnte aufgeregt: »Er will uns fett machen, wir werden innerhalb einer Woche geschlachtet werden!« Die anderen hörten nicht hin; sie hielten das Huhn für einen Störenfried.

Ein Woche später wurden alle Hühner in Käfige gesteckt und mit dem Lastwagen zum Schlachthaus gebracht – Ende.

Die Moral dieser Geschichte: Die eigenen Lebenserfahrungen sind aufgrund des kurzen Zeithorizontes oftmals ein unzureichender Ratgeber, um den Lauf der Dinge der Zukunft richtig einzuschätzen. Nicht nur bei Hühnern ist die eigene Lebensspanne zu kurz, um die Situation richtig einzuordnen. Was lehrt uns die Finanz- und Wirtschaftsgeschichte über Staatsanleihen? Die Wirtschaftsgeschichte belegt, dass Staatsbankrotte nicht so selten sind wie die heute Lebenden glauben. Die Studie »The Forgotten History of Domestic Debt« der Wissenschaftler Carmen M. Reinhart und Kenneth S. Rogoff über Staatsverschuldung und historische Zahlungsausfälle belegen: **In schwierigen Zeiten waren Insolvenzen von Staaten sogar eher die Norm als die Ausnahme.**

Seien sie also kein »dummes Huhn«, und glauben sie nicht einfach nur das, was sie bisher gesehen haben! Es gibt übrigens noch ein Ereignis, das die wenigsten von uns erlebt haben und sich deshalb nur schwer vorstellen können: eine richtig hartnäckige Deflation.

16. Wie funktioniert das Dollar-Tributsystem?

In seinem Buch »Super Imperialism – The Origin and Fundamentals of U.S. World Dominance« (Superimperialismus – Der Ursprung und die Grundlagen der US-Vormachtstellung) schildert Professor Michael Hudson, wie die USA Großbritannien als Weltmacht ablösten. Im Ersten (wie im Zweiten) Weltkrieg waren die USA der Gläubiger der anderen Siegermächte und bestanden auf der zügigen Begleichung der Kredite inklusive Zinsen. Die strikte Gläubigerhaltung der USA und die Weigerung der politischen Führung der USA,

die internationale Koordination des Weltfinanzsystems zu übernehmen, trugen nach dem Ersten Weltkrieg dazu bei, dass finanzielle
Ungleichgewichte in eine globale Depression führten.

Die enorme militärische Macht der Vereinigten Staaten nach dem
Zweiten Weltkrieg und deren Gläubigerposition ermöglichten den
USA eine relativ einseitige Festlegung des neuen Weltfinanzsystems,
das in Bretton Woods ausgehandelt wurde. Es wurde ein Währungssystem mit festen Wechselkursen entworfen, die an den US-Dollar
gebunden waren. Der Dollar wurde zwecks Ausgleich der internationalen Handelsbilanzüberschüsse an Gold gekoppelt. Dabei ver-
pflichteten sich die USA gegenüber den internationalen Notenbanken, für 35 US-Dollar eine Unze Gold auszureichen.

Wie schon zuvor schon erwähnt, kann eine Währungspolitik nur
zwei von den folgenden drei Zielen verwirklichen: Feste Wechselkurse, aktive Wirtschaftspolitik über Zinssatz und Geldmenge sowie
freier Kapitalverkehr.

In Bretton Woods wurde der Außenwert des US-Dollars fixiert. Zudem verfolgte Amerika eine Freihandelspolitik. Folglich war es der
amerikanischen Notenbank nicht mehr möglich, auf die Konjunktur
und deren Steuerung Rücksicht zu nehmen.

**Doch die Kriege in Korea und Vietnam waren teuer, und
die US-Regierungen waren nicht bereit, die Kriege über
höhere Steuern zu finanzieren. Nicht »Kanonen statt Butter«, sondern »Kanonen und Butter« war das Motto der
1960er-Jahre.** Um den Anstieg der Kapitalmarktzinsen aufgrund
der hohen Staatsverschuldung zu begrenzen, intervenierte die Notenbank und erweiterte die monetäre Basis. Diese stieg vom Januar
1961 bis zum Januar 1971 um 62,7% auf 67 398 Mrd. US-Dollar.
Das reichte aus, um die Goldbindung des Dollars zu destabilisieren. Die USA erzielten Handelsbilanzdefizite und ausländische Notenbanken, allen voran Frankreich, forderten Gold für ihre Dollars.
Der enorme Goldhort, den die USA seit dem Ersten Weltkrieg aufgebaut hatten, schmolz dahin wie Schnee in der Sonne. Es musste

eine Entscheidung getroffen werden. Am 15. August 1971 schloss Präsident Nixon das sogenannte Goldfenster. Im Klartext war dies eine Bankrotterklärung der USA bezüglich ihrer Goldverpflichtungen.

Die USA begannen danach einen regelrechten Währungskrieg und forcierten eine Aufwertung der anderen Währungen gegenüber dem US-Dollar. Eine noch massivere Ausweitung der Dollargeldmenge als vor 1971 folgte und zwang die anderen kapitalistischen Staaten dazu, entweder die Inflation zu importieren und riesige Dollarreserven aufzubauen oder gegen den Dollar aufzuwerten. Nachdem andere »westliche« Staaten zunächst etwas Inflation zugelassen hatten, werteten sie ihre Währungen auf. Schließlich kollabierte das System der festen Wechselkurse vollends.

Seither gibt es eigentlich keine globale »Währungsordnung« mehr. Um die Exporte nicht zu gefährden, kauften die ausländischen Notenbanken Dollarreserven, die beispielsweise als »Eurodollars« wieder verliehen wurden. Damit hatten die USA die Kontrolle über die neue Weltordnung gewonnen, und das alte System der Gläubigerherrschaft wurde durch eine globale Schuldnerschaft ersetzt. Seit 1971 sind die Devisenreserven der internationalen Notenbanken auf schwindelnde Werte angewachsen (aktuell 9 271 Mrd. Dollar).

Das Schema wird anhand eines fiktiven Beispiels verständlich: Stellen Sie sich vor, Sie sind aus irgendeinem Grund erpressbar. Sie werden kurz vor Weihnachten von Ihrem neuen »Freund« aufgefordert, ihm für ein Jahr 10 000 Euro Kredit zu gewähren, natürlich gegen 5 % Zins. Vor dem nächsten Weihnachtsfest kommt der »Geschäftspartner« und gibt Ihnen die 10 500 Euro zurück, verlangt jetzt aber 21 000 Euro Kredit für 5 % auf das nächste Jahr. Nach dem zweiten Jahr der »Kreditbeziehung« sind 22 050 Euro fällig, die der »Freund« mit einem neuen »Kredit« von 44 100 Euro tilgt. So geht das dann Jahr um Jahr weiter, und irgendwann, nach zwanzig Jahren, verschwindet Ihr »Freund« nach Palermo, und Sie schreiben Ihre Schulden ab. Spätestens dann wird Ihnen klar, dass dies eigentlich kein Kreditverhältnis war, sondern ein Transfer. Man kann Transfers, die als Kredit getarnt sind, entweder Schenkung oder Tribut nennen. Je nachdem, ob der Geber oder der Nehmer Initiator der Transaktion ist.

Nun wissen Sie, wie man den Berg von 9 271 Mrd. Dollar an »Devisenreserven« betrachten kann: Als kumulierte Tributleistung »Welt an Federal Reserve«. Die USA haben in den letzten zwölf Monaten 1.457 Mrd. Dollar an die Notenbanken weltweit übertragen und dafür einen Überschuss von Waren und Dienstleistungen über 420 Mrd. Dollar (Handelsbilanzdefizit) bezogen. Der Verteidigungsetat der Vereinigten Staaten dagegen beträgt ca. 750 Mrd. US-Dollar.

Die internationalen Notenbanken, und indirekt die Bevölkerung der betreffenden Länder, finanzieren quasi die US-Militärausgaben und damit die »Pax Americana« (amerikanische Welt- und Friedensordnung). Doch irgendwann kommt die Zeit, wo dieses Schema versagt – »America goes Palermo«. Genau wie bei ihrem fiktiven Bekannten aus Palermo wird die aufgelaufene Schuldsumme wohl in den Wind geschrieben werden müssen.

Die gegenwärtige wirtschaftliche Schwäche der USA ist ein Indiz dafür, dass die Hegemonie der USA wackelt. Das zunehmende »Recycling« der Dollarüberschüsse von Staaten wie China in Rohstoffe und Auslandsinvestitionen verdrängt die USA langfristig aus ihrer dominanten Rolle als Lokomotive der Weltwirtschaft.

C. HISTORISCHE EPISODEN VON INFLATION UND DEFLATION

Die Geschichte von den Farmhühnern im vorherigen Kapitel hat bildhaft gezeigt, dass unser individueller Erfahrungshorizont nicht ausreicht, um die Wahrscheinlichkeit zukünftiger Ereignisse richtig einzuschätzen. Wenn wir die Erfahrungen früherer Generationen berücksichtigen, erhalten wir ein besseres Bild von der Lage. Im Gegensatz zu den Farmhühnern können wir aus den Erfahrungen unserer Vorfahren lernen, indem wir die Geschichte studieren. Insbesondere für Investoren hält die Geschichte wertvolle Lektionen parat. Deshalb betrachten wir im folgenden Abschnitt die Geschichte aus einem ökonomischen Blickwinkel. Der Fokus liegt auf den Auf- und Abschwüngen der Wirtschaft und von Kreditexpansionen, denen dann regelmäßig Kreditkontraktionen folgten.

> *»Those who cannot remember the past are condemned to repeat it.«*
>
> *[Diejenigen, die sich nicht an die Vergangenheit erinnern können, sind dazu verurteilt, sie zu wiederholen]*

GEORGE DE SANTAYANA,
AMERIKANISCHER PHILOSOPH UND DICHTER (1863–1952)

1. Das Geldexperiment Frankreichs

Der Spanische Erbfolgekrieg (1701–1714) brachte die französische Wirtschaftskraft und die Finanzen des Staats an ihre Grenzen. Die Bourbonen konnten zwar den spanischen Thron für sich gewinnen, die spanische Krone verlor jedoch Sizilien, Neapel und große italienische Gebiete. England konnte sich Schottland einverleiben, den strategisch wichtigen Felsen von Gibraltar gewinnen, den Zugriff Frankreichs auf die spanischen Niederlande vereiteln und eine Ausweitung der französischen Macht verhindern. Das habsburgische Österreich verlor zwar seine traditionelle Machtposition in Spanien, konnte jedoch Teile Italiens hinzugewinnen. Amsterdam verlor seine dominante Rolle als Finanz- und Wirtschaftszentrum an London. Der Aufstieg Londons zur neuen Finanzmetropole wurde 1688 durch die »Glorious Revolution« geebnet. Wilhelm III. von Oranien, Statthalter der Niederlande, unterstützte den protestantischen Aufstand gegen eine drohende Restitution des Katholizismus in England. Nach der Flucht König Jacobs II. wurden umfangreiche Bürgerrechte wie Redefreiheit, Eigentumsrechte, Rechtssicherheit, Gewaltenteilung und eine Stärkung des Parlaments eingeführt. Die ständige kriegerische Bedrohung der Niederlande durch Spanien oder Frankreich ließ England deshalb als liberalen, sicheren Hafen für Bürger und Intellektuelle erscheinen.

Eine Idee sollte dem absolutistischen französischen Staat aus der Finanzmisere helfen. Der Schotte John Law, ein glänzender Analytiker und Berufsspieler, konnte den französischen Monarchen für die Idee einer privaten Notenbank gewinnen und bekam 1716 die Möglichkeit, die *Banque Générale* zu gründen – mit ihm als Direktor. Seine Vorbilder waren die Bank of England, die 1694 gegründet wurde, und die 1609 gegründete Wechselbank von Amsterdam. Er war seit Langem auf der Suche nach einem Souverän, der sein Land als Experimentierfeld zur Verfügung stellen wollte. Einem Bekannten vertraute er an: »Ich habe den Stein der Weisen entdeckt; er besteht darin, aus Papier Gold zu machen.«

Die Banque Générale hatte für zwanzig Jahre das Recht zugesprochen bekommen, durch Gold und Silber gedeckte Banknoten auszugeben. Das Eigenkapital der Bank wurde mit 1200 Aktien zu 5000 Livres erbracht, jedoch konnten die Einlagen zu drei Vierteln mit Schatzwechseln des Staates geleistet werden, deren Marktwert die Hälfte des Nominalwertes betrug. Der Herzog von Orleans als Vertreter des

minderjährigen Nachfolgers des Sonnenkönigs hatte Vertrauen zu
den Ideen des Schotten. John Law konnte 1717 einen Erlass erwirken, dass alle Steuern in Noten der Banque Générale zu leisten waren
und damit die Nachfrage nach den Banknoten erhöhen. Die nächste
Idee orientierte sich am Vorbild der niederländischen **Ostindienkompanie:** John Law wollte die nordamerikanische Kolonie Louisiana ka-
pitalisieren. Ebenfalls 1717 erfolgte die Gründung der **Compagnie
d'Occident,** die für 25 Jahre das Monopol auf den Handel und die
wirtschaftliche Nutzung der französischen Besitzungen in Louisiana
bekam. Das Kapital der Gesellschaft wurde auf sagenhafte 100 Millionen Livres angesetzt. Um Anteile an dieser neuen »Gesellschaft des
Westens« zu erwerben, mussten die Anleger Schatzwechsel des französischen Staates in 4%ige Anleihen umschulden.

**Der Regent setzte nicht nur das Monopol der Bank durch,
sondern gewährte ihr im Jahre 1718 auch das Monopol für
die Eintreibung der Tabaksteuer und übertrug ihr die Privi-
legien der Senegalkompanie.** Im Dezember wurde die Banque
Générale in Banque Royal umbenannt und damit zur ersten Zentralbank Frankreichs. Die Bank brachte Noten in Umlauf, die eine
fixe Menge an Silber repräsentierten (Écus de Banque), und solche,
die einer variablen Menge von Silber oder Gold entsprachen (Livres Turnois). Bereits im Juli wurden die Écus aus dem Verkehr gezogen; am 22. Juli 1719 wurden die Livres mit fadenscheinigen Argu-
menten vom Silberpreis abgekoppelt. Damit war der Übergang zum
Fiatgeld perfekt. Diese Schritte zeugen natürlich von extrem knappen Edelmetallreserven der »königlichen Bank«. Im Mai 1719 wurde
die Bank nach der Übernahme der China- und Ostindienkompanie
in die Compagnie des Indes (Gesellschaft der beiden Indien) umbenannt. Bis dahin hätte das Experiment noch gut enden können, doch
John Law kannte keine Grenzen für die monetäre Expansion. Sein
großer Aktienbesitz hielt ihn von den nötigen Zins- oder Steuererhöhungen ab. Zudem konnten die Übernahmen nur mit neuen Aktien finanziert werden. Das größte Problem allerdings war, dass die
ganz Mississippieuphorie auf Sand gebaut war. Das Unternehmen
erwirtschafte keinen Gewinn und die Geschäftsaussichten mit Louisiana waren nicht vorhanden. Ein paar tausend Kolonisten, die dort

angesiedelt wurden, kämpften mit Hunger, Insekten und Gelbfieber. Nur 20% der Siedler überlebte dort das erste Jahr.

Doch zunächst stieg der Aktienkurs unaufhörlich und John Law emittierte mit Tochter- und Enkelaktien weitere Aktiengattungen. Die Vortäuschung, dass Louisiana eine profitable Kolonie sei, ließ die Aktienkurse weiter klettern. Die Banque Royale finanzierte sogar Spekulationskredite für Aktienkäufe. Am 2. Dezember 1719 erreichte die Aktie ihren höchsten Kurs bei 10 025 Livres. Die lockere Geldpolitik der Banque Royale hatte innerhalb von nur zwei Jahren das Preisniveau in Paris verdoppelt, und das Tempo nahm noch zu. Der Banknotenumlauf wurde in nur einem Jahr verdoppelt. Als John Law die bröckelnden Kurse zu stützen versuchte, machte er einen schweren Fehler. Er versprach, die Banque Royale würde die Aktien der Mississippikompanie zu 9000 Livres jederzeit zurückkaufen. Durch diese Garantie wurden die Aktien quasi zu Geld, und diese nunmehr erweiterte Geldmenge war 4-mal so groß wie die Menge der umlaufenden Gold- und Silbermünzen vor dem Geldexperiment.

Weitsichtige Investoren machten Kasse und kauften angesichts dieser Entwicklung Gold und Silber. Geschäfte wurden wieder auf der Basis von Edelmetallen abgeschlossen. Die Reaktion war so, wie man es von einem absolutistischen Staat erwarten musste: **Die Banknoten wurden zum gesetzlichen Zahlungsmittel erklärt, die Ausfuhr von Gold und Silber wurde verboten, der Besitz von mehr als 500 Livres in Münzgeld wurde unter Strafe gestellt,** und zur Durchsetzung dieser Verbote fanden Hausdurchsuchungen statt.

Der Versuch, die Rückkaufverpflichtung für die Mississippi-Aktien aufzuheben, wurde vom Regenten verhindert. John Law konnte jedoch einen Deflationserlass erwirken, um den völligen Zusammenbruch zu verhindern: Die Banknoten und Aktien sollten »abgewertet« und die Menge der Banknoten halbiert werden. Die aufgebrachte Bevölkerung erzwang die Rücknahme des Erlasses, John Law wurde verhaftet und angeklagt. Schließlich musste er das Land verlassen, und die Banque Royale wurde aufgelöst. Die Aktien der Mississippi-Gesellschaft verloren 90% ihres Spitzenwertes und unzählige Sparer im In- und Ausland waren ruiniert. Neben den schweren finanziellen Verlusten bewirkte dieses Experiment, dass den Franzosen auf lange Zeit die Lust auf Aktien und Papiergeld verging. Der Reputationsverlust der Krone als Gläubiger trug später wesentlich dazu bei, dass Frankreich den Kampf gegen England um die Seeherrschaft verlor.

Zeitgleich mit der »Mississippi-Blase« hatte sich in England die sogenannte Südsee-Blase gebildet. Die *Südseekompanie* war ursprünglich als Handelsgesellschaft gegründet worden, um ein Handelsmonopol für Südamerika zu nutzen. Das Unternehmen hatte, dem Vorbild John Laws folgend, mit überteuerten Aktienemissionen Investitionen finanziert. Die Gesellschaft kaufte Staatsanleihen auf, die zur Finanzierung des Spanischen Erbfolgekrieges ausgegeben wurden. Als die Blase platzte, verlor neben vielen anderen auch der berühmte Wissenschaftler Isaac Newton eine Menge Geld.

2. Inflation und Deflation in den USA (1776–1900)

Der **Amerikanische Unabhängigkeitskrieg** (1776–1783) wurde vor allem über den inflationären Gebrauch von Continentals finanziert, der Währung der rebellischen Kolonisten. Emittent dieser Währung war die First Bank of the United States. Dieser Continental war ein Fiatgeld mit dem zukünftigen Eintauschrecht in »Specie« (Silber oder Gold) zu einem unbestimmten Verhältnis. Zwar diente als Geldbasis ein kleiner Grundstock von Edelmetallen, doch bald wurden 100-mal mehr Continentals ausgegeben als bei der Emission der ersten, durch Edelmetall gedeckten Tranche. Die Kaufkraft des Continental fiel deshalb auf einen Bruchteil seines Anfangswertes. Dann wurde im Jahr 1790 eine Währungsreform beschlossen: 100 Continentals wurden für einen durch Gold gedeckten Dollar eingetauscht. Diese hyperinflationäre Erfahrung der jungen Nation prägte eine Haltung zugunsten eines stabilen und harten Geldes für die nächsten 100 Jahre. **Dem Frieden von 1783 folgten Jahre der wirtschaftlichen Depression.** Der Rückgang der Nachfrage durch den Wegfall der ständigen Geldmengenausweitung führte zu fallenden Preisen. Zudem verschärfte sich die Situation dadurch, dass die Exporte der vormaligen Kolonien Großbritanniens nach ihrer Unabhängigkeit auf dem Weltmarkt einer scharfen Konkurrenz ausgesetzt waren. So konnten die Vereinigten Staaten von Amerika die Zinszahlungen an niederländische und französische Gläubiger und Kriegsfinanziers nicht vereinbarungsgemäß leisten.

Mit der Französischen Revolution von 1792 begann in Europa eine kriegerische Epoche, die bis zur endgültigen Niederlage Napoleons bei Waterloo (1815) dauerte. Während jener Zeit stiegen die Preise für amerikanische Farmerzeugnisse deutlich an. Das war der erste richtige Aufschwung in den unabhängig gewordenen Staaten. Dieser Aufschwung setze sich auch im Frieden aufgrund anhaltender Exporterfolge fort, bis dann 1819 die Rohstoffpreise um 50 % einbrachen und wieder das Preisniveau von 1792 erreichten. Um 1823 hatten sich die wirtschaftlichen Bedingungen endlich stabilisiert.

Nach einem Jahrzehnt moderatem Wachstums kam es 1833 wieder zu einem Boom in den USA. Kapitalzuflüsse aus dem Ausland, staatliche Kreditgarantien für den Bau von Kanälen und Landstraßen und der Bau der ersten Eisenbahnen befeuerten einen Boom. Die Rohwarenpreise stiegen. Die Geldmenge wurde durch mexikanische Silberimporte und risikofreudige Banken ausgeweitet, indem sie Wechsel und Banknoten begaben, die den Wert ihrer tatsächlichen (Edelmetall-) Reserven weit überschritten. Es kam zu ausgeprägten Spekulationen mit Baumwolle und Agrarland. In England kam es zu einem ausgewachsenen Boom der Textilindustrie. Zuerst krachte es im Dezember 1836 in England. Die Kreditkrise traf selbst die Bank von England so heftig, dass sie bei der französischen Nationalbank und bei der Hamburger Bank Kredit nehmen musste. **Die Kreditkrise kam am 10. Mai 1837 in den USA an,** Panik brach aus und alle Banken akzeptierten Zahlungen nur noch in Gold- und Silbermünzen. Die durch Land gedeckten Banknoten der Regierung, Wechsel sowie die Banknoten diverser Banken wurden nicht mehr akzeptiert. Eisenbahnaktien und Eisenbahnanleihen fielen stark an Marktwert. **Der Panik**

folgte eine fünfjährige Depression mit Bankenzusammen-
brüchen und hoher Arbeitslosigkeit.

Die amerikanischen Staaten erlebten von **1845 an ein starkes
Wirtschaftswachstum,** ausgelöst durch die Industrialisierung und
massive Einwanderung aus Europa. Neben dem Aufbau der Industrie standen der Bau von Eisenbahnen und der Immobilienmarkt im
Zentrum dieser Entwicklung. Wegen der Goldfunde in Kaliforni-
en und Australien sowie Bankengründungen in Deutschland, Frankreich, Großbritannien und den USA kam es zu einer weltweiten
Ausweitung von Kredit- und Geldmengen (Inflation).

Das Ende des Booms wurde durch spekulative Übertreibungen bei
Immobilien in Chicago, Eisenbahnaktien in den USA, Frankreich
und Großbritannien, Zucker und Kaffee in Hamburg, Baumwolle in
Großbritannien und Frankreich hervorgerufen. Zudem explodierten die Weizenpreise, weil die russischen Weizenlieferungen durch
den Krimkrieg blockiert waren und Missernten in anderen Ländern
hinzukamen.

Ab dem Jahr **1857** kam es zu einer **weltweiten Finanzkrise,** die
sich rasend schnell ausbreitete und die Kreditexpansion stoppte.
Die **Beendigung des Krimkrieges** führte zu einem deflationären Crash. Der **Auslöser war der Zusammenbruch der Wei-
zenhausse.** Dies war der Dominostein, der dann auch die anderen
überhitzten Märkte abstürzen ließ. In Europa kam es zu einer Ban-
ken- und Kreditkrise. Die wirtschaftliche Nachfrage brach kräftig
ein. Dies löste auch in Amerika eine Verschärfung der Kreditbedingungen aus.

Der Auslöser für **die Panik von 1857 in den USA** war dann der
**Zusammenbruch der Ohio Life Insurance and Trust Com-
pany,** der auch einen betrügerischen Hintergrund hatte. Es folgte
ein **Stillstand der Kreditvergabe,** Banken suspendierten die Aus-
zahlung von Guthaben in Gold- und Silbermünzen. Da die Bankkredite eine wesentliche Finanzierungsquelle darstellten, folgte eine
wirtschaftliche Depression in den USA. Dabei **gingen 14 Eisen-**

bahngesellschaften in den Konkurs und als Folge brachen die Aktien- und Anleihenmärkte heftig ein.

Wegen massiv abnehmender Steuereinnahmen (vorwiegend Zölle) und um die Folgen der schweren Rezession zu mildern, musste die amerikanische Bundesregierung die Verschuldung hochfahren. Vom 1. Juli 1857 bis zum 1. Juli 1860 hatten sich die Schulden von 28 Mio. auf 64 Mio. Dollar mehr als verdoppelt. Neben dem Anstieg der Schulden kam es zu Unruhen in der Arbeiterschaft.

Unter den Bundesstaaten kam es zu massiven Streitigkeiten um die Finanzierung der Staatsschulden. Die Südstaaten waren als Agrarüberschussstaaten strikt gegen neue Importzölle zur Sanierung des Haushalts, weil sie die Vergeltung ihrer Handelspartner in Übersee fürchteten. Dazu muss man wissen, dass es damals so gut wie keine Einkommen- oder Unternehmensteuern gab. Von der Wirtschaftskrise waren ohnehin nur die Industriestaaten des Nordens wirklich betroffen. Um die Jahreswende 1860/61 eskalierte der Streit, und die Staaten South Carolina, Mississippi, Florida, Alabama und Georgia traten aus der Union aus (Sezession).

Beim **Amerikanischen Bürgerkrieg** (1861–1865) ging es nur vordergründig um die Abschaffung der Sklaverei. In Wirklichkeit war es ein wirtschaftlicher Interessenkonflikt, weil der reiche Süden nicht bereit war, Steuern für die Ausgaben des Nordens zu zahlen. (Erinnert Sie das nicht auch an den aktuellen Zustand in der Eurozone?!) Die Südstaaten hielten Sklaven afrikanischer Herkunft, um die weitläufigen Plantagen zu bewirtschaften, während die industrialisierten Nordstaaten die schwarzen Sklaven als Arbeitskräfte für ihren wirtschaftlichen Aufschwung brauchten. Der Roman »Onkel Toms Hütte« schildert das Schicksal jener Menschen zur damaligen Zeit.

Vom 12. April 1861 bis zum 9. April 1865 tobte zwischen den abtrünnigen Südstaaten und den Unionsstaaten ein blutiger Bürgerkrieg. Der Krieg endete mit dem **Sieg der wirtschaftlich höher entwickelten Unionsstaaten** und der Wiedereingliederung der

Südstaaten. In gewisser Hinsicht war der amerikanische Bürgerkrieg eine »inflationäre Lösung« der Wirtschaftskrise, die 1857 begann.

Vor dem Bürgerkrieg basierte das Geldsystem der Vereinigten Staaten auf Gold und Silber, wobei die Verwendung von Silber dominierte. Es konkurrierten 7000(!) verschiedene Banknoten privater Notenbanken im freien Wettbewerb als Zahlungsmittel miteinander. Diese Banknoten waren im Prinzip keine eigenen Währungen, sondern nur Anrechte auf definierte Mengen von Edelmetallen, die als Zahlungsmittel fungierten. Die staatliche US-Münze war verpflichtet, jede Gold- und Silbereinreichung von Privatleuten zu Münzen auszuprägen! Dadurch konnten die Münzen niemals viel mehr wert sein als ihre Materialkosten. Dieses private Prägerecht nennt man *Free Coinage* (Freie Münzprägung). Dem amerikanischen Staat war die Ausgabe von eigenen Zahlungsmitteln durch die Verfassung untersagt. Dadurch wurde eine vollkommen marktwirtschaftliche Geldordnung geschaffen, wie sie die Welt kaum je gesehen hat.

Um den Krieg mit Krediten finanzieren zu können, erklärte das Schatzamt 1862 die Aufhebung des Goldeintauschrechts für den Dollar. Damit wurde der US-Dollar von einer durch Gold gedeckten Währung in eine ungedeckte Fiatgeld-Währung umgewandelt. Während der folgenden Jahre hat die US-Regierung mit dem Druck und der Ausgabe von Geldnoten den Krieg finanziert. Wegen ihrer grünen Farbe hießen die Geldnoten »Greenbacks«. Diese Geldscheine waren aber keine Banknoten wie die heutigen Federal Reserve Bank Notes in den USA! Diese Unterscheidung ist wesentlich. Denn durch den direkten Druck der Scheine durch das Finanzministerium musste der Staat keine Zinsen an eine Bank zahlen, wie bei der alternativen Variante, dem Aufkauf von Staatsschulden durch eine private Notenbank.

Wegen der massiven Ausweitung der Geldmenge (Inflation) zur Kriegsfinanzierung kam es zu einem Kriegsboom in der Wirtschaft und einer nachfolgenden Verdopplung des Preisniveaus. Die vor dem Krieg von der staatlichen Münze geprägten Silber- und Goldmünzen wurden aus dem Umlauf verdrängt. Sie blieben in Privathand und zirkulierten nicht mehr, da der Materialwert höher war als der nominale Dollarwert. Der Wert der Papierdollars fiel schnell im Verhältnis zum Metallwert der bestehenden Münzen. Bald musste man zwei Greenbacks für einen Golddollar hinlegen.

Nachdem der Sezessionskrieg vorbei war, begann eine politische Diskussion um die Wiedereinführung des Goldstandards. Die Greenback-Party war eine Gruppierung, die politisch für das Fortbestehen des Greenbacks eintrat. Sie unterlag jedoch im politischen Machtkampf, und mit dem Münzgesetz von 1873 (Coinage Act) wurde eine allmähliche Wiedereinführung der Goldwährung beschlossen. Die Brisanz dieser Entscheidung lag jedoch nicht in der geplanten Anbindung des Dollars an das Gold, sondern in der Wiederherstellung des alten Wertverhältnisses zwischen dem Gold und dem Dollar. Das Problem war dabei, dass die Kaufkraft des Dollars wieder verdoppelt werden musste oder, umgekehrt betrachtet, die Preise mussten auf die Hälfte des Nachkriegsniveaus fallen! **Somit wurde politisch eine Deflation beschlossen, um die Inflation der Geldmenge während des Bürgerkrieges rückgängig zu machen.** Die amerikanische Wirtschaft erlebte nach diesem Beschluss eine lange Rezession (von 1873 bis 1879) und einen starken Abfall des Preisniveaus: Die Greenbacks wurden von den Goldbesitzern in Erwartung der zukünftigen Goldbindung hoch gekauft. Damit bewegten sich die Greenbacks wieder auf das alte Tauschverhältnis zu.

Im Münzgesetz von 1873 wurde der Silberdollar nicht mehr berücksichtigt. Somit konnte kein Silber mehr zu Münzen ausgeprägt werden. Da der Marktwert des Silbers über dem offiziellen Umtauschverhältnis von 16:1 lag, wurde das Silber aus dem Umlauf gezogen und exportiert.

Durch dieses Gesetz sank die gesamte Geldmenge bis 1896 um die Hälfte und war für die Deflation jener Zeit wesentlich mitverantwortlich. Gerüchten zufolge sollen Agenten der Rothschilds Kongressmitglieder und die Währungsbehörden bestochen haben. In England war das Silber bereits nach dem Sieg über Napoleon demonetarisiert worden. Das nach dem Sieg im Preußisch-Französischen Krieg 1871 neu gegründete Deutsche Reich wechselte ebenfalls zum reinen Goldstandard über.

Um das Jahr 1879 waren dann die Preise in den USA wieder auf das Vorkriegsniveau gefallen, und im Januar 1879 war schließlich der Papierdollar (Greenback) wieder 1 : 1 in Golddollar konvertierbar.

Von 1880 bis 1896 fiel das allgemeine Preisniveau in den Vereinigten Staaten um weitere 23 %. Starkes Wirtschaftswachstum erhöhte den Geldbedarf von Wirtschaft und Handel, doch der Wegfall des Silbers im System reduzierte die Edelmetallgeldmenge in den USA. Die zahlreiche Silberminen im Westen der USA konnten nicht mehr für die Schaffung von Geldmetall beschäftigt werden. Das Wirtschaftswachstum und die Demonetarisierung des Silbers in den USA wirkten deflationär und führten zu Preissenkungen bei Gütern und Dienstleistungen. Auffallend an dieser Periode ist das extrem starke Wirtschaftswachstum trotz einer begrenzten Geldmenge. Das flexible Preisniveau im 19. Jahrhundert ermöglichte einfach ein Wachstum verbunden mit fallenden Preisen. Nur auf Kreditverträge wirkte die Deflation nicht so neutral.

Die Deflation war einerseits gut für Gläubiger, zum Beispiel für die amerikanischen Banken im Nordosten, deren Anleihen- und Kreditvolumen wieder den Wert des Vorkriegsniveaus erreichten. Dagegen wurden die Schuldner, insbesondere Farmer im Süden und Westen der USA hart getroffen, da ihre Schulden deutlich im Wert stiegen. In jener Zeit verloren unzählige Farmer ihr Hab und Gut per Zwangsvollstreckung an die Banken. Eine unerwartete Deflation begünstigt immer die Gläubiger, unerwartete Inflation immer die Schuldner. **Somit waren die Banken im Nordosten der USA die großen Gewinner in dieser Deflation.** Es ist bemerkenswert, dass die Deflation in jener Zeit von dem stärksten Wirtschaftswachstum begleitet wurde, das die USA je erlebten.

Bei solchen Verhältnissen verwundert es nicht, dass der **Präsidentschaftswahlkampf im Jahre 1897 um das Thema Geld geführt**

wurde. Der demokratische Kandidat William Jennings Bryan forderte die Wiedereinführung des Bimetallismus, also die erneute Verwendung beider Edelmetalle als Zahlungsmittel. Die Demokraten waren »Inflationisten«, sie wollten einfach die Geldmenge durch die Hinzufügung von Silber erweitern, um die wirtschaftliche Aktivität anzufeuern. Aus einem ganz anderen Grund unterstützten politische Vertreter aus Bergbauregionen und Silberminenlobbyisten diesen Vorschlag. Der Silberpreis fiel nämlich stark, nachdem die monetäre Rolle des Silbers in den USA und in anderen Teilen der Welt entfiel. **Das amerikanisches Märchen »The Wizzard of Oz« ist eine monetäre Allegorie auf das Geschehen jener Zeit.**

Obwohl der Republikaner William McKinley die Wahl von 1896 gewann, endete die Phase der fallenden Preise bald darauf. Goldfunde in Alaska, Australien und Südafrika ließen die Goldmenge und damit die Geldmenge anschwellen, der nächste Kreditzyklus begann und das Preisniveau stieg von 1896 bis 1910 um 35%.

3. Boom, Weltwirtschaftskrise und wieder Krieg (1897–1946)

Große Goldfunde ließen die Goldmenge und damit die Geldmenge ab 1896 anschwellen, **der nächste Kreditzyklus begann und das Preisniveau stieg von 1896 bis 1910 um 35%.** Die erste kleine Erschütterung in der Dynamik des wirtschaftlichen Aufbruchs jener Zeit war die *»Bankers' Panic«* im Jahre 1907. Die Kurse an der New York Stock Exchange fielen dabei um fast die Hälfte von ihrem Höchststand 1906 vor dem **Erbeben in San Francisco.** Der enorme Kapitalbedarf Kaliforniens für den Wiederaufbau führte zum Anstieg des Zinsniveaus. Auch der Japanisch-Russische Krieg wird in manchen Quellen als maßgeblich angeführt. Selbst die Bank of England musste in der Folge den Diskontsatz erhöhen. Im Oktober 1907 setzte ein Run auf zahlreiche Banken, ein. Die **Liquiditätskrise** breitete sich schnell aus und löste den Bankrott zahlreicher kleinerer Banken und Unternehmen aus. Auslöser des Runs war der gescheiterte Versuch, die Aktien der United Copper Company zu cornern (aufzukaufen). Zunächst traf der Run die Banken, die die Aktion finanzierte.

Der Ansturm weitete sich auf nahestehende Banken aus und führte eine Woche später zum **Zusammenbruch der drittgrößten Treuhandgesellschaft New Yorks, der Knickerbocker Trust Company.** Die geringe Liquidität vieler New Yorker Banken erwischte diese nach der Kreditexpansion in den Vorjahren auf dem falschen Fuß. Zu jener Zeit gab es keine Zentralbank in den Vereinigten Staaten, die dem Markt – als Lender of Last Resort – weitere Liquidität hätte zuführen können. **Die Panik hätte ohne das Eingreifen des Bankiers John Pierpont Morgan wahrscheinlich noch größere Ausmaße angenommen.** Um die Kreditmärkte zu stützen, schoss J.P. Morgan große Summen seines eigenen Vermögens ein und überzeugte andere New Yorker Bankiers, ihm zu folgen.

Der bereits gelöschte Krisenherd flackerte Anfang November erneut auf, als ein New Yorker Broker einen großen Kredit mit Aktien der Tennessee Coal, Iron and Railroad Company besicherte. Der Börsenkurs des Unternehmens kam unter Druck, und J. P. Morgan überzeugte den US-Präsidenten Theodore Roosevelt vom Ernst der Lage: Er bekam die Genehmigung, in einer Nacht-und-Nebel-Aktion die TC&I mit seiner US Steel Corporation zu übernehmen.

Die Krise führte dazu, dass der US-Senat die »National Monetary Commission« unter der Leitung des Finanzexperten Nelson W. Aldrich einsetzte, um die Entstehung der Krise zu untersuchen und Verbesserungsvorschläge für das Finanzsystem zu unterbreiten. Aldrichs Tochter war mit dem Sohn Rockefellers liiert. Die Ergebnisse führten dann zur Gründung der privatwirtschaftlichen US-Notenbank Federal Reserve im Jahr 1913. Autoren wie Edward Griffin (»The Creature of Jekyll Island«) vermuten, dass J.P. Morgan die Krise durch Gerüchte ausgelöst hat, um später die Gründung der Federal Reserve zu betreiben. Schließlich war Morgan später an dem Bankenkartell unter staatlicher Führung beteiligt, dem Federal Reserve System. Gründungsbanken der

Federal Reserve waren die Warburg Bank Amsterdam und Hamburg, Kuhn Loeb New York, Rothschildbank London, Rothschildbank Paris, Lazard Brothers Bank Paris, Israel Moses Seif Bank Italien, Lehman Bank New York, Rockefellers Chase Manhattan Bank New York und die Goldman Sachs Bank New York.

John Exter, ehemaliger Vizepräsident der New Yorker Federal Reserve, sagte zu den Anfängen der Bank: »Als die Federal Reserve Anfang 1914 die Aktivität aufnahm, begann sie sofort damit, Geld zu schaffen, indem sie Staatsanleihen aufkaufte.«

Der Kreditzyklus war zu jener Zeit bereits sehr weit fortgeschritten. Das Rad konnte nur noch mit den Tricks eines Notenbankkartells weitergedreht werden.

In jenen Jahren vor dem Ersten Weltkrieg hatten sich die Gewichte in der Weltwirtschaft erheblich verschoben. **Die USA hatten das vierfache Gewicht von Großbritannien erreicht, aber kein nennenswertes Militär.** Auch Deutschland war daran, die noch herrschende Imperialmacht England wirtschaftlich, aber auch bei den Seestreitkräften zu überflügeln. England dominierte jedoch weiterhin den weltweiten Handel und das globale Finanzsystem. Die Briten waren die größten internationalen Investoren in dieser globalen Wirtschaft.

Sie investierten auf der ganzen Welt: in Indien, China, Argentinien, USA. Die gesamten Auslandsguthaben der Briten waren so hoch wie deren Bruttoinlandsprodukt. England hatte einen Leistungsbilanzüberschuss von 9% zum BIP. Die Briten waren zwar nicht mehr führend bei der Produktion und bei den Seestreitkräften, doch immer noch die bedeutendsten Investoren der Welt.

Zunehmender Nationalismus verdrängte den liberalen Geist des 19. Jahrhunderts in Europa. Zwischen Deutschland und England kam es zu einem Wettrüsten bei den Seestreitkräften. **Die Lunte am Freihandel und der Globalisierung 1.0 war gelegt.** Bei den Intellektuellen Europas herrschte zwar generell der Konsens vor, Krieg sei nicht mehr möglich, da moderne Rüstungstechnik mit deren gewaltiger Zerstörungskraft dies unmöglich mache; ein Krieg würde unweigerlich den Ruin der Nationen bedeuten. Man war sich sicher, die Zeiten der Eroberungen seien vorbei und die Grenzen zwischen den Mächten für alle Zeiten gezogen.

Das Attentat auf den österreichischen Thronfolger Franz Ferdinand am 28. Juni 1914 löste an den Kapitalmärkten zunächst keine Reaktion aus. Erst am 22. Juli erschienen in der Finanzpresse Ansichten, die sich besorgt über die Ausweitung der Balkankrise und deren mögliche wirtschaftliche Folgen äußerten. **Als die Investoren erkannten, dass der nie für möglich gehaltene große europäische Krieg bevorstand, floss die Liquidität aus den Weltmärkten, ganz wie wenn man den Stöpsel aus einer gefüllten Badewanne zieht.** Bis zum 30. Juli brachen totales **Chaos und Panik an den Märkten** aus. Die Investoren versuchten ihr ausländisches Kapital heimzuholen, **Pfund und Franc werteten auf, Rubel und Dollar stürzten ab.** Alle wollten panisch Aktien verkaufen und in Goldmünzen tauschen. **Das internationale Beziehungsgeflecht von Banken und der Wechseldiskontierung brach zusammen.** Die Bank von England musste die Wechsel aufkaufen und der Staat bürgte. **Die Börsen in Europa und New York wurden geschlossen und die Goldeinlösemöglichkeit der Währungen der Krieg führenden Parteien aufgehoben.**

Der Krieg war nicht so kurz, wie viele erwartet hatten. Er dauerte vier lange Jahre von 1914 bis 1918. Er wurde zur **Materialschlacht, bei der ganze Volkswirtschaften alles auf Sieg setzten.** Eine Folge des Krieges war die Abschaffung einiger alter Monarchien: In Österreich endete die neunhundert Jahre dauernde Herrschaft der Habsburger. Die Dynastien der Hohenzollern und der Romanows wurden hinweggefegt. Der Krieg war sehr inflationär, weil die Staaten ihn nicht mit Steuern, sondern mit Krediten finanzierten. Das Deutsche Reich hatte keinen Zugang mehr zu den ausländischen Kapitalmärkten, und so musste die Reichsbank die Kriegsanleihen aufkaufen. Die Geldmenge nahm zu und das Preisniveau hob ab.

Durch den Krieg wurde die landwirtschaftliche Produktion in Europa stark reduziert. Große Flächen wurden verwüstet und Arbeitskräfte an die Front geschickt. **Die Rohstoffpreise in US-Dollar stiegen von 1913 bis 1919 um 272 %.** Die Landwirtschaft in Nordamerika, Argentinien und überall sonst auf der Welt boomte. In den USA führten die Preissteigerungen zu panikbedingter Lagerhaltung. Im Jahre 1920 erreichten die Zinssätze, Rohstoffpreise und die allgemeinen Preissteigerungsraten ihren Höhepunkt. Anschließend fielen die Rohstoffpreise, weil die europäische Landwirtschaft sich wieder erholte und die Rüstungsindustrie stark schrumpfte.

Die fallenden Zinssätze heizten in den USA einen Boom an, der von der zunehmenden privaten Verschuldung gespeist wurde. Die finanzielle Lage in Europa nach dem verheerenden Krieg war ernst: **Die Vereinigten Staaten von Amerika forderten von den Kriegsgegnern Deutschlands pünktlich zum Kriegsende, mit der Rückzahlung von Krediten inklusive der Zinsen zu beginnen.** Man musste Deutschland daher im **Versailler Vertrag** (29. Juni 1919) **hohe Reparationszahlungen** aufbürden. Der Ökonom **Maynard Keynes,** der sich unter Protest aus der britischen Delegation zurückzog, kam zu dem Schluss, dass weder Deutschland noch die europäischen Alliierten diese Zahlungen in der geforderten Höhe leisten könnten. Die Ungleichgewichte in der Zahlungsbilanz würden zu einem Zusammenbruch des globalen Handels und der Investitionen führen. Zehn Jahre später sollte sich seine weise Prophezeiung bewahrheiten.

Die Weimarer Republik wälzte die Reparationslasten auf Bürger, Kommunen und Länder ab. Wegen ihrer Überkapazitäten verhängten die USA nach dem Krieg **Handelsbeschränkungen.** Doch diese machten es für Deutschland und die Alliierten erst recht unmöglich, die nötigen Dollardevisen (oder Gold) zu beschaffen. Neben dem hyperinflationären Blow-off in der Weimarer Republik führte die **Unmöglichkeit, die Reparationen durch Exporte abzuleisten, zu einem Ungleichgewicht, das man auch »Dreiecksfinanzierung« nennen könnte:** Der US-Staat forderte Geld von seinen Schuldnern Frankreich und Großbritannien. Diese hielten sich wiederum am Deutschen Reich schadlos. Die junge Republik besteuerte Unternehmen, Gemeinden und Bürger. Unternehmen und Gemeinden in Deutschland finanzierten Investitionen wieder mit amerikanischem Privatkapital. So entstand ein gigantisches wirtschaftliches Ungleichgewicht.

Um das Jahr 1925 herum kehrten die europäischen Staaten wieder zur Goldbindung ihrer Währungen zurück. Doch der Versuch war zum Scheitern verurteilt: Die Importbeschränkungen der USA machten es unmöglich, den Kapitalabfluss in die USA zu stoppen. Die Federal Reserve wurde mit Goldzuflüssen überschüttet. Großbritannien hatte das Pfund Sterling zu einem überhöhten Kurs ans Gold gebunden und brauchte dringend einen niedrigen Zins, um seine Wirtschaft zu stabilisieren. **Um der Bank of England zu helfen, senkte die Federal Reserve die Diskontzinssätze, obgleich die USA sich schon in einem Boom befanden.** Es folgte ein spekulativer Boom in den USA, der das Interesse des amerikanischen Kapitals für Überseeinvestments schwächte und den Zufluss von US-Kapital nach Europa abrupt beendete.

In Deutschland und anderen Staaten, die von nordamerikanischen Krediten abhängig waren, stagnierte nun die Wirtschaft. Schließlich brach die Spekulation in Amerika zusammen. Mit dem New Yorker **Börsencrash im Oktober 1929** stürzte die seit zwei Jahrzehnten aufgebaute Schuldenpyramide in sich zusammen. Die beginnende **Schuldendeflation** ließ auch in Europa Banken kollabieren. In einer **deflationären Spirale** nahmen Kreditvolumen, Geldmenge, Preise, Einkommen und die Nachfrage ab. Nachdem die Bank von England die Goldbindung im Jahr 1931 aufhob, kam es zu einem Abwertungswettlauf der Währungen, der zu Schutzzöllen und autarken Volkswirtschaften führte.

Im Zuge der Weltwirtschaftskrise lösten **Diktaturen** die Demokratien ab, und der Welthandel kam zum Erliegen. Keynes hatte mit seiner Prognose Recht behalten. Mit der Machtergreifung Hitlers sollte der Krieg zum Mittel für ökonomische Problemlösungen werden. Zwar hatte **Franklin D. Roosevelt** mit der Abwertung des Dollars gegenüber Gold und der Konfiszierung von US-Gold die Wettbewerbsvorteile der USA gestärkt und die Wirtschaft reflationiert, doch erst der Krieg beendete die wirtschaftlichen Probleme für die USA.

Waren in der Krise amerikanische Stahlwerke nur zu 20% ausgelastet, so brachte der Zweite Weltkrieg die Vollauslastung. Durch die Kombination von neuer militärischer Vormachtstellung mit der Gläubigerposition der USA konnten die Freihandelsdoktrin und damit die **Auflösung des britischen Sterling-Blocks (Zoll- und Wirtschaftszone) erzwungen** werden. Damit war das Britische Empire endgültig Geschichte. Auf der Basis der 1944 in Bretton Woods ausgehandelten Währungsordnung übernahmen die Vereinigten Staaten die Führungsrolle in der sogenannten freien (nichtkommunistischen) Welt. Der Konflikt mit der im Zweiten Weltkrieg siegreichen Sowjetunion und deren Einflusssphäre war vorgezeichnet.

Der von 1897 bis 1946 laufende übergeordnete Kreditzyklus – erst Inflation und dann Deflation – war mit Sicherheit wesentlich ausgeprägter als derjenige im 19. Jahrhundert. Die hemmungslosen Kreditexpansionen, welche die beiden Weltkriege mit sich brachten, sowie die radikalen nationalistischen und kommunistischen Ideen sorgten für besonders große Wellen.

4. Sonderfall Deutschland: Hyperinflation

Im Sommer 1914, ein oder zwei Tage vor dem Kriegsausbruch, hatte die Deutsche Reichsbank den Goldstandard für die Reichsmark aufgehoben. Anfangs glaubte die kriegsbegeisterte Öffentlichkeit in Deutschland noch an einen schnellen, siegreichen Krieg wie gegen Frankreich im Jahre 1871, doch bald zeichnete sich ein europaweiter Megakrieg ab. **Das Deutsche Reich finanzierte nur ein Achtel der Kriegskosten über Steuern, der Rest wurde mit Anleihenkrediten finanziert.** Mit dem Appell an die vaterländischen Tugenden wurden Kriegsanleihen ausgegeben. Später warb das Kaiserreich bei seinen Untertanen mit dem Slogan »**Gold gab ich für**

Eisen« um eine Edelmetallspende. Der Krieg hätte nicht so lange gedauert, wenn die beteiligten Staaten nur die Kapitalmärkte angezapft hätten. Irgendwann wäre die Zinslast unerträglich geworden, und die Staaten hätten den Krieg nicht mehr finanzieren können. Deshalb **griffen alle Kriegsparteien auf die Monetarisierung der Staatsschulden zurück.** Die Alliierten hatten dabei noch das Glück, die Kapitalmärkte in Nordamerika nutzen zu können.

Die Geldmenge im Deutschen Reich stieg von 1914 bis 1918 auf das Neunfache! Das Preisniveau hatte sich während dieser Zeit nur etwas mehr als verdoppelt, die Staatsschulden stiegen dagegen viel stärker. Somit waren bis zum Kriegsende noch nicht alle wirtschaftlichen Folgen des Krieges eingetreten. In allen am Krieg beteiligten Ländern stiegen die Preise nach 1918 deutlich an, selbst in den Vereinigten Staaten. Im Frühjahr 1920 erreichte das Preisniveau in Deutschland das Siebenfache des Vorkriegsniveaus.

Hier zweigte das Schicksal Deutschland vom Rest der Welt ab. Die anderen Staaten stoppten die Defizitfinanzierung und schluckten die bittere Medizin der Rezession, die dort von 1920 bis 1921 währte. Das Preisniveau fiel scharf ab. Deflation folgte der Inflation des Krieges.

Deutschland ging einen Sonderweg und setzte den Inflationsboom fort. Die Siegermächte, die den Gürtel enger schnallten, bekamen ernsthafte wirtschaftliche Schwierigkeiten. Neidisch sah mancher Beobachter im Ausland auf den Boom in Deutschland. Während der weltweiten Rezession stagnierte selbst in Deutschland das Preisniveau. Doch in Deutschland gingen Kreditvergabe und die Defizitfinanzierung des Staates in der Zeit stabiler Preise munter weiter und die Geldmenge verdoppelte sich nochmals. Genau hier wurden die entscheidenden Weichen für die spätere Katastrophe gestellt.

Die Zwanziger waren die Zeit der Ausschweifung und Spekulation. Die Berliner Börse konnte den Andrang kaum bewältigen. Bankenverschmelzungen und Unternehmensübernahmen waren an der

Tagesordnung. Das bekannteste Konglomerat in jener Zeit war das **Imperium des Hugo Stinnes.** Es kontrollierte auf seinem Zenit Hunderte von Gesellschaften aus vielen Branchen wie Kohlebergbau, Eisen und Stahlproduktion, Schiffbau, Transport, Papierherstellung, Chemie, Zeitungen, Öl, Hotels und Banken. Berlin war eine angesagte Metropole: Touristen kamen aus aller Welt, um den Berliner Lifestyle zu erleben; Pensionen und Gasthäuser wurden aus dem Boden gestampft. **Jede Art von Geschäft schien lohnend und Bankrotte gab es kaum. Die natürliche Selektion des Erfolges schien außer Kraft gesetzt.** Die bodenständigere Landbevölkerung war skeptisch gegenüber dem schnellen, oft unverdienten Reichtum. **Die größten Gewinner des Booms waren jene, die sich an der Geldproduktion beteiligen konnten: Spekulanten, mit Krediten operierende Anleger (heute Hedgefonds genannt), Anwälte, Banken und alle Bereiche des Konsums und der Unterhaltung.** Reisende aus dem Ausland berichten von nagelneuen Produktionsanlagen, die voll ausgelastet waren, während bei ihnen zuhause die veralteten Anlagen unausgelastet waren, weil der Staat eine Politik des knappen Geldes verfolgte. Doch die scheinbar schöne heile Welt der Geldvermehrung in Deutschland endete bald.

Die Preise begannen 1922 stark zu steigen und die Konsumenten hielten die Geldbörse fest. Die Zinssätze explodierten, als die Kreditgeber versuchten, die Preissteigerungen zu antizipieren. Die Unternehmen begannen, Verträge untereinander in Gold oder Fremdwährungen zu schließen oder in feste Vermögenswerte zu investieren. Der Liquiditätsdamm war gebrochen, weil im In- und Ausland das Vertrauen in die Reichsmark schwand. Jetzt versuchte jeder, für sein Geld Vermögenswerte zu kaufen. Die hohe Preissteigerungsrate entwertete die Steuereinnahmen des Staates (die ja später eingehen) rapide und zwang die Regierung zur Finanzierung der Staatsausgaben mit der Druckerpresse. **Von Juli 1922 an stiegen die Preise in nur vier Monaten auf das Zehnfache.** Dann stieg die Preisinflation exponentiell, und in der Endphase der Hyperinflation vervierfachten sich die Preise jede Woche. Die Preisinflation führte zu einem bemerkenswerten Phänomen:

Während des Krieges hinkten die Preise der Geldmengen-entwicklung deutlich hinterher, doch nun stiegen die Preise deutlich stärker als die Geldmenge! All das Geld, das in den Jahren zuvor im Vertrauen auf die Reichsbank angelegt worden war, drängte jetzt auf den Markt. **30 Papiermühlen und 133 Druckereien waren in Deutschland mit der Produktion von Geldscheinen beschäftigt!**

Einen Käuferstreik gab es nun nicht mehr: Jeder versuchte, das verdiente Geld sofort wieder loszuwerden. Die Reichsmark war wie eine heiße Kartoffel. Zwischen der Bestellung eines Schnitzels und der Bezahlung konnte der Preis um 20 % gestiegen sein. Die gesetzlich »fairen« Zinsensätze erreichten 22 % pro Tag, kompensierten aber nicht annähernd den Wertverfall der Reichsmark. Devisentransaktionen wurden eingeschränkt, und der Tauschhandel blühte, obwohl er als Schwarzhandel diffamiert und unterbunden wurde. Bauern hatten keine Lust, ihre Waren für wertloses Papiergeld an die Städter zu verkaufen.

Die Inflation fühlte sich nun nicht mehr an wie ein Boom. Die Menschen waren nur noch mit ihren Grundbedürfnissen beschäftigt. Die Produktion fiel deutlich ab. Betriebe wurde geschlossen. Es gab Hungeraufstände und Plünderungen. Der Wohlstand der Mittelschicht wurde regelrecht ausgelöscht. Professoren, Doktoren, Wissenschaftler, Rechtsanwälte und Künstler verpfändeten ihre Habseligkeiten und versuchten in Industrie oder Landwirtschaft zu arbeiten. Adolf Hitler versuchte bereits 1923 die Wirren der Zeit zu nutzen und mit einem Putsch an die Macht zu kommen.

Im August 1923 wurde Gustav Stresemann zum Reichskanzler gewählt. Im Oktober bekam er vom Reichstag sehr weitgehende verfassungsmäßige Vollmachten zugestanden. Kanzler Gustav Stresemann ernannte **Hjalmar Schacht zum Chef der neu gegründeten Rentenbank.** Zunächst wurde für jeden Grundstücks- und Immobilienbesitzer in **Deutschland zwangsweise eine Grundschuld in Höhe von 6 % des Einheitswertes** eingetragen. Das bedeutete, dass eine zuvor schuldenfreie Immobilie jetzt mit einer Schuld gegenüber dem Staat belastet war, die natürlich getilgt werden musste. Die **Rentenbank** konnte jetzt eine neue Währung herausgeben, die Rentenmark, welche durch diese Grundstücksschulden gedeckt waren.

Als Nächstes wurde die alte **Papiermark am 20. November 1923 an die neue Rentenmark gekoppelt.** Der Wechselkurs wurde von der Reichsbank mit eins zu einer Billion(!) festgesetzt.

Dies wurde wirksam, als der Devisenkurs genau 4,2 Billionen Papiermark pro US-Dollar betrug. **Damit hatte die Rentenmark genau dasselbe Tauschverhältnis zum US-Dollar wie die Goldmark vor dem Krieg!**

Da die Rentenmark kein gesetzliches Zahlungsmittel war, bestand auch kein Zwang, sie als solches anzunehmen. Jedoch wurde sie von der Bevölkerung schnell als Parallelwährung akzeptiert. Gleichzeitig hatte der neue Finanzminister Luther einen ausgeglichen Haushalt vorgelegt. Massive Kürzungen bei den Ausgaben waren nötig: Der Staat entließ 400 000 Bedienstete, die Löhne und Gehälter wurden gekürzt, die Wochenarbeitszeit erhöht usw. Durch diese Maßnahmen wurde die **Preisinflation schlagartig gestoppt.** Damals wurde vom Wunder der Rentenmark gesprochen.

Die neue **monetäre Disziplin war in der Übergangsphase jedoch eine bittere Medizin.** Die Unternehmen, die nur im inflationären Boom existieren konnten, mussten schließen. Kredite waren kaum zu bekommen, die Arbeitslosigkeit stieg sprunghaft an, und sowohl die extrem linken als auch die rechten politischen Kräfte wurden gestärkt.

Durch das Gesetz über die Liquidierung des Umlaufs von Rentenbankscheinen vom 30. August 1924 (RGBl. II. S. 252) wurden die Rentenbankscheine (= Rentenmark) wieder aus dem Verkehr gezogen. Die Reichsbank wurde verpflichtet, die Rentenbankscheine im Verhältnis 1 : 1 gegen Reichsbankscheine (= Reichsmark) umzutauschen.

Durch das Münzgesetz vom 30. August 1924 wurde die Goldwährung im Deutschen Reich »alleiniges gesetzliches Zahlungsmittel«. Dieses Zahlungsmittel wurde zwar gesetzlich als Reichsmark bezeichnet, wurde umgangssprachlich jedoch weiterhin »Goldmark« genannt. **Das Verhältnis eine Reichsmark zu 0,3584 g Feingold entsprach exakt dem Verhältnis zum Dollar und dem Gold wie vor dem Krieg.** Die Garantie für den Umtausch von Reichsmarknoten der Reichsbank in Gold galt aber mit Einschränkungen.

Das war eine spannende Reise von der Goldmark zur Papiermark, vom Billion-Papiermarkschein, der in eine Rentenmark umgetauscht wurde, und wieder zurück zur »Goldmark«. Das erinnert mich an das Märchen von Hans im Glück. Eine Goldmark blieb eine Goldmark, es sei denn, man hatte sie für Eisen oder Papier hergegeben.

5. Dollarinflation und Disinflation

Nach dem Ende des Zweiten Weltkriegs hatten die USA eine recht stabile Geldpolitik und eine sehr geringe Inflation. In der Zeit von 1949 bis 1953 ließ man die Geldmenge in den USA um 15% ansteigen. Die Preise stiegen in demselben Zeitraum um 13%. Diese **Preissteigerung hatte zunächst psychologische und keine monetären Ursachen.** Nach dem Ausbruch des Koreakrieges 1950 erhöhten die Unternehmen umgehend ihre Preise, denn sie befürchteten Preiskontrollen wie im Zweiten Weltkrieg. Die Erwartung von steigenden Preisen führte zu einer sofortigen Preiserhöhung. Innerhalb von nur acht Monaten stieg der Index der Großhandelspreise um 18,6% an! Die Preise lagen somit über dem langfristigen Gleichgewichts-Preisniveau. Ohne das Eingreifen der Regierung wären die Preise wieder auf ihr Ausgangsniveau zurückgekehrt. Unter dem demokratische Präsident Truman erhöhte die Federal Reserve jedoch die Geldmenge, um das potenzielle Preisniveau auf das tatsächliche Preisniveau zu heben. Nach dem Beginn des Koreakrieges waren wegen der Erwartungen einer Inflation auch die Zinssätze der Staatsanleihen gestiegen.

Bis 1951 war die Fed verpflichtet, den Preis für Staatsanleihen zu stützen. Der Krieg hätte an sich keine Geldmengenerweiterung und Preissteigerungen nötig gemacht, denn die Regierung hätte den Krieg mit einem ausgeglichenen Haushalt führen können. Präsident Truman hatte wieder Preiskontrollen wie im Zweiten Weltkrieg eingeführt.

Im November 1952 gewann der ehemalige Oberbefehlshaber der alliierten Streitkräfte, **Dwight D. Eisenhower,** die Präsidentschaftswahlen. Er wollte zunächst nicht kandidieren, wurde aber durch seine Popularität dazu getrieben. Dwight D. Eisenhower war ein sehr direkter Typ. Als Oberbefehlshaber der alliierten Streitkräfte ließ er in Deutschland folgenden Text aushängen: »Deutschland wird nicht zum Zweck der Befreiung besetzt, sondern als besiegte Feindnation.« Zu dieser Offenheit passte auch die monetäre Disziplin während der Präsidentschaft von Dwight D. Eisenhower. Mit neuem Geld finanzierte Wohltaten entsprachen eher nicht seinem Stil. In seiner Amtszeit von 1953 bis1961 lag die Wachstumsrate der Geldmenge nur leicht über 1%! Das war die niedrigste Rate seit der Gründung der Federal Reserve im Jahre 1913.

Unter den beiden Präsidenten Truman und Eisenhower hatten die USA per Saldo keine bedeutende Neuverschuldung. **Doch sehr bald sollte ein neuer ökonomischer Geist in Washington einziehen.** Kritiker bemängelten, dass die Wirtschaft stagnierte, und die schnellen Wechsel zwischen Auf- und Abschwüngen waren nach ihrer Ansicht unnötig.

Am 8. November 1960 wurde der Demokrat **John F. Kennedy** mit knappem Vorsprung vor Richard Nixon zum Präsident der Vereinigten Staaten gewählt. Damit war der **Weg für eine inflationäre Prosperität** geebnet. Denn Kennedy hatte eine Schwäche für Intellektuelle mit neuen Ideen. Er umgab sich mit einer Schar von Ökonomen, die sich für **»New Economics«** einsetzten. Die »neuen Ökonomen« sahen sich als geistige Jünger von John Maynard Keynes. Es war die Zeit der Kubakrise und des Mauerbaus in Berlin. **Im Oktober 1962 begann die monetäre Expansion.** In den folgenden sieben Jahren bis 1969 wurde unter der Administration Kennedy/Johnson (Kennedy wurde im November 1963 ermordet) die Geldmenge um 37% ausgeweitet. Trotz ständig steigender Steuereinnahmen wurden Haushaltdefizite gefahren. Im Jahr 1964 wurden die Steuern gesenkt. **Der Aktienmarkt boomte seit 1962.** Doch langsam bewegten sich die Preise und gegen 1966 hatten sie ein starkes Momentum. Die USA fuhren große Handelsbilanzdefizite, die zu hohen Dollarreserven der andern Zentralbanken führten. **Professor Michael Hudson formulierte es so:»Amerika führt Kriege mit den Ressourcen anderer Nationen.«**

1966 unternahm die Federal Reserve den Versuch, den Preisanstieg zu stoppen. Doch die Preise stiegen weiter um jährlich 5%. Mittlerweile hatte sich der Konflikt in **Vietnam** zu einem großen und unpopulären Krieg entwickelt.

Von 1966 bis 1969 bewegten sich die Aktienbörsen seitwärts. Im November 1969 wurde Richard Nixon US-Präsident. Er hatte das Pech, das Amt am Ende eines inflationären Jahrzehnts zu übernehmen, dessen Kosten erst jetzt fällig wurden.

Die Goldbindung des Dollars zu einem festen Wert von 35 US-Dollar je Unze war mit der »neuen Wirtschaftspolitik« seit 1962 nicht mehr zu halten. Wie soll das auch funktionieren: Eine permanent steigende Dollargeldmenge kann nicht für immer an eine begrenzte Goldmenge gekoppelt sein. Schon seit der Wahl von Präsident J.F. Kennedy konnte man am Goldmarkt in London die Zeichen der Zeit erkennen. Der Preis für eine Unze stieg am Londoner Goldmarkt auf 41 US-Dollar. Diese Reaktion führte 1961 unter Federführung des US-Finanzministeriums zur **Gründung des »Gold Pools«, um den Goldpreis auf die Parität von 35 US-Dollar zu drücken.** Zunächst funktionierte diese Manipulation des Marktpreises auch: Entgegen den Marktkräften konnte der regelmäßige Anstieg des Goldpreises immer wieder gedrückt werden. Der Krieg in Vietnam führte zu hohen Haushaltsdefiziten und wegen der fixen Währungsrelation zur Bildung von Devisenreserven bei fremden Notenbanken. **Der US-Sena-**

tor Hartke dazu: »Um es klar zu sagen, Vietnam hat uns die sonst bestehende Möglichkeit genommen, unsere Zahlungs-bilanz auszugleichen.«

1968 brach der Goldpool zusammen, und der private Goldmarkt bildete nun seinen eigenen Preis bei 38 US-Dollar. Die **OPEC-Öl-staaten orientierten sich bei der Festlegung des Ölpreises am Goldpreis,** d. h., sie wollten eine bestimmte Menge Gold fürs Öl (~ 2,5 Gramm pro Barrel) – und dort liegt das Preisverhältnis auch heute noch.

Nach dem Scheitern des Goldpools hatten die USA drei Möglich-keiten. Erstens: den kostspieligen Krieg in Südostasien beenden. Zweitens: die Goldreserven verlieren. Drittens: den Goldstandard des Dollars aufheben und die Überschussstaaten nötigen, Dollarreserven aufzubauen.

Mit der Einstellung der Tilgung von Verbindlichkeiten aus den Handelsbilanzdefiziten in Gold im Jahr 1971 wurden die Überschussstaaten Deutschland und Frankreich gezwun-gen, ihre Währungen aufzuwerten. Am 19. März 1973 kolla-bierte das System der gebunden Wechselkurse endgültig. Die OPEC erhöhte den Ölpreis in Dollar entsprechend dem Wertver-lust des Dollars gegenüber dem Goldpreis, und die Welt fiel 1974 in die erste Ölkrise. Der Goldpreis schwankte zwischen 132 und 184 US-Dollar im Jahr 1974, der Erdölpreis stieg von 4,30 auf 11,16 US-Dollar. 1975 mussten die USA Südvietnam aufgeben. Bis 1979 verlor der Dollar gegenüber den anderen Währungen weiter an Wert, und der Erdölpreis stieg von 15,00 US-Dollar Anfang 1979 auf 35,95 US-Dollar im Juli 1980.

Im August 1979 wurde Paul Volcker Notenbankchef der ame-rikanischen Federal Reserve. **Er begann, die Leitzinsen von 11,2 % auf 20 % im Juni 1981 anzuheben. Dieser Anstieg be-endete die Inflationserwartung und trieb die verschuldeten Farmer auf die Barrikaden. Die größte Rohstoffrallye aller Zeiten endete abrupt:** Gold und andere Metalle, Getreide und viele andere Rohstoffe fielen stark im Preis. Der Dollar erlebte eine fünfjährige Hausse. 1981 war die Inflationsrate auf der Spitze bei 13,5 % und fiel dann nur noch. Eine lange Periode der Disinflation nahm ihren Anfang. Im Juli 1981 begann eine schmerzhafte **16 Monate dauernde Rezession.**

Mit den später wieder fallenden Zinsen stiegen die **Aktien- und Anleihenkurse. Von seinem historischen Tiefstand aus startete im Jahr 1982 ein Jahrhundert-Bullenmarkt.** Von 1964 bis 1982 hatten die Aktienmärkte keine nominale Performance mehr erzielt, die Aktienkurse waren inflationsbereinigt sogar auf die Hälfte gefallen. Im Anlegermagazin »Business Week« erschien am Tiefpunkt ein Artikel mit dem **Titel »The Death of Equities«** (Der Tod der Aktien). Die Quintessenz: Aktien rentieren sich nicht und sind nicht mehr zeitgemäß.

Am 20. Januar 1981 wurde der Republikaner **Ronald Reagan** zum US-Präsident gewählt. Die Politik der »Reagonomics« mit hohen Staatsdefiziten und entsprechender Kreditaufnahme am Kapitalmarkt zu hohen Zinsen schuf neues Vertrauen in die Wirtschaftskraft der USA. **Zudem ermöglichte ein technologischer Aufschwung es den USA, die Konkurrenzmacht Sowjetunion in einer kombinierten Offensive in die Knie zu zwingen.** Mit einem gezielten Wettrüsten (Nato-Doppelbeschluss), der weltweiten Förderung von Freiheits- und Demokratiebestrebungen sowie gezielter Subversion in den kommunistischen Staaten, mit einer liberalen Wirtschaftspolitik und einem organisiertem Preisverfall beim Erdöl (mithilfe der saudischen Verbündeten) konnten die USA den ideologisch und wirtschaftlich erstarrten Ostblock aufsprengen.

Ende der Neunziger schien das US-Modell unangreifbar: Der Ostblock war auseinandergefallen, Japans Wirtschaftsdynamik gebrochen, die US-Wirtschaft und die New Yorker Börse boomten, Inflation und Arbeitslosigkeit waren besiegt.

Das »Ende der Geschichte« titelte ein Buch des Politikwissenschaftlers Francis Fukuyama im Jahr 1993. Ein bisschen voreilig. Spätestens der 11. September 2001 hat gezeigt, dass definitiv neue Kapitel geschrieben werden müssen im großen Buch der Weltgeschichte.

6. Boom und deflationäre Stagnation in Japan

Japans Infrastruktur und Städte wurden im Zweiten Weltkrieg mindestens so stark zerstört wie die in Deutschland. Genau wie Deutschland kam Japan wie der Phönix aus der Asche wieder empor. **Japan wurde in der Nachkriegszeit zu einer gefürchteten Exportnation.** Unternehmen wie Toshiba, Toyota, Mitsubishi, Fuji, Sony, Honda, Kyocera, Konica und andere lehrten die europäischen und nordamerikanischen Unternehmen das Fürchten. In den Achtzigern glaubte man in den westlichen Staaten, die Zukunft gehöre den Japanern und es würde nicht lange dauern, bis alle Bereiche des Wirtschaftsgeschehens von japanischen Unternehmen dominiert werden.

Der Aktienindex Nikkei 225, der die 225 bedeutendsten Unternehmen des Landes beinhaltet, startete im Jahr 1949 mit 100 Punkten und stieg bis Anfang der 1970er-Jahre auf 5.000 Punkte. 1984 waren es bereits 10.000 Punkte, danach begann ein parabolischer Anstieg des Aktienindex.

Am 22. Februar 1987 unterzeichneten die Vertreter der G7-Staaten den sogenannten »**Louvre-Accord**«. Dieser hatte den Zweck, den Fall des Dollars zu bremsen. Im Plaza-Abkommen von 1985 hatte man noch Maßnahmen zur Schwächung des Dollars beschlossen. **Japan musste neben anderen Staaten gemäß den Vereinbarungen in Paris seine Leitzinsen senken. Damit kochte der Kessel endgültig über. Am letzten Handelstag des Jahres 1989 erreicht der japanische Nikkei 225 seinen höchsten Stand bei 38.916 Punkten.** Die Kurs-Gewinn-Verhältnisse von japanischen Aktien lagen teilweise bei 100. Der Marktwert der Nippon Telegraph & Telephone überstieg die Marktkapitalisierung des gesamten deutschen Aktienmarktes!

Die Immobilienpreise in Japan standen den Aktienkursen in nichts nach. Ein Immobilien-Preisindex für die sechs größten Städte, der 1955 mit 100 Indexpunkten startete, erreichte 1989 einen Höchstwert von 20.600 Punkten. Apartments in Tokio kosteten umgerechnet mehrere Millionen US-Dollar. Selbst fünf Jahre nach dem Platzen der Immobilienblase waren Immobilien in Tokio immer noch 30-mal teurer als vergleichbare Objekte in New York.

Eine interessante Beobachtung ist jedoch, dass das Preisniveau für Güter und Dienstleistungen zwischen 1983 und 1989 insgesamt nur um 4% gestiegen ist. Die Großhandelspreise sanken in demselben Zeitraum gar um 6,4%. In Japan hatte praktisch eine reine Vermögenspreisinflation stattgefunden.

Bereits am 31. Mai 1989 begann die Bank of Japan (BOJ) mit der Anhebung der Zinssätze. Ihr Vorsitzender Masushi Mieno hielt die hohen Aktienkurse für absolut spekulativ und war fest entschlossen, die Luft aus der Blase abzulassen. Eine schrittweise Erhöhung der Zentralbankzinsen auf 6% brach dem Bullenmarkt für Aktien und Immobilien das Genick. Sein Marktwert schrumpfte bis 2002 auf rund 20% seines Spitzenwertes Ende 1989. Die Immobilienwerte in Japan gelten aber immer noch als teuer.

Der Rückgang der Immobilienpreise führte natürlich zu **Solvenzproblemen bei den Banken.** Diese mussten folglich von der Regierung gestützt werden. Die BOJ senkte die Leitzinsen bis 1995 auf 0,5% ab, um die Banken zu stärken. Diese konnte weiterhin die vertraglichen Hypothekenraten kassieren.

So wurde das **Bankensystem, das unter faulen Krediten litt, künstlich gestützt.** Die großen Verlierer waren jene, die Immobilien am Peak erworben hatten und neben den hohen Zinsen permanente Wertverluste der Immobilien verkraften mussten. Es gab viele Unternehmenspleiten, zeitweise gingen 1000 Unternehmen pro Monat in Konkurs. **Seit 20 Jahren hat Japan eine von fallenden Preisen geprägte Wirtschaft.** Fast erscheint es, als haben sich Konsumenten und Unternehmen in Japan auf diese Deflation eingestellt. Die Politik, die seit 20 Jahren in die Wirtschaft stützend eingreift, ist mit ihrem gigantischen Staatsdefizit langsam an die Grenzen gelangt. Dieses Kapitel ist deshalb immer noch nicht abgeschlossen.

Es gibt einige ökonomische Beobachter, welche die Entwicklung der vergangenen 20 Jahre in Japan nun auch für Europa und die USA vorhersagen (»Japan-Szenario«).

D. Deflation und die Natur des Zyklischen

1. Deflation – das Schicksal nach Jahrzehnten der Kreditausweitung

Wir haben bereits gesehen, wie sich das Wirtschaftsgeschehen in der Vergangenheit ständig auf- und abwärts entwickelt hat, begleitet von Kreditexpansionen und -kontraktionen, von Inflation und Deflation. In diesem Kapitel sollen jetzt die langfristigen Wellenbewegungen betrachtet werden. Zwar gibt es auch kürzere Zyklen der Expansion und der Kontraktion, doch diese fügen sich nur in ein noch größeres Muster ein: der allmähliche Aufbau einer Schuldenpyramide und deren schmerzhafte Bereinigung. Die Wirtschaftsgeschichte zeigt uns, dass die Bilanzen des Systems nicht nach jedem Konjunkturzyklus wieder zu demselben Verschuldungsgrad zurückgekehrt sind. Der Verschuldungsgrad im Finanzsystem steigt immer weiter, bis eine Grenze erreicht ist und das System in die Bilanzverkürzung führt.

2. Die langen Kredit- und Zinszyklen

Die Zinssätze für die nachfolgende Beschreibung der Zinszyklen habe ich aus dem Werk »A History of Interest Rates« von Sydney Homers und Richard Sylla entnommen. Dieses Werk ist eine wirklich exzellente Sammlung historischer Zinssätze und Anleihenkurse. **Der Verlauf eines solchen Zinszyklus folgt meist einer gewissen inneren Logik.** Im Prinzip sind diese Zyklen identisch mit den von dem russischen Wirtschaftswissenschaftler **Nikolai Kondrat-**

jew (1892–1938) entdeckten langen Wellenbewegungen im Kapitalismus.

Durch die Beobachtung des zeitlichen Verlaufs von wirtschaftlichen Indikatoren über 140 Jahre (wie zum Beispiel Preise, Zinsen, Löhne, Wertpapierkurse und Außenhandelsströme in England, Frankreich und den USA) erkannte Kondratjew 1926, dass die wirtschaftliche Entwicklung der Industriestaaten in etwa 50 bis 60 Jahre dauernden Wellenbewegungen mit Auf- und Abschwüngen erfolgt. Wegweisende »Basisinnovationen« (wie die Erfindung der Dampfmaschine und des Automobils oder der großflächige Ausbau des Eisenbahnnetzes und des Stromnetzes) sorgten in einer wirtschaftlichen Flaute für eine Erholung und führten zum erneuten Aufschwung.

Kondratjew folgerte, dass der Kapitalismus daher nicht – entsprechend der marxistischen Lehre – zum endgültigen Untergang verurteilt sei, sondern sich in der Aufschwungphase eines neuen Zyklus immer wieder erholen würde.

Mit der Grundthese, dass der Kapitalismus sich gemäß seinem zyklischen Modell nach einer Abschwungphase wieder regenerieren würde, geriet er aber in Widerspruch zur herrschenden marxistischen Doktrin, die von einem sicher bevorstehenden endgültigen Zusammenbruch des marktwirtschaftlich-kapitalistischen Wirtschaftssystems ausging und darin eine Voraussetzung für die »Weltrevolution« sah. Kondratjew wurde 1930 zu einer Gefängnisstrafe verurteilt, die er in Susdal in Einzelhaft verbrachte.

Auf dem Höhepunkt der großen Säuberung unter Stalin wurde er schließlich am 17. September 1938 nach acht Jahren Haft von einem Militärtribunal zum Tode verurteilt und noch am gleichen Tag erschossen. Ein Jahr nach Kondratjews Tod prägte der österreichische Ökonom und Politiker **Joseph Schumpeter den Begriff des Kondratjew-Zyklus für lange Konjunkturwellen.**

Die nachfolgende Grafik findet sich bei www.longwaveanalyst.com. In dieser Darstellung werden die Kondratjew-Zyklen jeweils in vier

Phasen eingeteilt: Frühjahr, Sommer, Herbst und Winter. **Die Grafik zeigt neben drei abgeschlossenen Zyklen der US-Wirtschaft den aktuellen, noch nicht beendeten Zyklus.**

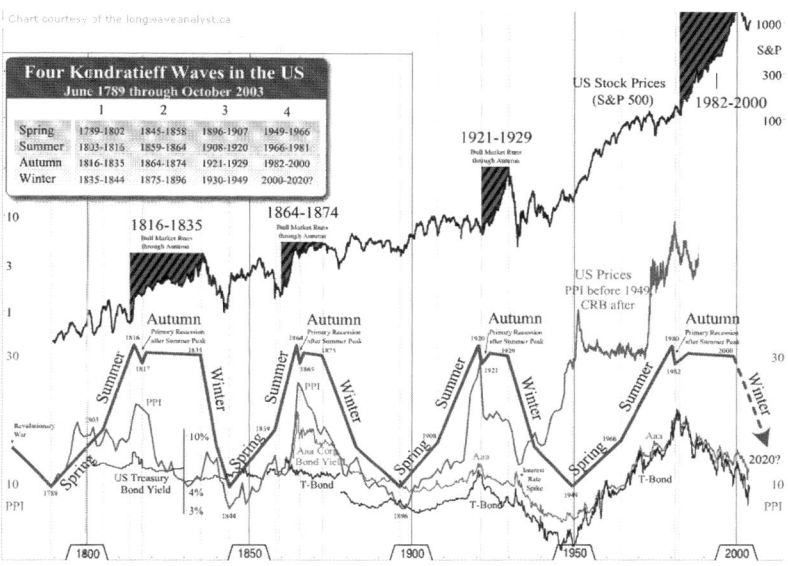

Jeder Zyklus beginnt mit einem annähernd *wirtschaftlichen Gleichgewicht,* nachdem die bestehenden Ungleichgewichte während des »Winters« ausgeglichen worden sind. Im »Frühjahr« expandiert die reale Wirtschaft, angetrieben durch neue Technologien, Erfindungen oder andere Voraussetzungen für die Belebung der wirtschaftlichen Tätigkeit. Da der *Grenznutzen des Kapitals* steigt und verstärkt Kredite aufgenommen werden, um unternehmerische Chancen zu nutzen, steigen der nominale und der reale Zinssatz (bereinigt um den Preisanstieg). Im »Sommer« treten dann hemmende Faktoren auf (Arbeitskräftemangel, begrenzte Ressourcen o. Ä.), die zum Anstieg der Preise führen. Während die Preise und die *nominalen Zinsen* steigen, bleibt der *reale Zinssatz* niedrig oder fällt sogar. Am Ende des Sommers kommt es dann häufig zu Kriegen (»Mittzykluskriegen«), die eine weitere ökonomische Expansion des betreffenden Machtgebietes sichern sollen. Der amerikanische Bürgerkrieg,

185

der Krimkrieg und der Erste Weltkrieg passen in dieses Raster. Während der Sommerphase schrumpft der reale Wert von verzinslichen Vermögen (Immobilien, Aktien, Anleihen etc.), besonders in Relation zu Rohstoffen und Edelmetallen. Im »Herbst« werden die Engpässe des Sommers kompensiert und fallende Zinsen bringen die Wirtschaft wieder in Schwung. Die Zinsen fallen, weil das Wirtschaftswachstum nicht mit der Akkumulation von Vermögenswerten Schritt halten kann. Somit steigen auch die Aktienkurse und der Wert von langfristigen Anleihen sowie die Immobilienpreise stärker als die Summe der Einkommen in der Volkswirtschaft. Die fallenden Kreditzinsen und die Erwartung weiterer Wertsteigerungen bei Immobilien, Aktien und Anleihen verführen die Marktteilnehmer zu immer größeren Investitionen bei immer geringerer Eigenkapitalausstattung. So steigen nicht nur die Vermögenswerte schneller als die Einkommen, sondern auch die Schulden steigen schneller als die Vermögenspreise. Das geht so lange gut, bis irgendein beliebiges Ereignis die Blase platzen lässt. Nach dem Rückgang der privaten Kreditnachfrage beginnt ein langer *Entschuldungsprozess (Deleveraging)* – der »Winter« hat begonnen. Eine hohe Staatsverschuldung, oft in Verbindung mit Kriegen, kann den Entschuldungsprozess verzögern. Doch die Verschuldung muss relativ zu den Größen *Basisgeld,* Einkommen und vorhandene Vermögenswerte wieder fallen.

Würden die Banken nur eigenes Kapital verleihen, dann wäre das Problem bei einem Konkurs nur halb so schlimm. Da Banken jedoch nur sehr wenig Eigenkapital haben und das meiste Geld von Kontoinhabern stammt, verlieren Letztere ihr mühsam Erspartes, Unternehmen ihre Reserven usw. Die Betroffenen müssen nun Vermögenswerte verkaufen, um liquide zu bleiben. Die Vermögenspreise fallen, die wirtschaftliche Aktivität lässt nach, und das Einkommen schrumpft. Wegen der fallenden Vermögenswerte und sinkenden Einkommen kommen weitere Privatleute und Unternehmen in finanzielle Schwierigkeiten und müssen ihre auf Kredit gekauften Häuser, Aktien, Anlagewerte etc. verkaufen. Das Kreditvolumen und die Geldmenge bewegen sich in einer Abwärtsspirale. Die Kontraktion ist proportional zu der vorausgegangen Ausweitung von Krediten und Geldvolumen. Dieser Vorgang kann durch einen »Lender of Last Resort« (Kreditgeber der letzten Instanz) gestoppt werden. Ein Kreditgeber, der sich dabei selbst weiter verschuldet und den ums Überleben kämpfenden Banken die Lasten abnimmt, kann also den Kollaps abwenden.

Der *Lender of Last Resort* kann ein vermögender Privatmann sein wie J.P. Morgan in der lokal begrenzten Kreditkrise von 1907 in New York. Doch in einem Geldsystem, in dem die Geldmenge fast vollständig durch Kreditschöpfung entsteht, können am Ende des Kondratjew-Zyklus meistens nur noch die Zentralbank oder der Staat helfend eingreifen. Die im Laufe eines Kondratjew-Zyklus aufgestauten Ungleichgewichte entladen sich häufig in Revolutionen und Kriegen.

Als Beispiele könnte man hier anführen: Zweiter Weltkrieg (1939 – 1945), Spanisch-Amerikanischer Krieg (1898), Boxeraufstand (1899 – 1901), Philippinisch-Amerikanischer Krieg (1896 – 1898), Erster Opiumkrieg (1839 – 1842), Feldzug der Briten in Afghanistan (1839 – 1842), großer Konföderationskrieg in Südamerika (1836 – 1839), Bürgerkrieg in Spanien (1833 – 1839) usw. In den vorigen Jahrhunderten sind jedoch so viele Kriege geführt worden, dass der Zusammenhang zwischen den wirtschaftlichen Problemen einerseits und den Kriegen und Revolutionen andererseits schwer zu belegen ist. Auffällig ist jedoch die geringe Anzahl von Konflikten im Frühjahr eines Zyklus.

Die Winterphase steht häufig im Zeichen von Staatsbankrotten oder Währungsreformen. Die Weltwährungsordnung von Bretton Woods wurde 1944 am Ende des vorigen Zyklus beschlossen. Die Wiedereinführung der Goldanbindung des Dollars nach dem Amerikanischen Bürgerkrieg 1875 markiert den Beginn eines deflationären Winters, wobei es in jener Zeit trotz Preisrückgang und Kreditrestriktionen ein starkes Wirtschaftswachstum gab.

Der aktuelle laufende Zyklus 1946 bis 2016(?)

Auf dem Höhepunkt des Zinszyklus im **September 1981** rentierten langfristige Unternehmensanleihen guter Bonität (Prime Corporate Bonds) mit 15,49% per annum. Zu Beginn des Zyklus im **April 1946** pendelten die Zinssätze von Prime Corporate Bonds noch um den Tiefststand von 2,37%. Heute liegen die Zinssätze nur knapp höher als zu Beginn des Zinszyklus.

Der Zins- und Kreditzyklus von 1897 bis 1946

Dieser Zinszyklus startete im **Januar 1899** bei langfristigen US-Unternehmensanleihen guter Bonität (Prime Corporate Bonds) mit einem Zinssatz von 3,20%. Auf dem Höhepunkt des Zinszyklus im **Mai 1920** wurden diese Anleihen mit 5,56% verzinst. Dagegen scheint dieser Zyklus bei den europäischen Zinsen etwas eher gestartet zu sein. Die Zinssätze der britischen Consols (Langläufer) stiegen bereits ab dem Jahr 1897, wo sie im Minimum zu 2,31% rentierten. Die Zinssätze auf den belgischen, niederländischen und deutschen Geldmärkten erreichten um 1895 einen Tiefstand. Der Diskontierungssatz der Deutschen Reichsbank lag im Jahr 1894 mit 3,12% am tiefsten. Langfristige französische Staatsanleihen erreichten 1897 mit 2,96% ein Zinstief.

Der Kreditzyklus von 1844 bis 1897

Im Jahre 1844 erreichte die Verzinsung britischer Consols mit 3,11% ein langjähriges Tief. Preußische und bayerische Anleihen hatten ihr Renditetief ebenfalls in diesem Jahr. Die höchste Rendite von 3,54% erzielte man mit den britischen »Langläufern« im Jahre 1866. Am Ende des Kreditzyklus 1897 wurden die Consols vom Markt wieder mit 2,31% gepreist. Kurzfristige amerikanische gewerbliche Anleihen (Commercial Papers) hatten ihr Renditetief im Jahr 1843, danach mehrere Höchstpunkte (im Bürgerkrieg 1857, dann 1865 und 1873) und zuletzt 1895 einen Tiefstand bei 2,62%. Bei lang laufenden US-Unternehmensanleihen guter Bonität (Prime Corporate Bonds) bildete sich 1844 ein Renditetief von 4,85%. Die höchste Verzinsung brachten die Corporate Bonds im Jahr 1862, und ihre niedrigste Marktrendite lag dann 1899 bei 3,20%.

Der Zinszyklus von 1789 bis 1844

Der Amerikanische Bürgerkrieg (1776–1783) fällt noch in die Winterphase des vorangegangenen Zyklus. Auch die Französische Revolution fällt nicht zufällig in das Jahr 1789. Sie brach auf dem Höhepunkt einer wirtschaftlichen Durststrecke aus, einer Kreditkontraktion. Die Anstiegsphase des Kreditzyklus von 1789 bis 1844 wurde maßgeblich von der Kriegsfinanzierung getrieben. Die Napoleonischen Kriege und Handelsblockaden gegen England waren die dominierenden Ereignisse jener Zeit. Die britischen Consols stiegen, bis ihre Rendite 1792 einen Tiefststand von 3,08 % erreichte. Um das Jahr 1803 brachte britischen Consols eine Rendite von knapp 6 % ein. In Frankreich stiegen die Zinssätze in den Jahren nach der Revolution ins Astronomische. Am Ende des Zyklus standen die Renditen der Consols bei 3,11 %.

3. Die Natur des Zyklischen: Kriege, Sonnenzyklen und mehr

Ein jegliches hat seine Zeit, und alles Vorhaben unter dem Himmel hat seine Stunde: Geborenwerden hat seine Zeit, Sterben hat seine Zeit; Pflanzen hat seine Zeit, Ausreißen, was gepflanzt ist, hat seine Zeit; Töten hat seine Zeit, Heilen hat seine Zeit; Abbrechen hat seine Zeit, Bauen hat seine Zeit; Weinen hat seine Zeit, Lachen hat seine Zeit; Klagen hat seine Zeit, Tanzen hat seine Zeit; Steine wegwerfen hat seine Zeit, Steine sammeln hat seine Zeit; Herzen hat seine Zeit, Aufhören zu herzen hat seine Zeit; Suchen hat seine Zeit, Verlieren hat seine Zeit; Behalten hat seine Zeit, Wegwerfen hat seine Zeit; Zerreißen hat seine Zeit, Zunähen hat seine Zeit; Schweigen hat seine Zeit, Reden hat seine Zeit; Lieben hat seine Zeit, Hassen hat seine Zeit; Streit hat seine Zeit, Friede hat seine Zeit.

PREDIGER, KAPITEL 3

Überall in der Natur finden sich Zyklen, also mehr oder weniger regelmäßig wiederkehrende Muster. Die Menschen zu allen Zeiten wussten um die Zyklik von guten und schlechten Zeiten, von Krieg und Frieden. Nehmen wir als Beispiel den Traum des Pharao in der Genesis von den sieben mageren und sieben fetten Kühen, die sieben fette und sieben magere Hungerjahre ankündigten. Diese Geschichte schildert die Wogen des Schicksals, denen die Menschen ausgeliefert zu sein scheinen.

Mittlerweile kennt die Wissenschaft einige Zyklen, die über den Jahreszeitenverlauf hinausreichen und damit die Landwirtschaft, die Ernährung und wohl auch gesellschaftliche Konflikte beeinflussen. Das unregelmäßig wiederkehrende Phänomen des »El Niño« ist schon seit Jahrhunderten bekannt und bringt in größeren Abständen weltweit Wetter, Meeresströmungen und Niederschläge durcheinander. Es gibt lange Klimazyklen von Hunderten von Jahren, welche auch die Völkerwanderung ausgelöst haben. Sehr regelmäßig sind die kürzeren Sonnenfleckenzyklen, die im Mittel 10,8 Jahre dauern und auf der magnetischen Aktivität der Sonne beruhen. Eine verstärkte Sonnenfleckenaktivität der Sonne beeinflusst das Leben auf dem Planeten Erde.

Die Sonne beeinflusst das Klima und den Menschen

Eine erhöhte Sonnenfleckenaktivität verstärkt den magnetischen Schutzschirm der Erde vor kosmischer Strahlung. Diese kosmische Strahlung bildet Aerosole in der Troposphäre, die wiederum für die Wolkenbildung verantwortlich sind. Eine niedrige Sonnenfleckenzahl sorgt für stärkere Wolkenbildung und somit für eher kühleres und feuchtes Klima. Eine hohe Sonnenfleckenaktivität hingegen bedeutet eine schwächere Wolkenbildung und höhere Temperaturen (also heiße, trockene Sommer und kalte Winter). Somit würde man bei Sonnenfleckenmaxima mit Missernten und hohen Preisen bei Getreide rechnen.

Beim Betrachten des nachfolgenden Charts kann man Folgendes erkennen: Alle Maxima des Sonnenaktivitätszyklus waren von US-Rezessionen begleitet.

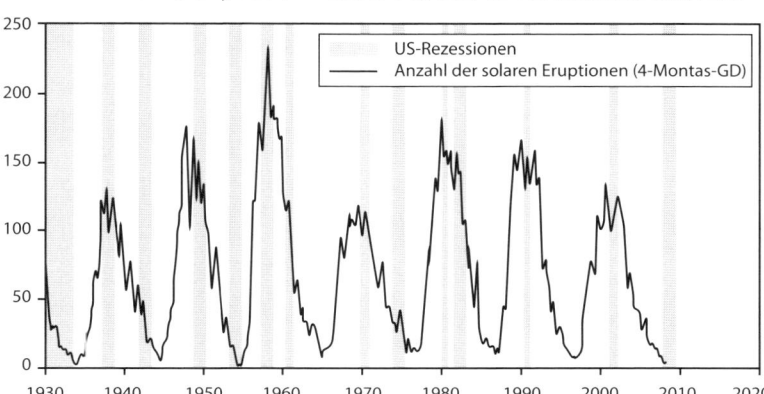

Sonnenaktivitätszyklus (4-Monats-GD) und US-Rezessionen seit 1930

Quelle: www.wellenreiter-invest.de

Geringe Ernteerträge belasten nicht nur Agrargesellschaften. Die Landwirtschaft beeinflusst selbstverständlich auch die Wirtschaft der Industriegesellschaft. Höhere Agrarpreise bedeuten höhere Renditen für die Eigentümer von Agrarland. Die Umverteilung von realem Einkommen an die Landeigentümer führt zu einer höheren Sparquote und damit einer Abschwächung der Wirtschaftstätigkeit. So können sich Solarzyklen auf dem Umweg über die Landwirtschaft sogar auf die Industriegesellschaften auswirken.

Noch eine weitere direktere Auswirkung hat die Sonne. Genau wie der Fallwind aus dem Gebirge, den man in den Alpen Föhn nennt, wirkt auch der Sonnenwind: Er besteht aus geladenen Teilchen und ionisiert die Atmosphäre. Wer in Alpennähe lebt, kennt die Wirkung des Föhns auf den Menschen: Symptome wie Migräne, Mattigkeit und Gereiztheit werden oft dem Föhn zugeschrieben. Der psychologische Einfluss des Sonnenwinds hat direkten Einfluss auf die Psyche des Menschen und sein Verhalten und damit auch auf das Wirtschaftsgeschehen. Es ist sehr verblüffend, dass die durchschnittliche konjunkturelle Welle ebenso wie der Sonnenzyklus grob die Länge eines Jahrzehnts hat.

Der Bedeutung von »Lebensmittelkrisen« für den allgemeinen Wohlstand in früheren Zeiten entspricht heute der Einfluss von Energiekrisen auf die industrialisierten Gesellschaften. Steigende Energiepreise bremsen die Wirtschaftstätigkeit in der Industriegesellschaft in gleicher Weise wie früher die steigenden Getreidepreise. Durch steigende »Ölrenditen« der Erdölproduzenten wird gleichermaßen Kaufkraft abgeschöpft.

Die Ungleichverteilung von Kriegen

Auch Kriege sind nicht ganz zufällig und gleichmäßig über die Menschheitsgeschichte verteilt. Es gibt längere Phasen des Friedens, denen immer wieder eine längere Serie von Kriegen folgte. Untersuchungen zeigen, dass in der Vergangenheit, wenn das Bevölkerungswachstum zunahm, dies auch zu einer höheren potenziellen Kriegswahrscheinlichkeit führte. Häufig war dann eine Verschlechterung des Klimas in Gebieten mit hoher Bevölkerungsdichte letztlich der Auslöser für Versorgungskrisen und Kriege.

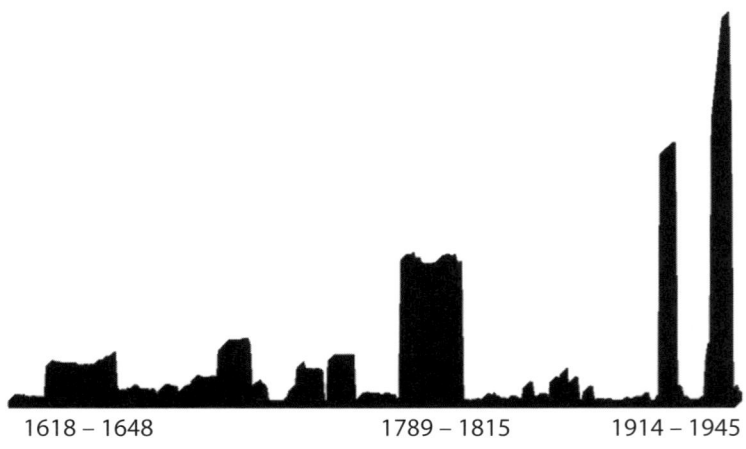

1618 – 1648   1789 – 1815   1914 – 1945

Häufigkeit und Intensität der Kriege in westlichen Kulturen (1600–1945) Quellen: Krus, DJ, Nelsen, EA & Webb, JM (1998) »Recurrence of war in classical East and West civilizations«, Psychological Reports, 83, 139–143).

E. Deflation im Fiatgeld-System

Das häufigste Argument, das gegen die Wahrscheinlichkeit einer deflationären Entwicklung angeführt wird, ist die Fähigkeit der Notenbanken, die monetäre Basis notfalls mit niedrigsten Zinsen oder gar dem Aufkaufen von Anleihen zu erweitern. Solche Maßnahmen können jedoch strukturell deflationäre Kräfte in der Weltwirtschaft nicht vollkommen beseitigen. Diese werden nur hinter dem Schleier einer Geldflut verborgen. Im nächsten Abschnitt wird gezeigt, dass es trotz einer dauerhaften Ausweitung der Geldmenge zu Zyklen relativer Expansion und Kontraktion kommen kann.

1. Deflation, verborgen hinter dem Schleier einer Geldflut

Gold ist ein guter Indikator für die Ausweitung der Geldmenge einer Währung, denn in der betreffenden Währung wird der Goldpreis steigen. Im nachstehenden Diagramm zeigt das Dow-Gold-Ratio an, wie viele Unzen Gold umgerechnet für den Index Dow Jones Industrial Average (DJIA) im Laufe seiner Geschichte gezahlt werden mussten. Sie können in dem Verlauf langfristige periodische Muster erkennen. Aktien werden in Goldunzen gerechnet über Jahrzehnte immer teurer, erreichen einen Spitzwert und fallen dann wieder deutlich ab. Den letzten Höhepunkt erreichte der Dow Jones im Jahr 2000, wo er mit 43,7 Unzen bewertet wurde. Aktuell (März 2011) steht er nur noch bei 9 Unzen – das ist ein Absturz um rund 80% in Goldwährung!

Diese Wellen kann man bei fast allen Vermögensklassen in unterschiedlicher Stärke erkennen, egal ob bei Immobilien, Rohstoffen oder Agrarland. **Auch wenn ich es immer wieder wie ein Mantra wiederhole: Diese Wellen sind dem Wesen nach nichts anderes als Inflationen, denen Deflationen folgen.**

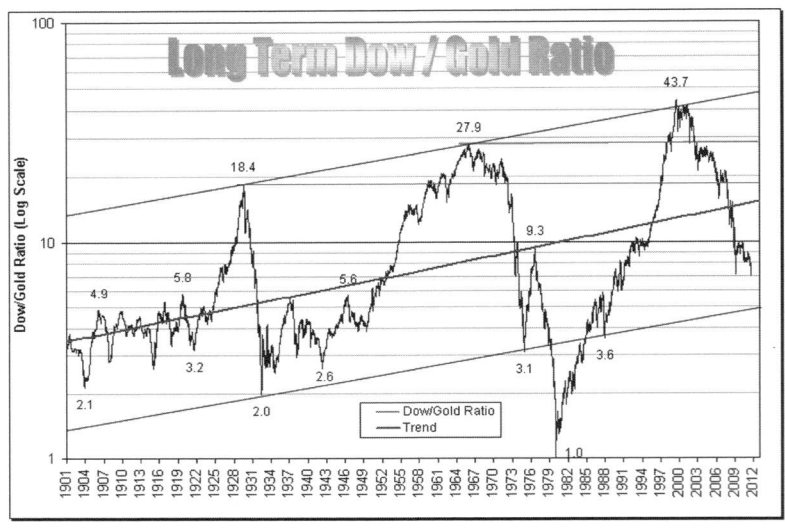

Der Wert des Dow Jones Industrial Average in Goldunzen
Quelle: http://home.earthlink.net/~intelligentbear/com-dow-au.htm

Wie beim Gold-Dow-Ratio ergibt sich auch beim Verlauf des preisbereinigten Aktienindex dieses lange Wellenmuster. Wie aus der umseitig abgebildeten Grafik ersichtlich, fallen auch die konsumentenpreisbereinigten Aktienwerte seit 2000. Der Trend könnte hier noch maximal bis 2020 laufen. Das heißt im Klartext: Die Preise für Güter und Dienstleistungen werden sich im Verhältnis zu den Aktienkursen stärker entwickeln.

Der Trend des in der Grafik dargestellten sogenannten **Shiller-KGV** (nach Professor Shiller), das aus dem durchschnittlichen Gewinn aller Aktien während der letzten zehn Jahre berechnet wird, zeigt ebenfalls nach unten. Man sollte damit rechnen, dass auch dieser Trend noch fast ein Jahrzehnt anhalten kann!

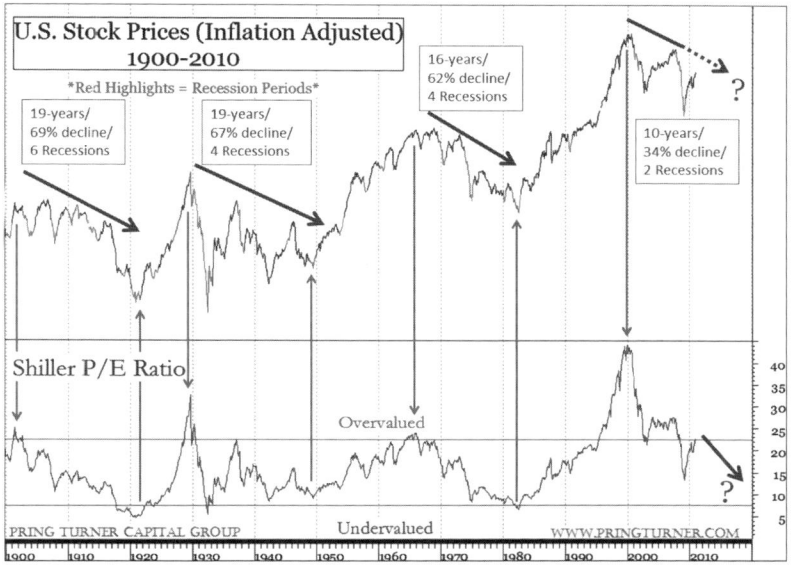

Die Abbildung zeigt den Trend des Shiller-KGV (unterer Chart) sowie den preisbereinigten US-Aktienindex (oberer Chart). Unübersehbar sind die langjährigen Auf-und-Ab-Wellen. Der aktuelle Trend in den Charts weist dabei nach unten.

Das nach James Tobin benannte *»Tobin Q«* ist das Verhältnis des Unternehmenswerts zu seinem Wiedererstellungswert. Hohe Werte ziehen massive Investitionen und Überkapazitäten nach sich. Diese führen wiederum zu fallenden Kapitalrenditen und führen damit wieder zu niedrigeren Tobinquotienten. Ein Tobin-Ratio von 1 bedeutet, dass das Unternehmen an der Börse genauso hoch bewertet ist wie sein Wiedererstellungswert. Der Haupttreiber dieser rhythmischen Wellen ist in der Expansion von Kredit und Geld zu finden.

Ein von den Notenbanken nach unten manipulierter Zinssatz erhöht die Marktpreise von Vermögenswerten allein durch die Senkung der Kapitalkosten. Wenn der Marktwert von Produktivkapital höher ist als dessen Wiederbeschaffungskosten, lohnt sich der Aufbau neuer Kapazitäten. Wird dann die lockere Geldpolitik beendet, leidet das System unter Überkapazitäten: Die Gewinnmargen schrumpfen und damit der Marktwert von Vermögen. **Somit folgt das Tobin Q auch den monetären Wellen von Inflation und Deflation.**

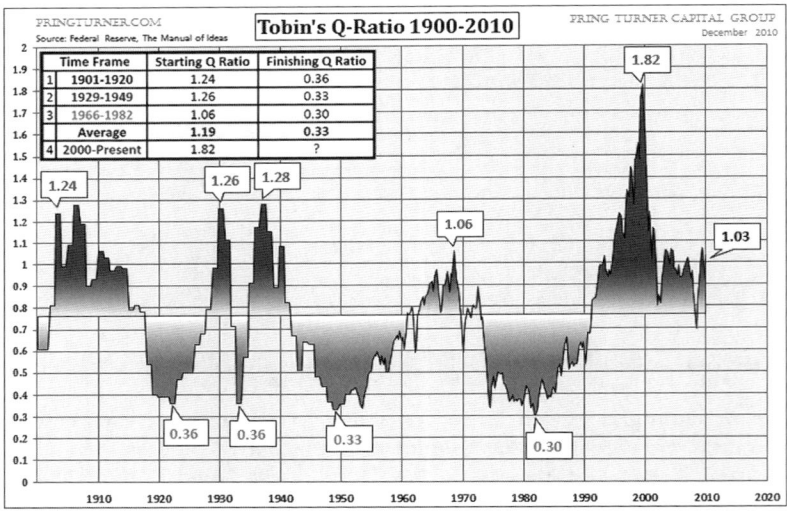

Time Frame	Starting Q Ratio	Finishing Q Ratio
1 1901-1920	1.24	0.36
2 1929-1949	1.26	0.33
3 1966-1982	1.06	0.30
Average	1.19	0.33
4 2000-Present	1.82	?

Der Tobin-Quotient Q – das Verhältnis von Preis und innerem Wert
Quelle: www.pringturner.com

Im Kapitel A.10., »Von Werten und Preisen«, wurde der Wert als eine primär subjektive Größe dargestellt, der langfristig um einen objektiven Wert, den Arbeitswert, schwankt. Als Arbeitswert wird die Summe aller Aufwendungen zur Herstellung einer jeden Ware und Dienstleistung bezeichnet. Genau wie der Marktpreis für Güter und Dienstleistungen langfristig um ein mittleres Niveau – seinen Arbeitswert – schwankt, so schwankt der Marktwert eines Unternehmens langfristig um seinen Wiederbeschaffungswert. Der Marktwert aller Vermögenswerte, die Erträge abwerfen, kalkuliert sich aus der Summe aller zukünftigen, abgezinsten Erträge (Barwert). In die Kalkulation des Unternehmenswertes fließen die Marktgrößen Zinssatz und Risikoprämie ein. Deshalb kann man den Unternehmenswert auch als eine subjektive Wertgröße betrachten.

Anhand der obigen Beispiele wird deutlich, dass die langjährigen Wellen von Kreditexpansion und -kontraktion keinesfalls nur theoretische Gedankenspiele sind, sondern eine entscheidende Bedeutung für die Investitionsentscheidung von Anlegern haben.

Durch eine permanente Ausweitung der Geldmenge kann ein Schrumpfen der Vermögenspreise verschleiert werden. Beispielsweise bewegten sich die amerikanischen Börsen von 1966 bis 1982 nur seitwärts; bereinigt um Geldwertverluste verloren die Aktien jedoch mehr als die Hälfte ihres Wertes.

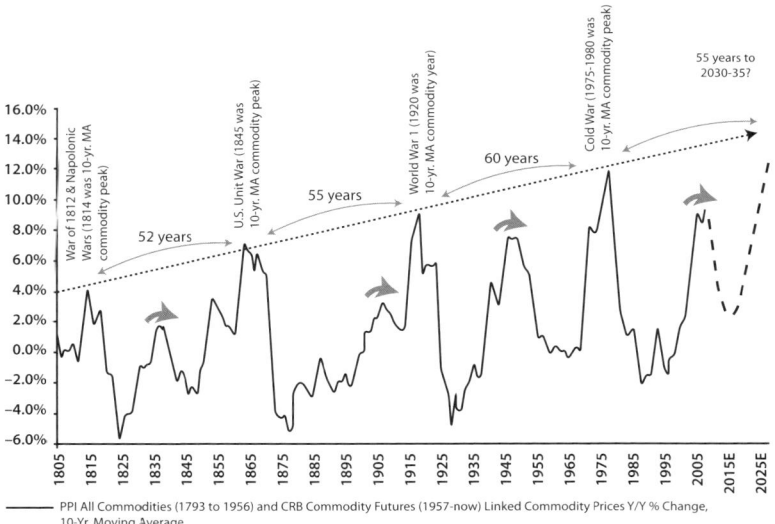

PPI All Commodities (1793 to 1956) and CRB Commodity Futures (1957-now) Linked Commodity Prices Y/Y % Change, 10-Yr. Moving Average

Dieser Chart bildet die prozentualen Veränderungsraten des allgemeinen Rohstoffpreisniveaus der jeweils vorherigen 10 Jahre ab. Als Datenbasis dient der CRB-Futures-Index und vor 1959 ein allgemeiner Rohstoffeinkaufspreisindex. Auch hier wird ersichtlich: Die Rohstoffpreise entwickeln sich in langjährigen Schüben.
Quelle: Barry Bannister, Stifel Nicholaus, »Macro Strategy«, 2010

Nicht nur klassische Vermögenswerte sind von zyklischen Schwankungen betroffen. Auch bei den Rohstoffen kann man ausgeprägte Preiswellen beobachten, die aber oft entgegengesetzt zu denen der verzinslichen Vermögenswerte verlaufen. Im Chart auf Seite 197 sind die prozentualen Veränderungsraten des gleitenden 10-Jahre-Durchschnitts des CRB-Rohstoffindex von 1805 bis 2010 dargestellt (dazu die bis 2025 extrapolierten Werte). Die Entwicklung der Rohstoffpreise verläuft ähnlich wie die Kondratjew-Zyklen: Nach jeweils etwa 55 Jahren wiederholen sich die Extremwerte mit einem aufwärts gerichteten Trend, während sich dazwischen meistens noch eine bemerkenswerte, aber etwas schwächer ausgeprägte Schwankung zeigt.

Der Aufwärtstrend erklärt sich durch die permanente Ausweitung der Geldmenge: Durch die Inflation werden die Preisänderungsmuster nach oben verschoben, und der Preisverfall am Ende der Zyklen fällt dadurch geringer aus als der vorherige Preisanstieg.

Deflation in Gold- und Energieeinheiten?

Der aktuelle Trend geht dahin, dass die Menschen einen ständig wachsenden Teil ihres Einkommens aufwenden müssen, um Treibstoffe, Heizkosten und Strom zu bezahlen. Dies liegt daran, dass auch mehr Arbeit und Kapital (Kapital ist auch nur gespeicherte Arbeit) für die Energiegewinnung aufgewendet werden muss. Denken sie nur an kostspielige Tiefseeölbohrungen oder die aufwendige Gewinnung von Öl aus Ölsanden in Kanada. Die Energiegewinnung ist aufwendiger geworden und die Konsumenten müssen folglich länger dafür arbeiten. Da kann auch die Politik nichts ändern. Oder glaubte tatsächlich jemand, Wohlstand wird von Politikern verordnet oder gar geschaffen?

Praktisch alle Werte sind seit 1998 im Verhältnis zu den Energiekosten gefallen: Arbeitslöhne, Unternehmensgewinne, Aktienkurse, die weltweiten Vermögen und die Wirtschaftsleistung der Industriestaaten − gemessen am Erdöl ist einfach alles im Wert gefallen. Allerdings mit einigen Ausnahmen: Schuldenberge, seltene Rohstoffe und Edelmetalle.

Eine Deflation in Gold-, Rohstoff- oder Energieeinheiten bedeutet einen sinkenden Wohlstand für alle. Energie ist dann aufwendiger zu gewinnen und deshalb muss dafür länger gearbeitet werden. Eine massive Abwertung von Arbeit und Kapital gegenüber Öl, Rohstoffen und Gold hat dann stattgefunden.

Im Prinzip kann man Rohstoffe ökonomisch auch als Energiederivate betrachten. Eine Erhöhung der Energiepreise führt immer auch zum Preisanstieg bei Metallen, Kunstdüngern, Dieselkraftstoffen und somit auch Agrarrohstoffen. Steigen die Preise für Agrarrohstoffe, erhöht sich auch die ökonomische Landrendite (Pacht an passive Landverpächter) und in der Folge steigt der Bodenpreis. Man kann deshalb alle Rohstoffpreise auf das Verhältnis von Energie- zu Arbeitskosten reduzieren.

Die Preisfrage für die Zukunft lautet deshalb: Wird die Energie in der Zukunft mit mehr oder weniger Kapital- und Arbeitsaufwand gewonnen werden können?

Und damit sind nicht die jeweils billigsten Möglichkeiten gemeint, sondern die teuersten, die noch wirtschaftlich eingesetzt werden. Welcher Trend wird die Oberhand bekommen: menschliche Genialität und Erfindergeist oder die schlichte Zunahme der Weltbevölkerung? Von der Antwort auf diese Frage hängt ab, ob Menschen in Zukunft mehr für die gleiche »Nutzenmenge« Energie, Metalle und Lebensmittel arbeiten müssen oder weniger.

Ein ganz anderer Eindruck entsteht durch die nächste Grafik: Sehen Sie sich nur den Ölpreis in Goldeinheiten an – da hat sich seit 1956 per Saldo nicht viel geändert. Der Preis pro Barrel schwankte nur stark um den langfristigen Mittelwert von 2,00 Gramm Gold.

Wir haben den Erdölpreis nur in eine andere Einheit umgerechnet – und schon ist von einer langfristigen Verteuerung keine Spur mehr zu sehen. Es ist eben alles eine Frage des Maßstabes!

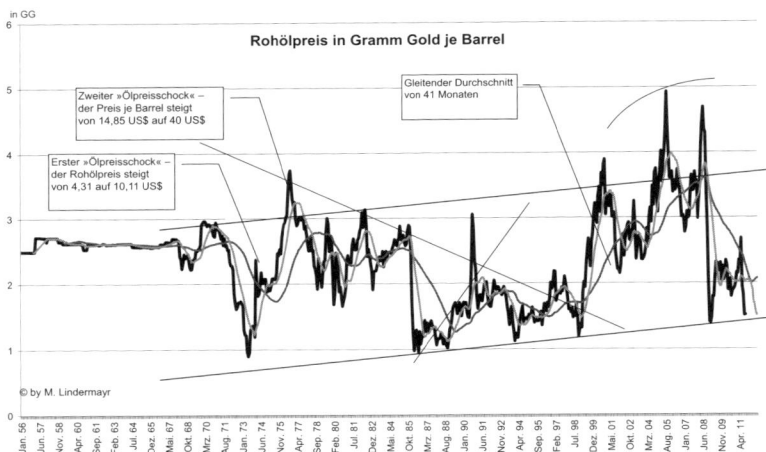

Quelle: Eigene Datenbank

Nur durch einen Vergleich bekommen Zahlen grundsätzlich erst einen Sinn. Beim Öl-Gold-Ratio können Sie sehen, wie sehr das Ergebnis eines Vergleichs vom gewählten Maßstab abhängt. Ob man bei einer wirtschaftlichen Entwicklung von Deflation oder von Inflation spricht, ist ebenfalls eine Frage des Vergleichswertes.

Man könnte zum Beispiel beweisen, dass ein Eisblock, bei Raumtemperatur gelagert, immer größer wird. Wie ist das möglich? Ich messe den Eisblock, nachdem er aus dem Kühlfach genommen wurde, mit einem elastischen Maßband. Dann schrumpfe ich das Maßband durch Erhitzen, und so kann ich dem verblüfften Publikum nach einiger Zeit demonstrieren, dass der abgeschmolzene Block größer geworden ist.

Sie werden es kaum glauben, doch das entspricht genau dem besten Trick, den die moderne Ökonomie anwendet: die Variation des Maßstabs. Durch eine permanente Ausweitung der Geldmenge, also Inflation, kann man strukturelle deflationäre Trends verschleiern. Sie werden jedoch wieder sichtbar, wenn man die nominale Wertentwicklung ins richtige Verhältnis zur veränderten Geldmenge setzt.

Es dürfte wohl die größte Häresie für die Zunft der Ökonomen sein, Indikatoren wie BIP, Zinssätze oder Wertpapiermärkte mit der Geldmenge zu indizieren, anstatt mit Preisindizes, die von Statistikern im Sold von Regierungen stammen. Das hat mich nicht abgehalten, von der Idee Gebrauch zu machen.

Wird der Dollarpreis des Erdöls durch die Geldmenge des Dollars geteilt, dann kommt man zu einem ähnlichen Ergebnis wie es in der gerade betrachteten Grafik für den Rohölpreis zu sehen ist.

Im folgenden Schaubild wurde der Dollarpreis von Gold, Dow Jones Index und Erdöl mit der Geldmenge M2 des US-Dollars ins Verhältnis gesetzt, also »deflationiert«.

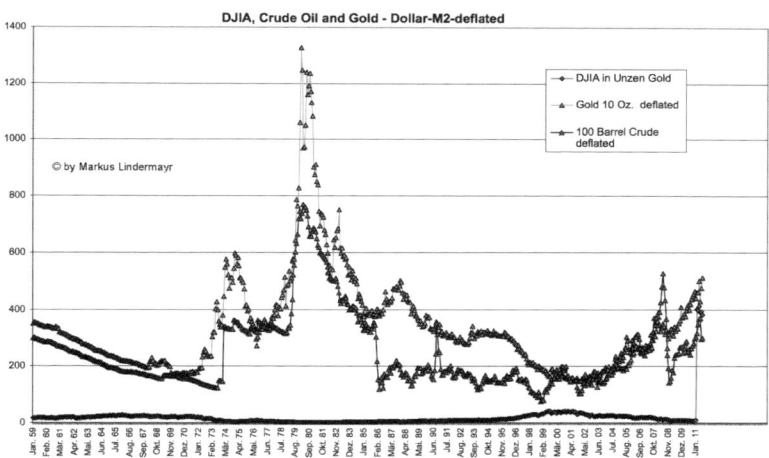

Dow Jones, Gold und Rohöl mit der Dollargeldmenge M2 deflationiert
Quelle: Eigene Datenbank

Sie werden verwundert feststellen, dass es weder beim Dow Jones Industrial Average (DJIA) noch bei den Gold- oder Erdölpreisen per Saldo einen größeren Anstieg gab als bei der Geldmenge! Nach 1966 konnten die amerikanischen Aktienwerte mit der Geldflut der »neuen Ökonomie« der USA nicht mehr

Schritt halten. Der relative Ölpreisanstieg (gegenüber M2) 1974 und 1979 hat dem Dow Jones ebenfalls zugesetzt. Der Ölpreis fiel dann relativ zur Geldmengenentwicklung von 1980 bis1999, und die Aktienwerte stiegen auch in der Relation zur Geldmenge kometenhaft an. Von 1999 bis 2008 zog dann der M2-deflationierte Ölpreis kräftig an. Und das wirkte sich wiederum für die relativen Aktienwerte negativ aus. Seit 1999 konnten die Aktienwerte der Geldmenge M2 nicht mehr folgen.

Beeindruckend ist der Gleichlauf von Gold- und Erdölpreis über den größten Teil der Zeit. **Doch im Jahr 1986 brach der Erdölpreis nicht nur gegenüber der Dollargeldmenge, sondern auch gegenüber dem Goldpreis massiv ein.** Der Absturz des geldmengenbereinigten Ölpreises brachte die Erdöl exportierende Sowjetunion in erhebliche Schwierigkeiten und trug zu ihrem Kollaps bei.

Rational handelnde Anleger müssten aufgrund der Tatsache, dass der langfristige Trend von Gold, Rohstoffen und Aktien mit der Geldmengenentwicklung übereinstimmt, Letztere zum Maßstab für ihren Erfolg machen. Anleihenkäufer müssten für langfristige Anleihen eine Rendite in Höhe des Geldmengenwachstums fordern. Wäre die Rendite niedriger, dann müssten Sie Rohstoffe und Edelmetalle bevorzugen. Wäre die erwarte Rendite höher, dann müssten Sie Aktien und Anleihen stärker gewichten.

Verlässliche Geldmengenzahlen sind eine Voraussetzung, um das langfristige Potenzial von Vermögenswerten richtig einzuschätzen. Sollten diese Zahlen nicht mehr verfügbar sein, dann müsste der globale Investor den betreffenden Wirtschaftraum meiden, da dieser sich definitiv im wirtschaftlichen und zivilisatorischen Niedergang befindet. Zu allen Zeiten beruhte die Macht von Imperien auch auf deren Geld. Diese Macht des Geldes wird aber auf Vertrauen begründet, und da es auf Dauer kein unbegründetes Vertrauen geben kann, sind Imperien immer gescheitert, wenn ihre Währung keine solide Basis mehr hatte.

2. Liquiditätsfalle oder die Grenzen der Verschuldung

Im Abschnitt B.14., »Die hohe Kunst des Schuldenpyramidenbaus«, wurde darauf hingewiesen, dass ein Währungsraum an die Grenze seiner Verschuldungsfähigkeit stoßen kann. Irgendwo muss es solche Grenzen geben, weil die Schuldner mit ihrem Vermögen oder ihrem zukünftigen, frei verfügbaren Einkommen bürgen und diese Beträge endlich sind. Ohne verpfändbare Vermögenswerte oder Einkommen ist ein Schuldner nicht kreditwürdig und kann somit unter normalen Marktbedingungen keinen Kredit erlangen.

Wir haben bereits die Situation der amerikanischen Volkswirtschaft betrachtet, deren gesamte Verschuldung in allen Sektoren (private, unternehmerische und staatliche) im Verhältnis zum Bruttoinlandsprodukt (Gross Domestic Product, GDP) eine schwindelerregende Höhe erreicht hat. Nachdem zahlreiche nicht kreditwürdige Privatpersonen in Hypothekenkredite gelockt wurden, platzte die Immobilienblase in den USA. Danach blieb nur noch der Staat als »Borrower of Last Resort« (ultimativer Schuldner) übrig.

Die Entwicklung weist in allen etablierten Industrieländern in dieselbe Richtung. Neben einigen kleineren Staaten und den USA sind besonders Japan, Großbritannien, Spanien und Südkorea anzuführen. Ein relativ günstiges Verhältnis der Gesamtverschuldung zur Wirtschaftsleistung weisen Russland, China, Indien, Brasilien sowie andere »Schwellenländer« auf.

Im Prinzip gibt es für eine Volkswirtschaft zwei Möglichkeiten, auf die Schuldensättigung zu reagieren. Man kann diese Grenze ignorieren und durch eine rigorose Notenbankpolitik eine weitere Verschuldung ermöglichen, oder aber man stoppt die Entwicklung und akzeptiert den schmerzhaften Anpassungsprozess an ein neues Gleichgewicht.

Als Ursache für eine überproportionale Verschuldung im Verhältnis zum Bruttoinlandsprodukt kommen sowohl ökonomisch unsinnige Privatinvestitionen als auch die Finanzierung staatlicher Ausgaben über Neuverschuldung statt über Steuern infrage. Durch eine fiskalische Expansion (Staatsschulden) und eine monetäre Expansion (Notenbankpolitik) von Kredit- und Geldmenge wird das Rad der Inflation immer weitergedreht.

Die monetäre Expansion gerät allerdings in die Sackgasse, wenn die Zinsen nicht mehr weiter gesenkt werden können, um die Wirtschaft in Schwung zu halten. **Ökonomen sprechen von der Liquiditätsfalle, wenn eine Situation erreicht ist, in der die Notenbanken nicht mehr in der Lage sind, mit geldpolitischen Mitteln die Wirtschaft zu stimulieren und die Nachfrage zu manipulieren.** Dann ist also nicht nur die Grenze der Verschuldung erreicht, sondern auch eine Grenze für die Manipulation der Märkte. Im historischen Teil wurde bereits geschildert, wie Japan nach der geplatzten Vermögenspreisblase 1989 in eine lange Phase der Deflation abglitt.

Wenn das Kreditvolumen nicht mehr wächst, sondern schrumpft, wird es kritisch. Das gesamte Kreditvolumen schrumpft, sobald die Tilgungszahlungen bestehender Kredite die Aufnahme von Neukrediten überwiegen. Bei solcher Kreditkontraktion bricht dann die Nachfrage weg. Wie in unserem Beispiel der Auktionsökonomie (Kapitel B.8., »Geldmenge und Preisniveau«): Das aus den Versteigerungen erlöste Einkommen konnte nur zum geringeren Teil wieder in der nächsten Auktion zum Bieten verwendet werden, weil die Schulden beim Bankier im Auktionssaal getilgt wurden.

Um einen deflationären Kollaps der Wirtschaft abzuwenden, muss dann irgendjemand genug neue Schulden machen, damit die Schuldentürme nicht zu schnell schmelzen. Das Fallbeispiel Japan und die jüngste Finanzkrise haben klar gezeigt, wer hierfür nur in Frage kommen kann: die Staaten oder der Internationale Währungsfond (IWF), hinter dem auch nur eine Staatengemeinschaft steht. Selbst geringste Senkungen des gesamten Schuldenlevels haben eine deflatorische Wirkung. Die Kreditkontraktion drückt die nominale Nachfrage. Es fallen also entweder die Preise, die Mengen an Waren und Diensten, die umgesetzt werden, oder realistischerweise beides.

Die meisten Analytiker gehen davon aus, Notenbanken könnten jederzeit mit expansiver Politik das Preisniveau dorthin steuern, wo sie wollen. Doch was will eine Notenbank tun, die die Interessen eines verschuldeten Staates berücksichtigt? Wenn der kollabierende Schuldenturm der Privatwirtschaft mit Staatsschulden in seiner Höhe gehalten werden muss, steigen die realen Schulden des Staates und somit seine Schuldenlast im Verhältnis zum Steueraufkommen.

Die Möglichkeit, mit andauernder Monetarisierung (Staatsanleihenkauf durch Notenbank) diese erforderliche Neuverschuldung zu finanzieren, würde zu hohen Preissteigerungsraten führen und die reale Zinslast des bestehenden Schuldenberges später unbezahlbar machen. **Dann erscheint nur ein Staatsbankrott oder eine Hyperinflation als der einzige Ausweg.**

Die Alternative ist das Japan-Szenario:

Bei einer steigenden Staatsverschuldung, durch den der sinkende Verschuldungslevel der Privatwirtschaft kompensiert werden soll, kann die Zinslast für den Staatshaushalt nur mit extrem niedrigen Marktzinsen für die Staatsanleihen erträglich gestaltet werden. Wenn eine inflationäre Notenbankfinanzierung ausgeschlossen wird, muss der Kapitalmarkt mehr Anleihen aufnehmen, und dafür muss die Notenbank die geeignete Geldpolitik entwickeln. Die wichtigste Voraussetzung für nachhaltig niedrige nominale Zinsen bei einem günstigen realen Zinsniveau sind stabile oder noch besser sinkende Preise! Wenn das allgemeine Preisniveau um moderate 1 % pro Jahr sinkt (so war es in Japan), ist ein Zinssatz von 2 % ein attraktiver Deal für die Käufer von langfristigen Staatsanleihen.

Der japanische Staat wäre auf der Stelle bankrott, wenn er ebenso hohe Zinsen bezahlen müsste wie zum Beispiel Australien. Wenn Japans Inflationsrate auf 5 % steigen würde, wären die Bank of Japan und der Finanzminister am Ende. Sie hätten nur noch die Wahl zwischen dem sofortigen Staatsbankrott oder einer Insolvenzverschleppung, also der Vernichtung des Geldwertes (und damit der Schulden) durch eine massive Inflation. Doch selbst eine Hyperinflation wäre keine Lösung, denn sozialpolitische Leistungsversprechen kann man monetär nicht auf null entwerten. Der harte Einschnitt für die Bürger würde spätestens bei der anschließenden Währungsreform folgen.

Nicht nur ein überschuldeter Staat hat ein Interesse an möglichst niedrigen nominalen Zinsen. Auch ein insolventes Bankensystem braucht ein niedriges Zinsniveau. Banken halten meistens Forderungen, deren Laufzeiten länger sind als die ihrer Verbindlichkeiten (Sparguthaben). Durch einen Anstieg der Zinsen nehmen die Vermögenswerte der Bank deshalb stärker ab als der Wert ihrer Verbindlichkeiten, und daraus resultiert ein Verlust. Andersherum führt eine Zinssenkung meist zu einem bilanziellem Gewinn bei den Banken. **Ein insolventes Bankensystem, das unter faulen Krediten leidet, braucht zur Erholung ohne Zweifel für lange Zeit niedrige nominale Zinsen.**

Es ist plausibel, dass die »zentralen Planer« (Politiker und Zentralbanker) in Währungsräumen, die in die Liquiditätsfalle geraten und genannte Schwierigkeiten bekommen, für die »japanische Lösung« optieren.

Der für seine unkonventionellen, aber zutreffenden Prognosen berühmte Ökonom Gary Shilling sagt in seinem **Buch »The Age of Deleveraging«** voraus, dass die ganze Weltwirtschaft bald in eine »Liquiditätsfalle« geraten wird.

Gerät jedoch die ganze Weltwirtschaft in die Liquiditätsfalle, würde der Entschuldungsprozess schmerzhafter. Wenn alle Volkswirtschaften gleichzeitig den Schuldenstand simultan reduzierten, würden wir eher eine Kombination aus allen Varianten der Entschuldung (Deleveraging) erleben: Konkurse und Arbeitslosigkeit, Steuererhöhungen, staatliche Ausgabenkürzungen, Währungs- und Schuldreformen und Geldabwertungen. Mit ungewissem Ausgang.

3. Der Markt will Deflation

Eine Reihe von strukturellen Kräften wirkt tendenziell deflationär auf die globale Ökonomie. Die Notenbanken hatten deshalb bereits in den vergangenen 20 Jahren einen großen Spielraum für niedrige Leitzinssätze. Angesichts der Stabilitätsorientierung der EZB werden die globalen deflationären Kräfte für uns spürbar bleiben.

Lohndruck und Freihandel

Der Wettbewerb mit den aufstrebenden Volkswirtschaften beschränkt die Möglichkeiten für Lohnerhöhungen in etablierten Industrieländern. Die Auslagerung ganzer Industrien führt zu einem permanenten Druck auf die Arbeitsmärkte in den westlichen Industriestaaten. Viele Produkte werden dort kaum noch produziert: Stoffe, Kleidung, Schuhe, Unterhaltungselektronik und Haushaltsartikel werden in Europa und Nordamerika nur noch für Nischenmärkte produziert. Gemäß der Theorie des komparativen Vorteils sollten alle Parteien einen Gewinn aus dem Freihandel ziehen. Für die Bewohner des Abendlandes ist es natürlich angenehm, Flachbildschirme, Bügeleisen usw. billig erwerben zu können. Allerdings ist damit ein Verteilungsproblem verbunden. Der Beamte, der sich keiner globalen Konkurrenz stellen muss, gehört zu den Nettogewinnern. Dagegen sind zum Beispiel arbeitslose Werftarbeiter und Mitarbeiter von anderen in Konkurs gegangenen Unternehmen zum größten Teil Nettoverlierer. Gewinner sind auch alle, die Kredite aufgenommen haben und von niedrigen realen Zinsen profitieren, also Immobilienkäufer und Unternehmen.

Eine eventuell bevorstehende deutliche Aufwertung des chinesischen Yuan würde das Problem nicht lösen, denn es warten bereits viele andere Staaten auf die Gelegenheit, ihre Kostenvorteile als Billiglohnländer stärker zur Geltung zu bringen. Daher wird die Notwendigkeit, international das Lohnniveau anzugleichen, die Politik auch weiterhin beschäftigen.

Globale Überkapazitäten

Das extreme Wachstum Chinas und der anderen »Emerging Economies« hat zu gewaltigen Überkapazitäten in der Bau- und Investitionsgüterbranche geführt. Besonders die chinesische Wirtschaftstätigkeit ist ganz auf den Export ausgerichtet. Die amerikanischen Konsumenten spielen dabei als größte Käufergruppe die wichtigste Rolle. In der Volksrepublik China wird knapp 50 % des Bruttoinlandsprodukts mit dem Bau von Maschinen, Fabriken und Gebäuden erwirtschaftet, d. h., die halbe Wirtschaftsleistung wird für die Schaffung neuer Produktionskapazitäten eingesetzt. Zum Vergleich: In den USA liegt die Investitionsquote nur bei 12 %. Man sollte aber nicht vergessen, dass die deutschen Exporterfolge wesentlich vom asiatischen Investitionsboom abhängen. Das Konsumklima in den USA kühlt sich derzeit deutlich ab und könnte das Wachstum in der Volksrepublik China massiv dämpfen. In der Folge werden die überschüssigen Kapazitäten bei Stahl, Zement und vielen anderen Gütern auf den Weltmarkt drängen und in vielen Bereichen für sinkende Preise sorgen. China hat bereits angefangen, die wirtschaftlichen Kapazitäten stärker auf den Konsum im Inland auszurichten, doch der Prozess der Umstrukturierung wird wohl noch ein Jahrzehnt in Anspruch nehmen. Um die Wirtschaft auszulasten, wird zudem der Rüstungshaushalt hochgefahren.

Deleveraging

Eine Entschuldung wird auch als »Deleveraging« bezeichnet. In vielen Volkswirtschaften, an der Spitze liegen die USA, Großbritannien, Spanien und Irland, hat die private Verschuldung eine Höhe erreicht, die nicht mehr zu halten ist. Wie bereits gezeigt, wird der Rückgang der privaten Verschuldung die Nachfrage schwächen. Zwar haben staatliche Programme diese Entschuldung verschoben, doch sie ist unvermeidlich. Die Zurückhaltung der amerikanischen Konsumenten ist zum Beispiel eine der unausweichlichen Folgen des *Deleveraging.* Der Ökonom Gary Shilling sieht die Sparquote in den USA wieder auf die normale historische Rate von 10 % ansteigen.

Das setzt aber hohe reale Zinsen voraus, und die kann der praktisch insolvente Staat nur dann zahlen, wenn die Preisinflation und damit die nominalen Zinsen niedrig bleiben. Wenn die US-Bürger wieder mehr sparen, werden die Dollarströme versiegen, die weltweit für Liquidität sorgen.

Die folgende Grafik zeigt, was seit der Finanzkrise wirklich passiert ist. Wegen der Entschuldung schrumpfen die gesamten vergebenen Kredite aller US-Geschäftsbanken stetig. Die Federal Reserve hat die monetäre Basis mit Käufen von Wertpapieren und Nullzinsen erheblich erweitert und konnte dadurch das Geldmengenwachstum aufrechterhalten. Die US-Dollargeldmenge M2 stieg von Januar 2010 bis Januar 2011 um 4,3 %.

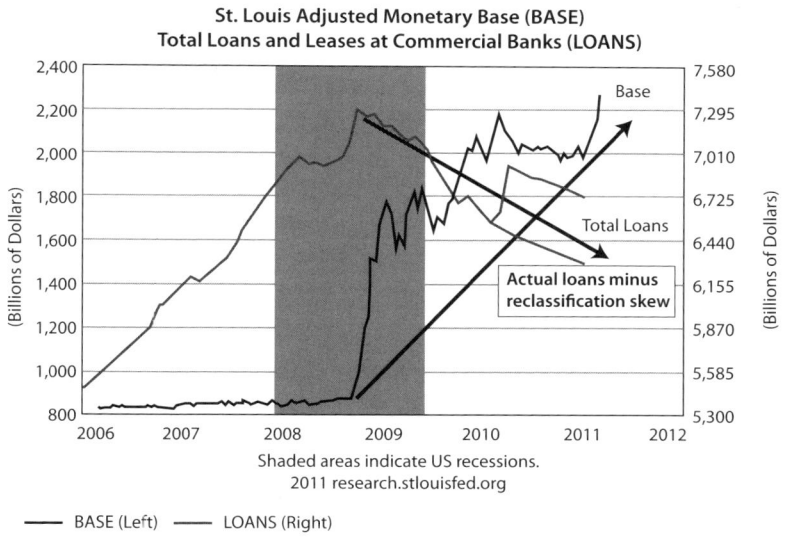

Quelle: www.seekingalpha.com

Die deflationären Folgen für die Kapitalmärkte bleiben bisher aus, weil das Schattenbankensystem wieder deutlich wächst und auch den regulierten Banken wackelige Kredite abgekauft hat.

Sparfüchse in Asien

Theoretisch könnte China den Exportrückgang in die USA durch eigenen Konsum kompensieren. Doch die Produkte, welche die Amerikaner bisher kauften, können und wollen sich die Chinesen bisher nicht leisten. Dazu müsste man erst einen Mittelstand schaffen, der sich mehr leisten kann, als zum Leben notwendig ist. Mittlerweile hat die Volksrepublik China beschlossen, die Wirtschaft umzustrukturieren – weg von der Exportorientierung und hin zur Konsumwirtschaft. Seit einiger Zeit steigen die Mindestlöhne in vielen Wirtschaftszentren Chinas mit zweistelligen Zuwachsraten, und sie sollen weiter steigen. Der Weg zu einer starken Binnenwirtschaft jedoch dürfte noch weit sein, und nicht alles lässt sich verordnen. Die Menschen müssen auch erst dazu gebracht werden, ihren zusätzlichen Lohn für Dinge auszugeben, die sie bisher auch nicht gebraucht hatten. Man muss sich dabei vor Augen halten: In China werden 30 % der Einkommen gespart, und das bei einem deutlich niedrigeren Lebensstandard als in den westlichen Industrieländern!

In China gelten zum Beispiel Kaugummis, Markenshampoos, Rasierklingen, amerikanische Zigaretten und Fertiggerichte als Luxusgüter – und man zeigt gern öffentlich, was man sich leisten kann. Markenzigaretten werden oft einzeln und Shampoos in Tagesdosen verkauft. Fertiggerichte wie Pizzas und dergleichen sind für das einfache Volk unerschwinglich, einen solchen Luxus können sich nur die Angehörigen der Mittel- und Oberschicht leisten.

Die übliche Mahlzeit in Asien besteht aus Reis und Gemüse mit proteinhaltiger Beilage. Für solch eine Schmalkost würde man auch bei uns nur 3 Euro pro Tag und Person brauchen. Die Europäer wären wohl kaum einverstanden, wenn sie auf ihre tägliche Fleischportion, Rotwein, Süßigkeiten, Konditorwaren, Chips und Fertiggerichte verzichten sollten.

Für viele Haushalte in der Welt sind elektrische Geräte wie Kühlschrank und Elektroherd noch richtige Großinvestitionen, die oft staatlich subventioniert werden müssen. Man darf also die Kaufkraft Asiens nicht überschätzen. Bei uns würden die Menschen den bescheidenen Lebensstil der Asiaten heutzutage nicht mehr akzeptieren. Angesichts des viel höheren Lebensstandards in den USA verglichen mit dem der Chinesen ist es wohl kaum zu erwarten, dass der chinesische Konsument in naher Zukunft den amerikanischen Verbraucher ersetzen kann.

Das niedrige Konsumniveau in den aufstrebenden Wirtschaftsräumen bietet jedoch insbesondere den internationalen Konsumgüterkonzernen die Chance, von dem enormen Aufholpotenzial zu profitieren, wenn dort der allgemeine Wohlstand steigt.

Produktivitätsschub

Erhöhte Produktivität ist stets das Ergebnis verbesserter Produktions- und Verarbeitungstechniken. Meist erhöhen Erfindungen und neue Technologien erst mit jahrelanger Verspätung die Effizienz der Produktion. Man kann getrost davon ausgehen, dass die Erfindungen des 20. Jahrhunderts wie IT, Internet, Chiptechnologie, Molekularbiologie, Automatisierungstechnik etc. einen großen Teil ihrer Wirkung erst noch entfalten werden. Notwendige Umstellungskosten, die Umschulung von Mitarbeitern und die Ausbesserung von Kinderkrankheiten der neuen Technologien verhindern anfänglich, dass mit weniger Kapitaleinsatz oder weniger Menschenarbeit mehr erreicht wird.

Die erste verwendbare Dampfmaschine wurde 1712 von Thomas Newcomen konstruiert und diente zum Abpumpen von Wasser in Bergwerken. Die Erfindung der Dampfmaschine an sich bedeutete noch keinen allgemeinen Produktivitätsschub. Erst 100 Jahre später ermöglichte der massenhafte Einsatz von Dampfmaschinen die Automatisierung vieler Wirtschaftszweige und leistete einen entscheidenden Beitrag zur Erhöhung der gesamtwirtschaftlichen Produktivität. Im 19. Jahrhundert ersetzte eine automatisierte Webmaschine Dutzende von Handwebern.

Der Wettbewerb sorgt dafür, dass die Preise für Waren und Dienstleistungen bei einer steigenden Produktivität sinken. Eine zunehmende Produktivität wirkt also deflationär. Durch die Automatisierung der Textilindustrie wurde Kleidung preiswerter und für jeden erschwinglich, und die Kaufkraft des einfachen Volkes nahm zu. Die Konsumenten werden auch in Zukunft davon profitieren, dass technische Innovationen eine höhere Produktivität und dadurch sinkende Preise für Bedarfsgüter ermöglichen. Eine Deflation als Folge einer erhöhten Produktivität wird oft auch als »gutartige Deflation« bezeichnet.

Staatsverschuldung am Limit

Insbesondere viele Industriestaaten weisen eine hohe Staatsverschuldung auf. Damit wird der Handlungsraum für eine fiskalische Stimulation der Wirtschaft eingeengt. In vielen Ländern regiert schon der Rotstift: Großbritannien, Irland, Griechenland, Portugal und Spanien haben im Rahmen der Staatsanleihen- und Finanzierungskrise bereits Kürzungen vorgenommen, die zuvor undenkbar waren. Auch in den Vereinigten Staaten sind viele Kommunen und Bundesstaaten gezwungen, ihre Ausgaben zu konsolidieren oder alternativ die Steuern zu erhöhen.

Rohstoffpreise bereits nahe am Zenit?

Die derzeit hohen Rohstoffpreise könnten etwas unter Druck kommen oder in den nächsten zehn Jahren stagnieren, wenn sich der Investitionsboom in Asien etwas abschwächt oder neue Minen und Ressourcen erschlossen werden. Die Erschließung neuer Erdgasfelder, der weltweite Bau Dutzender neuer Kernkraftwerke sowie Wind- und Solarparks werden auch den Anstieg der Energiepreise des vergangenen Jahrzehnts abbremsen. Wenn der technische Fortschritt eine effizientere und preiswerte Erzeugung von Energie ermöglicht, könnte sich der Trend bei den Energiepreisen sogar umkehren. Das wäre deflationär und zwar in Euro und Cent! Man darf

nicht vergessen, dass der Anstieg von Strom- und Heizkosten einen wesentlichen Einfluss auf die allgemeine Preissteigerungsrate
hat, insbesondere auf die »gefühlte Inflation«. Letztere führt dann
bei den Verbrauchern zur Erwartung weiterer Preissteigerungen.
Der Wegfall dieser Komponente könnte tatsächlich dazu beitragen,
dass zukünftige allgemeine Preissteigerungsraten sehr niedrig sind.

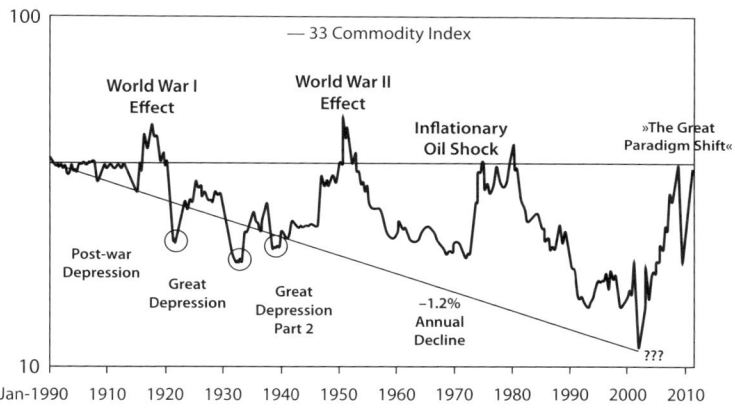

Um den Konsumentenpreis bereinigte Rohstoffpreise

Gemessen am allgemeinen Preisniveau (Konsumentenpreise) haben
die Rohstoffpreise derzeit einen Höchststand erreicht. Der langfristig fallende Trend und der Verlauf in der Vergangenheit lassen aber
auf ein Sinken der Rohstoffpreise in naher Zukunft schließen. Daher kann auch bald mit einer entsprechenden Absenkung des allgemeinen Preisniveaus für längere Zeit gerechnet werden.

Vermögenspreisblasen

Der Preisanstieg bei den Vermögenswerten ist ebenfalls die Folge einer Inflation, der Ausweitung von Kredit und Geld. Billige Kredite inspirieren zunächst den Kapitalmarkt, bevor die Liquidität den
Markt für Güter- und Dienstleistungen überschwemmt und dort für
steigende Preise sorgt. Dann beginnt die Hausse der Vermögenswerte

bereits zu stagnieren. Wenn der Notenbank die Konsumentenpreissteigerungen zu hoch erscheinen, wird sie die Party bald beenden, indem sie dem Kapitalmarkt Liquidität entzieht. Ebenso wie auf eine Kreditexpansion eine Kreditkontraktion folgt, endet eine Inflation der Vermögenspreise immer mit einer entsprechenden Deflation. Kurz gesagt: »What goes up must go down.«

Währungsaufwertung

Durch die Abwertung einer Währung geraten andere, auf den Exportmärkten konkurrierende Währungsräume unter deflationären Druck. Durch die Abwertung ist der Konkurrent billiger geworden, in den stabilen Währungsräumen fallen die Gewinnmargen und die Löhne geraten unter Druck. Auf der anderen Seite hat die Abwertung tendenziell den gegenteiligen Effekt – sie führt zu höheren Margen, Preis- und Lohnsteigerungen. Insbesondere Rohstoffe, Energie und andere Importe verteuern sich sofort in der abgewerteten Region. Man könnte geneigt sein, per Saldo global ausgeglichene Nachfrageeffekte zu vermuten. Doch bei sehr schnellen, starken Abwertungen dürften sowohl Margendruck und Deflation in der aufwertenden Region als auch Importpreisanstiege im abwertenden Währungsraum unverzüglich die Nachfrage schwächen.

Die destruktiven Auswirkungen von Abwertungswettlauf und weltweiten Handelsbeschränkungen zeigten sich besonders deutlich nach dem Ersten Weltkrieg und während der Weltwirtschaftskrise. Dramatische Schwankungen im Währungsgefüge sind kein Nullsummenspiel, per Saldo nimmt die Nachfrage ab. Allein schon die Verunsicherung der Exporteure durch unberechenbare Devisenmärkte führt zu einem Rückgang des Welthandels, und damit schwindet auch der Wohlstand, der sich für alle Beteiligten aus dem Freihandelsgewinn ergibt.

Die von den Amerikanern seit Jahren geforderte Aufwertung des chinesischen Yuan würde in China zu einer ausgeprägten Deflation führen. In den westlichen Industriestaaten werden dann die Prei-

214

se für Importgüter aus China steigen, und die importierte Preisin-flation wird die Kaufkraft schwächen. Bei einer raschen Aufwertung des Yuan kann die reale Nachfrage in China nicht so schnell steigen wie sie in den westlichen Staaten wegen der steigenden Importprei-se abnimmt. Per Saldo wird die globale Nachfrage also abnehmen – dem derzeitigen Boom folgt dann eine Phase der weltweiten Defla-tion und Rezession.

Ein verschärfter globaler Wettbewerb, globale Überkapazitäten, spa-rende US-Konsumenten und eine straffere Geldpolitik sowie hö-here Steuern könnten auch die Gewinnspannen von Unternehmen wieder von ihren derzeitigen Höhen (bei 10 %) holen. Damit würde auch aus den Aktienpreisen etwas Luft gelassen.

In der nächsten Grafik wird die durchschnittliche Netto-Gewinn-marge aller amerikanischen Unternehmen, die 6,1 % beträgt, von 1947 bis heute dargestellt.

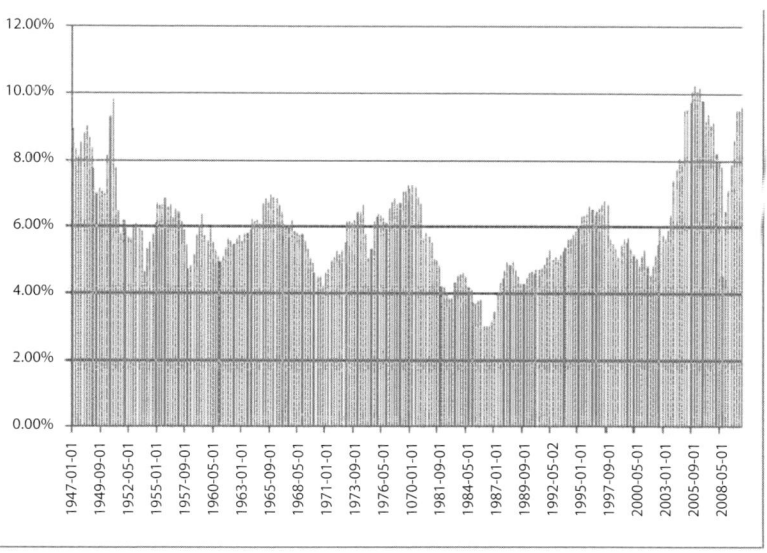

Gewinnmargen US-amerikanischer Unternehmen von 1947 bis heute
Quelle: www.seekingalpha.com

Die geschilderten Puzzlestücke ergeben ein Gesamtbild von den Marktkräften, die derzeit ein erhebliches Potenzial beinhalten, um das allgemeine Preisniveau zu drücken. In Kapitel E.1., »Deflation, verborgen hinter dem Schleier der Geldflut«, wurde gezeigt, dass die inflationsbereinigten Aktienkurse und Kurs-Gewinn-Verhältnisse seit Langem fallen. Bei einem Rückgang der Gewinnmargen würde sich dieser Trend fortsetzen.

F. DIE GLOBALEN TRENDS IN GESELLSCHAFT UND ÖKONOMIE

In diesem Kapitel betrachten wir die gesellschaftlichen und ökonomischen Bedingungen für die Weltwirtschaft nach der Globalisierung. Da in der globalisierten Wirtschaft alles miteinander in Wechselbeziehungen steht, muss man sich alle Teilaspekte anschauen, alle wesentlichen globalen Trends in Gesellschaft und Ökonomie, um das Gesamtbild zu erkennen. Dieses »Big Picture« eignet sich dann als Ausgangspunkt für einige fiktive Annahmen, anhand derer im Kapitel G. verschiedene Szenarien entwickelt werden, die spekulative Ausblicke auf die zukünftige gesellschaftliche und ökonomische Situation der Weltgemeinschaft gestatten.

Die folgenden Seiten zeigen eine Reihe von Herausforderungen auf, mit denen die globale Gesellschaft derzeit konfrontiert ist. Jedes dieser Probleme scheint für sich genommen durchaus lösbar. Der Komplex all dieser Trends deutet allerdings auf eine historische Weggabelung hin.

1. Die Globale Asymmetrie der Geld- und Warenströme

Seit der Asienkrise der Jahre 1997/1998 haben asiatische Staaten erhebliche Dollar-Devisenreserven aufgetürmt. Sie hatten gelernt, dass man den Abfluss von kurzfristigem Kapital (»Hot Money«) aus der Wirtschaft nur dann unbeschadet verkraften kann, wenn den Forderungen von Investoren ausreichende Devisenreserven (Fremdwährung) gegenüberstehen. Deshalb kauften die Notenbanken dieser

Staaten mit ihrer eigenen Währung an den Devisenmärkten erhebliche Dollarmengen auf. Das führte jedoch zu einer Inflation, weil die eigene Geldmenge durch das neue Geld aufgebläht und damit das Preisniveau im Inland angehoben wurde.

Der imperialen Geldpolitik der USA kam dies zunächst sehr gelegen: Ausländische Notenbanken sollten ja gerade (Tribut-)Dollarreserven halten und somit das monetäre Imperium stützen. Die spekulativen Attacken auf die emporstrebenden Volkswirtschaften hatten also die erwünschte vorteilhafte Wirkung für die US-Wirtschaft.

Besonders die Volksrepublik China hatte mit der Kopplung des Yuan an den US-Dollar mit einer praktisch unbegrenzten Hortung von Dollardevisen begonnen. In diesem Fall erfüllten sich die Erwartungen der USA allerdings nicht, da die Unterbewertung des Yuan den Chinesen einen merkantilistischen Handelsvorteil verschaffte, dessen Wert den des »Dollar-Tributs« übertraf.

Die »Spielregeln« lauteten viele Jahre: Alle Notenbanken sollen Dollarreserven anlegen und der Dollar soll trotzdem gegenüber den anderen Währungen langfristig abwerten. Aus der Sicht der Überschussstaaten entsteht der Handelsbilanzüberschuss aber nicht aus einer unterbewerteten Währung, sondern aus der permanenten Überflutung der Weltmärkte mit Dollarkrediten zum Niedrigzinssatz.

Stellen Sie sich einige Regenfässer vor, die unten miteinander verbunden sind, sodass sich der Wasserspiegel gemäß dem Prinzip der kommunizierenden Röhren ausgleichen kann. Füllt man jetzt Wasser in eines der Fässer, steigt der Wasserspiegel in allen Fässern. Genauso kann man auch die permanenten Handelsbilanzdefizite der Amerikaner erklären. Es wird viel Dollarkredit in ein Fass geschüttet und damit werden die globalen Finanzmärkte geflutet. Da ist es nur natürlich, wenn als Gegenleistung für die Geldflut Unternehmensanteile, Konsumgüter und andere Produkte zurückfließen.

Ihre Position als Weltmacht mit der größten Volkswirtschaft der Welt ermöglicht es den USA, eine solch dominante Rolle zu spielen. Die Freihandelssatzung des Welthandels zwang andere Staaten, der Abwertung des Dollars stets mit eigenen Abwertungen zu folgen, um keine Exportnachteile zu erleiden. Somit konnten die USA Kriege mit fremden Notenbankkrediten finanzieren. Die USA hatten die Gelddruckmaschine und haben die Inflation quasi ausgelagert (»outgesourct«). Auch die amerikanischen Investoren konnten mit billigen Dollarkrediten weltweit Vermögenswerte akkumulieren.

Da die Kreditfanzierung von Konsum oder Vermögenswerten im Ausland einem »Leerverkauf« des Dollars gleichkommt, gab es immer wieder Phasen, in denen diese »Leerverkäufe« gedeckt werden mussten. Zwei Bewegungen stechen hier hervor:

Von 1980 bis 1985 kam es zu einer dramatischen Dollar-Rallye, als Paul Volcker die Politik der Disinflation (sinkende Preisanstiege) eingeläutet und zu dem Zweck die Notenbankzinsen drastisch angehoben hatte (siehe Abschnitt C.4., »Inflation und Disinflation«).

Die Endphase der langen Aktienhausse zog von 1996 bis 2000 internationales Kapital an, das die Spätphase des Bullenmarktes fütterte. Am 5. Dezember 1996 warnte der damalige Fed-Chef Alan Greenspan vor einem »irrationalen Überschwang« (Irrational Exuberance) an den Märkten, doch unternahm er keine Zinsschritte, um die Hausse zu beenden.

Nach dem Terroranschlag vom 11. September 2001 folgte eine erneute Dollaroffensive, welche die Weltwirtschaft wieder mit Dollarkrediten überflutete.

Es könnte allerdings noch dicker kommen für den Dollar (»Buck«): Die Volksrepublik China hat angekündigt, zukünftig alle Exporte in Yuan statt in US-Dollar abzuwickeln. Viele Investoren scheuen mittlerweile US-Anleihen, weil die reale Rendite negativ ist. Der größte Anleihenfonds der Welt, PIMCO mit Sitz in Newark/USA, hat bereits seine Bestände an US-Staatsanleihen aus den Depots gefegt.

Wenn Investoren die US-Staatsdefizite finanzieren sollen und nicht die Druckerpresse der Fed, dann müsste sich der US-Finanzminister auf höhere Marktzinsen einstellen.

Langfristiger Kursverlauf des US-Dollars gegenüber der D-Mark und dem Euro
Quelle: Eigene Datenbank

Da die Fed ausgedehnte Anleihenkäufe nach dem abgelaufenen QE2 (Quantitative Easing) weitestgehend eingestellt hat und Präsident Obama seine Haushaltspläne abschwächen musste, stieg der Kurs des Dollars wie in den Phasen der Geldverknappung wieder an. Diese Entscheidungen haben deflationäre Erwartungen an den Finanzmärkten geweckt. Die Erwartung von deflationären Kräften des Marktes, wie sie im Kapitel E.3., »Der Markt will Deflation«, beschrieben werden, haben jedoch den zuvor von Experten – wie dem Anleihenhändler Bill Gross – befürchteten Zinsanstieg verhindert. Die deflationären Kräfte müssen nicht zwangsläufig in fallende Preise münden. Wie im Abschnitt E.1., »Deflation – verborgen hinter dem Schleier einer Geldflut«, gezeigt wurde, kann eine ständige Aufweichung des Geldmaßstabes (d. h. der Währung) eine Phase der Deflation leicht verschleiern. Allerdings ist auch eine offene Preisdeflation, also fallende Preise bei Güter- und Dienstleistungen (Konsumentenpreisindex) nicht mehr aus- zuschließen.

Nachdem die Federal Reserve Ende Juni 2011 den uneingeschränk- ten Ankauf von US-Staatsanleihen stoppte, setzte sehr schnell eine Korrektur der Aktien- und Rohstoffmärkte ein. Mit dem Ende die- ses »Quantitative Easing« floss auch weniger Liquidität für spekulati- ve Zwecke in das Bankensystem, denn für realwirtschaftliche Kredite wurden diese Mittel kaum verwendet.

Sollten die Gläubiger kalte Füße kriegen und die Fed nicht ent- schlossen handeln, könnte der Zinssatz auf den Märkten durch eine Verkaufswelle von US-Staatsanleihen hochgetrieben werden. In die- sem Fall wären die Folgen für die Wirtschaft nicht besonders günstig. Eine deflationäre Austeritätspolitik, welche die Gläubiger der USA bei der Stange hält und den Dollar stützt, könnte als Rettungsanker für den US-Dollar betrachtet werden, jedoch hohe innenpolitische Widerstände hervorrufen.

Möglicherweise haben die USA jedoch den »Point of no Return« bereits überschritten, ohne weitere Möglichkeit zur Stabilisierung der Schulden. **Laut Laurence Kotlikoff, Professor für Ökono- mie an der Boston University, sind die USA praktisch in- solvent.** In einem Vortrag auf einer Konferenz der Schweizerischen Privatbank Wegelin erklärte Kotlikoff, dass das Haushaltsdefizit der USA im Verhältnis zum Bruttoinlandsprodukt noch größer sei als das von Griechenland! Wenn man noch die impliziten Zahlungs- versprechen des Renten- und Sozialsystems berücksichtigt, fehlen 200 Billionen Dollar. Diese errechnen sich aus dem Barwert aller zukünftigen Auszahlungen abzüglich der Einzahlungen und müss- ten eigentlich zu den Staatsschulden addiert werden – dann wären die USA jedoch überschuldet. **Kotlikoff ist überzeugt, die hoch entwickelten Industriestaaten würden schon seit 60 Jahren mit ihren staatlichen Sozialsystemen Schneeballsysteme be- treiben, genau wie die Betrüger Charles Ponzi oder Bernard Madoff (Ponzi-Schema).** Um diese Lücke mit Steuergeldern zu schließen, müssten alle Arten von Steuern in den USA um 77 % angehoben werden! Das würde wohl kaum machbar sein.

Mit niedrigen Zinsen in einem deflationären Umfeld ließe sich eine unvermeidliche staatliche Insolvenz verschleppen. Doch sollte irgendwann eine dauerhafte Finanzierung der Haushaltsdefizite durch die US-Notenbank (Inflation) notwendig werden, wären exorbitante Preissteigerungsraten unausweichlich. Angesichts der riesigen weltweiten Dollarguthaben würden hohe Preissteigerungsraten zu einem Verfall des Dollaraußenwerts sowie zu einem Wertverlust von Dollaranleihen führen und eine sich selbst verstärkende Preisinflationsspirale in den USA auslösen – Hyperinflation und letztendlich eine Währungsreform wären die Folge. Andererseits würde jede ernsthafte Bemühung der Haushaltskonsolidierung in den USA den Weg in die Deflation ebnen.

2. Die europäische Staatsschuldenkrise

Der Auslöser der Staatschuldenkrise war die globale Finanzkrise. Die wirkliche Ursache ist in der unterschiedlichen wirtschaftlichen Entwicklung und der Haushaltspolitik der einzelnen Mitgliedstaaten in der Eurozone zu sehen. In der angelsächsischen Presse wird die Eurozone daher vereinfachend in die nordeuropäischen Eurostaaten und den »Club Med« eingeteilt.

Seit ihrem Beitritt zur Währungsunion haben die Arbeitnehmer in Griechenland, Spanien, Portugal und Italien höhere Lohsteigerungen durchsetzen können als in den anderen EU-Staaten. Die »Club-Med«-Staaten folgten weiterhin ihrer traditionellen Inflationspolitik. Hohe Lohnsteigerungen hatten zuvor nie Probleme bereitet; wurden sie doch von den Notenbanken durch eine Politik der weichen Währung immer wieder entwertet, und die Bevölkerung ließ sich gern von dieser scheinbaren Großzügigkeit der Politik täuschen.

Im Fall von Griechenland kam hinzu, dass sich der Staat mit gefälschten Statistiken über die wahre Verschuldungssituation des Staates den Beitritt zur Währungsunion erschwindelte. Tatkräftige und fachkundige Beihilfe zur Verschleierung der Finanzierungssituation der griechischen Staatsfinanzen leistete die amerikanische Investmentbank Goldman Sachs.

Die Finanzkrise verschärfte die wirtschaftliche Situation des griechischen Staates, da dieser neben Steuereinbußen auch die Deckung für negative Bankbilanzen übernehmen musste. Nach Neuwahlen im Oktober 2009 und einem Regierungswechsel legte die neue Regierung unter Georgios Papandreou endlich die ungeschminkten Zahlen auf den Tisch, die dann wie eine Granate an den Kapitalmärkten einschlugen. Die Märkte entzogen Griechenland das missbrauchte Vertrauen, und die Risikoaufschläge gegenüber den sicheren Anleihen (wie die der Bundesrepublik) stiegen dramatisch an. Der Rettungsfonds der europäischen Staaten und der Internationale Währungsfonds haben Griechenland (bisher) den Staatsbankrott erspart. Die sozialistische Regierung muss dafür jedoch Sparmaßnahmen durchsetzen, die bis dahin in Griechenland unvorstellbar waren. Es folgten Generalstreiks und gewalttätige Proteste. Allen Stützungsmaßnahmen des europäischen Rettungsfonds zum Trotz: Die Märkte erwarten weiterhin eine Umschuldung der griechischen Staatsschulden (eine schöne Umschreibung für den Konkurs).

Der nächste Dominostein in der Krise war Irland. Der »Celtic Tiger« hatte einen beispiellosen wirtschaftlichen Aufschwung hinter sich. Mit niedrigen Steuersätzen konnte er Hightechfirmen wie Dell, Seagate, Intel usw. ins Land locken. Nach dem Beitritt zum Euro heizten die für das Land viel zu niedrigen Zinssätze einen gigantischen Immobilienboom an. In Dublin wurden 2005 auf dem Immomarkt Preise aufgerufen, die denen der teuersten Metropolen Europas glichen. Die Finanzkrise brachte auch in Irland die Immobilienpreisblase zum Platzen. Die Banken konnten die Verluste aus den Hypothekengeschäften nicht mehr tragen und wurden vom Staat übernommen. Damit wurde der irische Staat bis zur Halskrause mit zukünftigen Lasten beladen. Irland musste unter den Rettungsschirm der Eurostaaten genommen werden.

Der Virus des Zweifels breitete sich weiter rasend an den Finanzmärkten aus. Die englischsprachigen Medien bemühten sich auch
noch um dessen möglichst große Verbreitung. Nun waren Portugal und Spanien an der Reihe. Auch in Spanien hatte sich, wie in
Irland, ein spekulativer Bauboom breitgemacht. Immobilienpreise
gingen jahrelang nur in eine Richtung: nach oben. Dadurch wurden die Käufer ermutigt, hypothekenbesicherte Darlehen aufzunehmen, solange man sich noch eine Immobilie leisten konnte. Die
Erwartung steigender Preise sorgte für immer mehr Nachfrage und
weiter steigende Preise. Das wachsende Kreditvolumen trieb dann
wieder das Lohn- und Preisniveau in die Höhe. Nach dem Platzen der spanischen Immobilienblase blieben zahlreiche Großpro-
jekte unvollendet, und in allen Sektoren, die mit der Bauwirtschaft
zu tun hatten, gab es erhebliche Überkapazitäten und hohe Arbeitslosigkeit. Die EZB kaufte große Mengen spanischer Anleihen von
französischen und deutschen Banken, die sonst in Schieflage geraten wären.

Im März 2011 haben die Staaten der europäischen Währungsunion vereinbart, den bis 2013 befristen Stützungsfonds auf Dauer anzulegen und auf 440 Mrd. Euro zu erweitern. Der Eurorett-
tungsfonds (EFSF) emittiert Eurobonds, für die Staaten mit hoher
Bonität bürgen, und vergibt das eingesammelte Geld unter Auf-
lagen als Kredit weiter an die finanzschwachen Staaten. Gleichzeitig wurde unverbindlich vereinbart, zukünftig Steuer-, Rechts-,
Haushalts- und Sozialstandards zu vereinheitlichen. Beispielsweise soll das Renteneintrittsalter an die demografische Entwicklung
angepasst werden.

Eigentlich hätten solche Vereinbarungen am Beginn einer Währungsunion stehen sollen und nicht erst nach zehn Jahren und einer Finanzkrise. Die Zukunft wird zeigen, ob mit dieser Konstruk-
tion fiskalische Disziplin erreicht werden kann, oder ob sie nur zu
Umverteilung und Verschwendung führt. Dann bestände die Gefahr,
dass auch die wirtschaftlich starken Staaten der Eurozone in einen
Strudel aus Vertrauensverlust und steigenden Zinsen hineingezogen
werden. Im schlimmsten Fall könnte dies zum Zerbrechen der Wäh-

rungsunion führen. Erschwerend für eine Problemlösung kommt hinzu, dass auch andere wichtige Wirtschaftsräume die Grenze der Schuldensättigung erreicht haben und sich damit im Kondratjew-Winter befinden.

Global können natürlich nicht alle wirtschaftlichen Sektoren gleichzeitig ihre Schulden reduzieren, ohne einen herben Nachfragerückgang auszulösen. Ein Schrumpfen der weltweiten Schuldenberge führt deshalb entweder zu hoher, inflationärer Stagnation oder einer deflationären Rezession.

Für sich genommen stellt die Verschuldungskrise der Eurostaaten noch kein unlösbares Problem dar. Doch im Kontext einer ein Jahrzehnt anhaltenden (wie eine McKinsey-Studie nahelegt) globalen Entschuldungsrunde (Deleveraging) könnte sich dieses Problem für die europäischen Staaten zu einem Albtraum entwickeln.

3. Demografische Herausforderungen

In Bezug auf das globale Bevölkerungswachstum könnte man von einer Nord-Süd-Divergenz sprechen. Während die Bevölkerung weltweit deutlich steigt, geht sie in Europa, Russland, Japan und Südkorea aufgrund niedriger Geburtenraten bereits zurück. In Nordamerika steigt sie dagegen sehr leicht. Gleichzeitig steigt die Lebenserwartung der Menschen in den entwickelten Industriestaaten. Heute haben Rentner zum Zeitpunkt ihres Pensionseintritts eine um sechs bis acht Jahre höhere Lebenserwartung als im Jahr 1940. Die Kombination aus Geburtenrückgang und längerer Lebenserwartung führt zu einer im Durchschnitt immer älter werdenden Bevölkerung. Das hat gravierende Auswirkungen auf die Belastungsfähigkeit eines Rentensystems, das wie in Deutschland (und den meisten Industriestaaten) nicht durch Rücklagen gedeckt ist. In Deutschland kamen 1970 laut dem Economist Special Report vom 9. April 2011 statistisch noch 4,1 Arbeitnehmer auf einen Rentner. **Im Jahr 2010 betrug diese Unterstützungsquote noch 3,0 Arbeitnehmer; 2050 werden nur 1,6 Arbeitnehmer für**

**einen Rentner sorgen müssen! Sie können sich selbst aus-
malen, wie üppig unter diesen Umständen die Renten ausfallen werden. Die Renten mögen sicher sein, jedoch nicht
deren Höhe.**

Eine stagnierende oder gar rückläufige Bevölkerungszahl hat natürlich auch einen wesentlichen Einfluss auf den Umfang der wirtschaftlichen Tätigkeit. Ökonomen gehen üblicherweise von der
Annahme aus, dass sich die langfristige Veränderung der Wirtschaftsleistung, also des Bruttoinlandsproduktes, aus dem Bevölkerungswachstum zuzüglich der Produktivitätssteigerung ergibt.

Nehmen wir an, eine Bevölkerung nimmt zahlenmäßig jährlich um
1,5 % ab, in einer Größenordnung also, wie es in vielen europäischen
Ländern zukünftig der Fall sein wird. Dann muss die wirtschaftliche Produktivität um mehr als 1,5 % ansteigen, damit die reale Wirtschaftsleistung zunehmen kann.

Eine rückläufige Bevölkerungszahl würde wiederum die Bautätigkeit
und die Kreditvergabe dämpfen. Jedoch gerade die wachsende Neuverschuldung hatte in Europa während der letzten drei Jahrzehnte trotz der sinkenden Geburtenrate zu einem kräftigen Wirtschaftswachstum geführt. Eine alternde Gesellschaft dürfte weniger bereit
sein, neue Kredite aufzunehmen, sondern wird eher Kredite tilgen
und Reserven für den Lebensabend anhäufen. Diese Verhaltensmus-
ter wirken recht deflationär.

Die Überalterung der Gesellschaft aufgrund der derzeitigen demografischen Entwicklung wird also nicht nur die Sozialsysteme an ihre
Belastungsgrenze führen, sondern gleichzeitig auch das Wirtschaftswachstum drosseln.

Im Kontrast zur Demografie der entwickelten OECD-Staaten
nimmt die Bevölkerung in Afrika, Lateinamerika, Südasien sowie im
Nahen und Mittleren Osten stark zu. Dort haben die Regierungen
sogar erhebliche Probleme, die wachsende Bevölkerung ökonomisch
sinnvoll zu beschäftigen.

DEMOGRAFISCHE HERAUSFORDERUNGEN

Die jüngsten Aufstände in Ägypten, Tunesien und in Libyen, also in Regionen mit zweistelligen Arbeitslosenraten, folgten auf dramatische Anstiege der Lebensmittelpreise. Der sogenannte radikale Islamismus speist sich, genau wie die »Demokratiebewegung«, aus der ökonomischen Perspektivlosigkeit einer ganzen – jungen – Generation. Die jungen Leute wollen nicht nur wählen, sondern suchen vor allem einen Ausbruch aus der Armut. Und wenn es keinen gibt, dann haben besonders junge Männer nichts mehr zu verlieren. In den islamischen Regionen haben Männer ohne Einkommen nicht einmal die Möglichkeit zu heiraten. In solch einer sozialen Situation erwächst die Bereitschaft, sich für eine übergeordnete Sache zu opfern, um dem Leben zumindest einen Sinn zu geben. Eine ähnliche Einschätzung hatte ein US-Diplomat in einem von Wikileaks veröffentlichten Telegramm geäußert.

In Indien und China existiert eine weitere demografische Besonderheit: Traditionell werden Söhne höherwertiger als Töchter eingeschätzt. Nachdem heute die Früherkennung des Geschlechts von Ungeborenen medizinisch möglich ist, wird dort selektiv abgetrieben. Darum gibt es in diesen Ländern einen deutlichen relativen Überhang von Männern – die Folgen für diese Gesellschaften kann man heute noch gar nicht absehen.

Die Zahl der Menschen auf der Welt nimmt stetig zu. Dabei findet das Bevölkerungswachstum gerade in den ärmeren Staaten statt. Der Kinderreichtum armer Gesellschaften führt zu dem Problem, dass alle Ressourcen in das Großziehen von Kindern gesteckt werden und nur wenig für Kapitalansammlung übrigbleibt. Nur Gesellschaften, deren Produktivkapital – dazu gehört natürlich auch das Humankapital – schneller wächst als ihre Bevölkerungszahl, haben eine reelle Chance, Wohlstand zu erlangen und die Lebensverhältnisse ihrer Mitglieder zu verbessern.

Der rasante wirtschaftliche Aufstieg Chinas wurde unter anderem durch die Ein-Kind-Politik möglich. Es wurde wenig konsumiert und viel gearbeitet, mehr in Kapital und weniger in Kinder investiert. Dieses scheinbar einfache Rezept ist auch der Grund, warum wir

Europäer nicht mehr in Holzhütten leben und von einer Schale Weizen am Tag leben. Unsere Vorfahren haben eben nicht nur in zahlreiche Kinder, sondern auch in Produktivkapital und Bildung investiert.

In Europa, Japan und China geht diese Entwicklung nun soweit, dass sie absehbar zum Schrumpfen der Bevölkerungen führen wird. Diese demografische Wende wird bedeutende Auswirkungen für Wirtschaft, Politik und Kapitalmärkte haben, die heute in ihrer Gesamtheit ebenfalls noch unabsehbar sind.

4. Das Zeitalter der billigen Energie geht zu Ende

Lebhaft erinnere ich mich noch daran, als Bundeskanzler Schröder im Jahr 2004 Spekulanten für den Ölpreis-Anstieg – über die 25-Dollar-Marke – verantwortlich machte und den Anstieg als nicht nachhaltig beurteilte. Als ich damals deutsche TV-Nachrichten am Plattensee sah, glaubte ich, mich verhört zu haben. Wie konnte die deutsche Regierung nur so schlecht informiert sein? Damals hatten scheinbar nur wenige eine Ahnung davon, was sich an der Energiefront zusammenbrauen würde. Informierte Investoren hatten längst von der Peak-Oil-Theorie erfahren. Aber es war so, wie es meistens ist: Die Einschätzungen von professionellen Vermögensverwaltern sind für Investitionsentscheidungen von Privatanlegern eher von Bedeutung als jene von Politikern. Seither hat sich der Ölpreis bis heute noch einmal grob vervierfacht. Wäre die Spekulation an den Märkten damals wirklich ohne Hintergrund gewesen, wäre der Preis später wieder gefallen.

Jeder hätte von der Entwicklung wissen können, warnten doch einige Experten bereits vor Jahrzehnten vor einer bedeutenden Gezeitenwende: dem »Peak-Oil«, dem Ölfördermaximum.

Allerdings wurde ihnen von der Internationalen Energieagentur und von Politik und Wissenschaft kein Glauben geschenkt; vielmehr wurden die Aussagen ignoriert oder als Verschwörungstheorie klassifiziert.

Doch das Zeitalter der billigen Energie sollte sich tatsächlich zu Ende neigen.

Peak-Oil-Theorie – eine »Verschwörungstheorie« wird Realität

Im Jahr 1956 hatte der Geophysiker M. King Hubbert den Höhepunkt der Erdölproduktion für die USA für die frühen Siebziger prognostiziert, und dies ist dann auch so eingetroffen. Um das Jahr 2000 gab es mehrere Experten (Kenneth Deffeys, Colin J. Campbell, L.F. Ivanhoe, Walter Youngquist u. a.), die nach der Methode von Hubbert ein globales Fördermaximum für das kommende Jahrzehnt vorhersagten. Die Grundzüge der Theorie besagen, dass das Förderprofil von Regionen wie auch der weltweiten Erdölproduktion die Form einer Glockenkurve (Normalverteilung) annehmen wird. Nebenbei bemerkt: Die Glockenkurve war früher auf der Rückseite des Zehnmarkscheins abgebildet. Die Glockenkurve ist symmetrisch, d. h., beim Hochpunkt wird die darunterliegende Fläche genau halbiert.

In der *Peak-Oil-Theorie* wird deshalb angenommen, dass die jährliche Fördermenge abnimmt, sobald die Hälfte aller auffindbaren Vorkommen gefördert wurde. Die weltweite Ölproduktion geht also nicht zurück, weil alle Vorkommen erschöpft sind, sondern weil bereits genau die Hälfte der gesamten Vorkommen ausgebeutet worden ist! Die einzige Schwierigkeit bestand darin, alle auffindbaren und abbauwürdigen Ressourcen zu schätzen. Hier kam den Schätzern jedoch die Tatsache zu Hilfe, dass auch die Ölquellenfunde eine Glockenkurve bilden. **Mittlerweile hat selbst die Internationale Energieagentur (IEA) eingestanden, dass der Gipfel der weltweiten Förderung bereits überschritten wurde, obwohl diese Interessenvertretung der Verbraucherstaaten die Peak-Oil-Theorie über Jahre verworfen hatte.** Die jährliche Erdölproduktion wird folglich nie wieder die Höhe von 2006 erreichen!

Der nachfolgende Chart zeigt, dass alle veröffentlichten Neufunde nicht annähernd die Megafelder kompensieren können. Die Produktion auf den drei größten Erdölfeldern Ghawar (Saudi-Arabien), Burgan (Kuwait) und Safaniya-Khafji (Saudi-Arabien) schrumpft stetig.

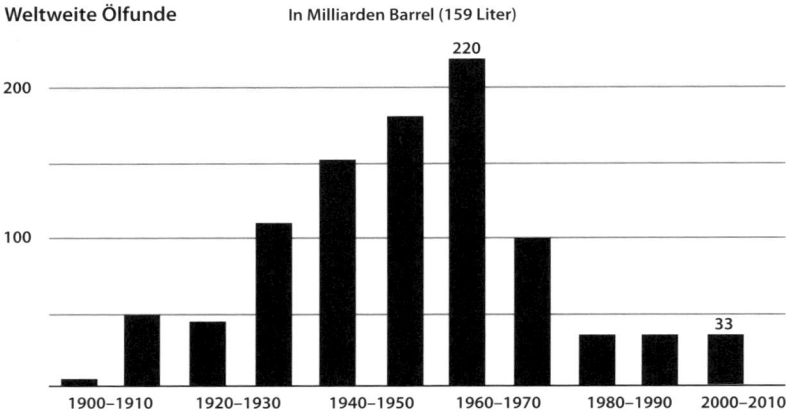

Weltweite Ölfunde In Milliarden Barrel (159 Liter)

Das Profil der Erdölfunde eilt dem Profil der Ölförderung ca. 40 Jahre voraus
Quelle: www.DerStandard.at

Zum Glück ist Öl nicht alles. Beim Erdgas dürfte die Produktion sogar noch locker ein Jahrzehnt weiter zu steigern sein. Die Steinkohle dürfte noch Hunderte von Jahren Verwendung finden, denn es ist die Energieform, die am preiswertesten ist und damit den höchsten Wohlstandseffekt hat.

Die Steinzeit ist nicht zu Ende gegangen, weil den Menschen die Steine ausgingen. Auch Erdöl wird nicht mehr gefördert werden, sobald es wirtschaftliche Alternativen zur extrem aufwendigen Erschließung neuer Lagerstätten gibt. Die Öl- und Energiekonzerne werden ganz pragmatisch immer dort investieren, wo der größte Profit zu erwarten ist. Das ist in der nächsten Zukunft die Erdgasgewinnung, und wenn die Erdgasvorräte zur Neige gehen, dann wird eben in Solarparks, Windkraftanlagen und dergleichen investiert. Die Metallwerkzeuge waren den Steinwerkzeugen überlegen, aber ob die alternativen, neuen Energiequellen

230

ökonomisch mit den versiegten fossilen Energieträgern zu vergleichen sind, wird erst die zukünftige Entwicklung zeigen.

Alternativen – zu welchem Preis?

Man sollte die menschliche Innovationsfähigkeit nicht unterschätzen. So hat die Effizienz von Windkraftanlagen bereits ein beachtliches Niveau erreicht und der Wirkungsgrad von Solaranlagen wird ebenfalls ständig verbessert. An sehr guten Sonnenstandorten sind sie heute auch schon ohne Förderung wirtschaftlich. **Die Effizienz der Energieerzeugung ist aber nicht allein für den Profit von Unternehmen wichtig.** Vom Aufwand, der zur Gewinnung von Energie betrieben werden muss, hängt schließlich der zukünftige Wohlstand der Menschheit ab!

Die Frage lautet also: Wie lange muss ein Mensch für eine Kilowattstunde Energie zukünftig arbeiten? Dieses Tauschverhältnis hängt vom zukünftigen Aufwand der Energiegewinnung ab. Wenn die Pessimisten Recht behalten, werden Menschen in Zukunft hart arbeiten müssen, nur um ihre elementaren Grundbedürfnisse zu befriedigen. Die ganze Arbeitskraft und Lebensenergie ginge dann in die Energie- und Nahrungsproduktion. Und die jetzige Weltbevölkerungszahl müsste sich dann wohl halbieren.

Soweit die Pessimisten, die uns nicht zutrauen, mit geringem Aufwand (und damit günstige) Energie zu produzieren. Das Schicksal der Menschheit hängt nicht davon ab, ob wir alternative Energien nutzen und welche, sondern welcher Aufwand dafür notwendig ist. Wenn die Ingenieure und Wissenschaftler es nicht schaffen sollten, effiziente Alternativen zu den fossilen Energieträgern zu finden, würde das Leben in der Zukunft eher dem im Mittelalter ähneln. Das Leben in jener Zeit war hart, kurz und brutal, und Trost fand man nur im Glauben an das Jenseits.

Steigende Weltbevölkerung

Bei 6,9 Mrd. Menschen auf diesem Planeten kann die Versorgung der Weltbevölkerung nur durch die bestehende Industrialisierung sichergestellt werden. Eine gezielte Deindustrialisierung würde einen Kollaps der Weltbevölkerung verursachen. Die Verwendung von Kohle, Öl und Gas hat die Industrialisierung und die Zunahme der Weltbevölkerung erst ermöglicht. Vor der industriellen Revolution gab es knapp eine halbe Milliarde Menschen auf dem Planeten. Das war damals unter der Verwendung von Holz zum Heizen und mit biologischem Anbau in der Landwirtschaft die Kapazitätsgrenze. Ohne fossile Brennstoffe und synthetische Düngemittel, moderne landwirtschaftliche Methoden, hochgezüchtetes Vieh und Saatgut würde der größte Teil der Menschheit verhungern und die Weltbevölkerung würde wieder auf den alten Stand (ein Achtzehntel) zurückfallen. Da niemand freiwillig seine Existenz aufgibt, würden wieder wie früher blutige Verteilungs- und Machtkämpfe – das biblische Armageddon – losbrechen. Ein freiwilliges »back to the roots« ist deshalb kaum möglich. Jede zukünftige Versorgungskrise würde nur dazu führen, dass jede agrarwissenschaftliche Möglichkeit genutzt würde, um die Agrarproduktion zu erhöhen.

Energie- und Lebensmittelpreise

Die Preise von Energie und Lebensmitteln stehen in einer engen Verbindung, genau wie die kommunizierenden Röhren aus dem Physikunterricht, bei denen der Wasserstand in verbundenen Röhren steigt oder fällt. Schon im Mittelalter konnten Nutzflächen entweder für Brennholz (Wald) oder für den Getreideanbau verwendet werden. Wurde Getreide knapp und teuer, dann wurde durch Rodungen auf lange Sicht die Waldfläche kleiner und somit das Holz knapper und teurer (auf kurze Sicht wurde es natürlich billiger). Auch heute sind Energie- und Lebensmittelpreise gekoppelt, die Anpassung verläuft nur wesentlich schneller.

Energie- und Nahrungsmittel sind also in gewisser Hinsicht Substitute. Das heißt, man kann die Nahrungsmittelproduktion mit Energieeinsatz erhöhen oder Agrarflächen zur Energieproduktion einsetzen.

Mittels Strom erzeugt man Kunstdünger, der Kunstdünger erhöht wiederum die agrarische Produktion. Eine Verteuerung von Energie schlägt deshalb auf die Kosten der Nahrungsmittelproduktion durch. Wird anstelle von synthetischem Dieselkraftstoff Pflanzenöl für den Motor verwendet, konkurriert der Traktor quasi mit dem Menschen um landwirtschaftliche Ressourcen. **Kurz gesagt: Energiepreise- und Lebensmittelpreise gehen im Gleichschritt – genau wie im Mittelalter.**

Die gebremste Renaissance der Kernkraft

Die nukleare Katastrophe in Japan wird den Bau neuer Kernkraftwerke bremsen. In einigen demokratischen Staaten ist das Sicherheitsbedürfnis der Bevölkerung so stark, dass mögliche Wohlstandseinbußen infolge eines Atomausstiegs in Kauf genommen werden. **Während einige Staaten wie etwa China, Indien und Russland ihre Pläne zum Ausbau der Kernkraft nach eigenem Bekunden nicht ändern werden, dürfte in Europa, Japan und den USA doch die Skepsis gegenüber der Beherrschbarkeit des atomaren Risikos zunehmen.** Insbesondere Deutschland hat aufgrund der Ereignisse in Japan bereits den endgültigen Ausstieg aus der Kernenergie beschlossen. Durch den Wegfall dieser Option wird der Handlungsspielraum der zukünftigen Energiepolitik deutlich eingeschränkt. Eine besondere Problematik liegt natürlich darin, dass sich Staaten, die nicht auf Atomkraftwerke verzichten, zumindest kurzfristige Wettbewerbsvorteile verschaffen. Energieintensive Produktion wird immer dorthin verlagert werden, wo die Energie am günstigsten verfügbar ist.

Wie geht es weiter?

Werden die Energiepreise weiter steigen oder nicht? Die Beantwortung dieser Frage hängt ab von der Effizienz der zukünftigen Alternativen (Wind, Sonne, Kernfusion etc.) zu den versiegenden einfach zu fördernden fossilen Energieträgern (vor allem Erdöl, später Erdgas). Die Energie würde jedenfalls teurer, wenn die zukünftigen Alternativen aufwendiger zu gewinnen und damit teurer wären als bisherige Quellen. Mehr Arbeit für das zum Lebensunterhalt Notwendige wäre die unabwendbare Konsequenz.

Wenn zukünftig jedoch Energie effizient und mit weniger Aufwand (Kosten) produziert werden könnte, dann würden die Kosten für Lebensmittel, Mobilität und Heizung nicht stärker steigen als die Löhne. Um das Gespenst der mittelalterlichen Mangelwirtschaft zu vertreiben, braucht die Wirtschaft deshalb einen Innovationsschub auf dem Energiesektor. Die Entwicklung großer Teile der Weltbevölkerung zur Industriegesellschaft erhöht den Energiebedarf und verschärft dadurch das Energieproblem zusätzlich von der Nachfrageseite.

5. Die Aufholjagd der »Entwicklungsländer«

Im Jahr 2005 hat sich laut Economist vom 16. September 2006 etwas Besonderes ereignet. Der Anteil der Wirtschaftsleistung aller aufstrebenden Ökonomien betrug mehr als die Hälfte der gesamten Weltwirtschaftsleistung. Allerdings wurde die Wirtschaftsleistung der einzelnen Staaten nicht mit den am Markt bestehenden Wechselkursen umgerechnet, sondern mit der »Kaufkraftparität« (Purchasing Power Parity). Dies sind jene fiktiven Wechselkurse, bei dem zwischen den Währungsräumen gleiche relative Produktionskosten vorherrschen würden. Das heißt, dass die klassischen Industrieländer gemessen am Umfang der Wirtschaftstätigkeit bereits überrundet wurden!

Zu den aufstrebenden Staaten wurden Indien, China, Süd- und Mittelamerika, Afrika und Südostasien (ohne Japan) gezählt. Zu den entwickelten Staaten gehören diejenigen, welche bereits 1996 zur

OECD gehörten. Damit wurden auch Polen, Mexiko und Hong-kong zu den aufstrebenden Staaten gerechnet. Die Einteilung in ent-wickelte und aufstrebende Staaten ist natürlich etwas willkürlich. Trotzdem sind die genannten Fakten für das Jahr 2005 beeindru-ckend: Die zu den aufstrebenden Staaten gezählten Wirtschaftsräume verbrauchen bereits die Hälfte der Energie weltweit und halten zu-sammen 70 % der globalen Devisenreserven.

Im März 2011 wurde zudem bekannt, dass die Volksrepublik China aktuell der weltweit größte Produzent im verarbeitenden Gewerbe ist. Die USA hatten diese Position vor 110 Jahren von Großbritanni-en übernommen. Damit hat China die führende Rolle bei der Pro-duktion zurückerobert, die es im Jahr 1850 verloren hatte.

Die aufstrebenden Staaten werden nicht nur ihren Anteil am Volu-men der Weltwirtschaft weiter steigern, sondern auch weiter in höhe-re Wertschöpfungsbereiche vordringen. Die Vorstellung, dass schlecht bezahlte Asiaten die billigen Massenwaren herstellen, während in den Industriestaaten qualifizierte Tätigkeiten verrichtet werden, die ein spezielles Know-how erfordern, dürfte künftig nicht zu halten sein. Asiaten sind den Deutschen sehr ähnlich, und deshalb werden sie bald in der Lage sein, ähnliche Qualitätsprodukte zu liefern.

»Hochqualifizierte« werden in Europa und Amerika bald denselben Lohndruck spüren wie Fließbandarbeiter bei Opel oder Nokia. Die vermeintliche Selbstverständlichkeit, dass akademische Bildung au-tomatisch einen höheren Lohn als für qualifizierte Facharbeit recht-fertigt, dürfte erschüttert werden. Die Kalkulation, Investitionen in Bildung und Forschung würden dieselben hohen Renditen für die Volkswirtschaft einbringen wie früher, dürfte somit auf Sand gebaut sein. In der Volksrepublik China verlassen jedes Jahr eine Million In-genieure die Schulen. Wirklich elitär ist nur, was begehrt und rar ist.

Der internationale Wettbewerb wird in den kommenden zwei Jahr-zehnten zu einer Konvergenz der Lohnniveaus von »Aufsteigern« und »Verteidigern« führen. Auch das Humankapital unterliegt die-sen Mechanismen des funktionierenden Marktes. Vorausgesetzt natürlich, die weitere Globalisierung der Wirtschaft stößt nicht auf den massiven Widerstand der Bevölkerung in den etablierten Industriestaaten. Bisher hat der Wettbewerb zwischen den Arbeitnehmern in Europa und Amerika und den neuen Konkurrenten die Preissteigerung in den alten Industriestaaten gebremst und deshalb eine lockere Geldpolitik ermöglicht, doch das könnte sich bald ändern.

Die militärische Aufholjagd

Der wirtschaftliche Aufstieg von Staaten wie China und Indien wird dazu führen, dass diese Staaten ihre neue wirtschaftliche Macht bald auch in mehr militärische Stärke und politisches Gewicht umsetzten werden. Während Indien sich zunehmend als starker US-Bündnispartner präsentiert und topmoderne US-Waffentechnologie importieren darf, entwickelt sich zwischen den USA und der Volksrepublik China eine wachsende Rivalität.

Die Ausgabe der »Zeit-Online« vom 25. April 2011 titelte »Schachpartie auf dem Meer – Das große Kräftemessen unserer Zeit findet in Asien statt; Amerika und China streiten sich um die Vorherrschaft im Pazifik«. Damit wurde das Wesentliche auf den Punkt gebracht. Der Artikel schildert, wie ausgerechnet während eines Besuchs des amerikanischen Verteidigungsministers Gates, der von Chinas Staatspräsident Hu Jintao empfangen wurde, der neue chinesische Tarnkappenbomber J-20 zum Testflug abhob. Diese Demonstration der Macht brüskierte nicht nur den US-Verteidigungsminister, sondern offenbarte auch, dass Chinas Armee ein Staat im Staate geworden ist, denn Hu Jintao versicherte, von dem Test nichts gewusst zu haben.

China rüstet auf: Tarnkappenbomber, Anti-Schiffsraketen, und ein Flugzeugträger ist auch geplant. Der Tarnkappenbomber wurde in der abgeschirmten Rüstungsmetropole Chengdu entwickelt, einem Waffenschmiedezentrum mit 11 Millionen Einwohnern.

Der »Zeit«-Artikel stellt die rhetorische Frage, wozu die Volksrepublik diese Waffen benötige. Die Antwort kommt gleich danach:

China will fremden Mächten den Zugang zu seinen Seegebieten verweigern. Ja, was soll daran suspekt sein? Verdächtig ist eher der Anspruch Amerikas, jederzeit nach Belieben in jeden Winkel der Welt einzudringen. Wenn militärische Stärke die einzige Möglichkeit ist, seine politische Souveränität durchzusetzen, dann ist Aufrüstung auch rational und vertretbar. Irrational sind dagegen historisch gewachsene Machtansprüche, die nicht mit der politischen Realität vereinbar sind. Sie bilden das eigentliche zukünftige Konfliktpotenzial.

6. Die Rolle des Dollars als »Safe Haven« und Reservewährung wankt

Die jüngsten Turbulenzen an den Kapitalmärkten, ausgelöst durch die tragischen Ereignisse in Japan und die Unruhen in Ägypten, Libyen, Jemen, Bahrain und anderswo, haben eine neue Schwäche des Dollars offenbart. Der handelsgewichtete Dollarindex liebäugelte mit seinem Tief aus dem Jahr 2009, während auf den Kapitalmärkten ein Hauch von Untergangspanik aufzog.

Nicht dass Angst etwas grundsätzlich Neues wäre an der Börse. Nein, was neu war, ist die Schwäche des Dollars in solch einem Moment. Der Dollar war seit Jahrzehnten der sichere Hafen (»Safe Haven«) für Investoren, die einfach nur Kasse machen wollten und aus dem Risiko herauswollten. Regelmäßig wurden Abschwünge an den Weltbörsen von Anstiegen des US-Dollars begleitet. Alle Investoren, die rechtzeitig die Chips von den Weltbörsen abzogen und in Dollar gingen, konnten sich auf Gewinne mit ihren US-Staatsanleihen freuen, weil auf die Zinssenkungen der Federal Reserve Verlass war.

Experten, die solche Bewegungen früher erkannten als der Tross der Investoren, konnten praktisch nur gewinnen. Zuerst über die Wertsteigerung riskanter Vermögenswerte an den internationalen Kapitalmärkten, dann über einen Anstieg des Dollarkurses und der »risikolosen« Staatsanleihen infolge des gefallenen Zinssatzes. Dies ist oder war der Kern des Safe-Haven-Status des US-Dollars. Bei den jüngsten Turbulenzen war von einer Dollarstärke aber nichts mehr zu erkennen.

Vor einem halben Jahr sahen die Währungsstrategen der UBS die Ursache für den Verlust des Status als »Sicherer Hafen« in den Anleihenkäufen der Federal Reserve. Die Anleihenkauf-Programme (QE1 und QE2) hatten den Dollar gegenüber den anderen Währungen geschwächt. Die Aussicht, dass dem im Juni 2011 ausgelaufenen QE2 ein QE3 folgen würde, schwächte den Dollar zunächst weiter und nahm ihm seinen Status als Safe Haven. Die Experten waren der Meinung, dass nur eine verbindliche Erklärung der Fed, von den geplanten Maßnahmen abzusehen, den Status des Dollars als Safe Haven wiederherstellen würde. In der Tat hat der Dollar bei den jüngsten Turbulenzen um die Stabilisierung des europäischen Bankensystems wieder einen Anflug von Stärke gezeigt.

Auch der Status als Reservewährung, also die Attraktivität für die Notenbanken, den US-Dollar als Devisenreserve zu halten, ist bereits beschädigt, und verschiedene Staatsfonds bauen ihre Treasury-Bestände ab. Womöglich werden die Japaner, als einer der Hauptgläubiger der US-Regierung, gar Staatsanleihen versilbern, um die Schäden aus der Mehrfachkatastrophe im eigenen Land zu decken.

Selbst die Bereitschaft, den Dollar als internationales Zahlungsmittel zu verwenden, nimmt weiter ab. Dazu gehört auch die Ankündigung der Volksrepublik China im März 2011, zukünftig Exporte in Yuan abwickeln zu wollen. Das sind erste Vorbereitungen, um den Dollar als Weltreservewährung zu verdrängen.

Wie schon erwähnt hat PIMCO, der größte Anleihenfonds der Welt, vor einigen Monaten seine US-Staatsanleihen abgestoßen. Man wolle erst wieder nach dem Ende der quantitativen Lockerung bei einem um ca. 1,5 % höheren Zinssatz in US-Treasuries investieren! Diese Rechnung ging bisher nicht auf, da die Zinssätze wegen deflationärer Erwartungen fielen.

All diese Puzzlestücke ergeben zusammen das Bild einer strukturellen Nachfrageschwäche für den US-Dollar und US-Staatsanleihen, die ein Absetzen der quantitativen Lockerung (Anleihenkäufe der Notenbank) erforderlich macht, um Gläubiger wie die Volksrepublik China bei der Stange zu halten.

Wenn die Gläubiger der USA keine Anleihen mehr kaufen würden, müsste die Federal Reserve mit umfangreicheren Anleihenkäufen beginnen und die Finanz- und Geldpolitik der USA würde unkontrollierbar. Inflationserwartungen und langfristige Zinsen würden steigen, der Dollar und die Anleihenmärkte würden abstürzen und schließlich würde eine Preisinflation eine Rezession auslösen – eine Stagflation wie in den 70er-Jahren des vorigen Jahrhunderts.

Das Dollarimperium wankt, der Status als Reservewährung und die Eigenschaft als Safe Haven stehen bereits heute auf dem Spiel. Die USA stehen vor einem Balanceakt: Bei zu wenig Neuverschuldung des Staates droht eine deflationäre Abwärtsspirale. Bei der derzeitigen Fed-Fund-Rate von fast 0 % könnte die Notenbank die Wirtschaft dann nicht mehr mit Zinssenkungen anschieben. Die Befürchtungen des Fed-Chefs Ben Bernanke im Hinblick auf eine drohende Liquiditätsfalle und eine Deflation sind nicht unbegründet. Ein Zuviel bei der Neuverschuldung würde die Fed zwingen, die Anleihenkäufe fortzusetzen und damit einen Dollar- und Anleihencrash zu riskieren.

Für den Fall, dass der Dollar als Reservewährung, internationales Zahlungsmittel und Safe Haven ausfällt, stellt sich die Frage: Wer oder was erfüllt diese Rolle dann? Wohin werden all die Schiffe segeln, die bisher bei Sturm im Dollarhafen ankerten, wenn dort ein Vulkan ausbricht?

Es gibt nicht viele Häfen, die diese bisherige Rolle des Dollars übernehmen könnten. Kleine stabile Währungen wie der Schweizer Franken oder die Norwegische Krone sind ungeeignet, da deren Notenbanken die Währung bei Kapitalzuflüssen – wie wir im Falle des Schweizer Frankens sahen – durch eine quantitative Lockerung schwächen würden. Investoren müssten dann später mit empfindlichen Währungsverlusten rechnen, wenn sie aus der Währung wieder herauswollten. Auch Edelmetallmärkte haben ein begrenztes Volumen, keine Notenbank kann per Knopfdruck neues Gold oder Silber schaffen.

Sollte über eine längere Periode keine große Währung die Funktion einer Reservewährung übernehmen, dann könnten ständig wachsende Horte von Edelmetallen und Rohstoffen (wert- und mengenmäßig) irgendwann einen Pool bilden, der groß genug wäre, um als Reservewährung für die Weltwirtschaft zu dienen.

In diesem Fall würden die betreffenden Waren zu Geld, das heißt, sie würden eventuell sogar eine Blase bilden, die nicht mehr platzen kann. Man könnte übrigens jede Währung als nicht geplatzte Kreditblase bezeichnen. Eine Eigenschaft müsste die neue Reservewährung auf jeden Fall mitbringen, um sich durchzusetzen: Sie muss den Investor vor realen Wertverlusten schützen. Noch ist aber alles offen. Selbst eine erfolgreiche Gegenoffensive der Fed im Stile eines Paul Volcker (siehe Kapitel C.4., »Inflation und Disinflation«), um die Dollardominanz wiederherzustellen, ist nicht auszuschließen.

Die wirtschaftliche Entwicklung der aufstrebenden Staaten führte in den USA zu wachsenden Handelsbilanzdefiziten, einer Aushöhlung der realen Wirtschaft und hoher Arbeitslosigkeit. Mehrfach haben demokratische Abgeordnete deshalb bereits Schutzzölle gegen Importe aus der Volksrepublik China gefordert und im Oktober 2011 hatten sie im US-Senat Erfolg. Die amerikanische Politik möchte China dazu bewegen, seine Währung, den Yuan, stark aufwerten zu lassen. Beide Entwicklungen, die Einführung von Schutzzöllen gegen chinesische Produkte oder eine kommende Aufwertung der Konkurrenzwährung, dürften in der Folge in den USA deflationäre Kräfte abmildern oder zu Preisansteigen führen. In der Volksrepublik China dürfte eine Währungsaufwertung oder Schutzzölle der USA zu einem starken Wettbewerbsdruck führen. Eine stagnierende Exportwirtschaft würde ihre Überschüsse auf dem Weltmarkt drücken. Diese Entwicklung würde in den betreffenden Branchen zu Wettbewerbsdruck und fallenden Profitmargen führen.

7. Globales Schuldendilemma

Lassen sie sich folgende Statistiken von der Bank für Internationalen Zahlungsausgleich (BIZ) auf der Zunge zergehen: Die Weltwirtschaft hatte im Jahr 2009 ein Bruttoprodukt von 58,07 Billionen US-Dollar, das sind 7178 US-Dollar je Erdenbewohner. Die Wirtschaftsleistung der USA liegt im Vergleich dazu bei 15 Billionen US-Dollar.

Wenn man die Bruttoinlandsprodukte der einzelnen Staaten nicht mit den aktuellen Wechselkursen umrechnet, sondern mit den Kaufkraftparitäten, errechnet sich ein Bruttoweltprodukt von 70,2 Billionen US-Dollar oder ein mittleres Einkommen von 10 500 US-Dollar je Weltbürger. Die Weltbevölkerung wurde im Jahr 2010 auf rund 6,8 Mrd. Menschen geschätzt.

Der Marktwert der weltweiten Immobilien wird auf 75 Billionen US-Dollar geschätzt. Der Gesamtwert aller Anleihen- und Aktienmärkte weltweit wird auf ein Volumen von 100 Billionen geschätzt. **Der Nennwert aller weltweit ausstehenden Derivate betrug zum Dezember 2009 1140 Billionen US-Dollar!** Das Gros machten dabei Zinsswaps, Zinsfutures und Währungsforwards aus. Seit dem Platzen der Immobilienkreditblase im Jahre 2007, wo dieses Volumen die Spitze von 1140 Billionen US-Dollar erreichte, stagniert diese Größe offensichtlich.

Die US-Investmentbank J.P. Morgan ist der größte Kontraktpartner in diesem Markt. Der Großteil dieser Wetten hebt sich gegenseitig auf. Die offenen Kontrakte belaufen sich jedoch immerhin noch auf 109 Billionen US-Dollar, davon sind 26 Billionen Kreditderivate. Man kann sich bei diesen Dimensionen durchaus vorstellen, dass große Kreditausfälle auch zu gigantischen Verlusten bei den Vertragspartnern von Derivaten führen. Solche »Umverteilungen« würden viele weitere Bilanzen von Unternehmen und Banken beschädigen und die Stabilität der Weltwirtschaft und der Staatsfinanzen gefährden. Der Investor Warren Buffett verglich Derivate vor einigen Jahren mit Massenvernichtungswaffen.

Derivate stehen im engen Zusammenhang mit außerbilanziellen Einheiten internationaler Banken. Derivate werden meist zur Absicherung von Kreditrisiken verwendet. Die Größenordnung bei den Derivaten legt den Gedanken nahe, dass die potenziellen Verluste der Versicherten im Ernstfall gar nicht gedeckt sein können.

Die Situation könnte man mit einer mittellosen Versicherungsagentur vergleichen, die eine Stadt flächendeckend mit Brandschutzversicherungen versorgt. Einzelne Hausbrände könnte diese Agentur locker aus den jährlichen Beiträgen bezahlen. Doch bei einem Großbrand, der weite Teile der Stadt betrifft, müsste die Agentur einfach dicht machen. Die Versicherung versagt dann gerade im denkbar schlimmsten Fall (worst case).

Welche Wirkung haben Versicherungen, die im finanziellen Ernstfall gar nicht greifen? Sie ermöglichen eine höhere Verschuldung von Banken, Unternehmen und Staaten, weil Risiken scheinbar reduziert werden. Kurz gesagt: Die Derivateblase hat es ermöglicht, das vom Dollar dominierte Schuldenkartenhaus immer weiter zu erhöhen.

Die weltweite öffentliche Verschuldung beträgt laut »Economist« aktuell 41,8 Billionen US-Dollar, also rund 72 % des Welteinkommens. Das klingt noch vertretbar. Doch die etablierten Industriestaaten nähern sich bereits der Grenze der Nachhaltigkeit oder haben sie überschritten. Die private Verschuldung in den USA, Großbritannien, Irland, Spanien hat einen Grad erreicht, der einen Rückgang im Verhältnis zum Bruttoinlandsprodukt notwendig macht. Die überschuldeten Sektoren der einzelnen Volkswirtschaften müssten somit entschuldet werden. Wenn andere Sektoren der Weltwirtschaft die Verschuldung hochfahren, ist dies leichter möglich.

Wenn jedoch die Verschuldung der Weltwirtschaft im Verhältnis zur globalen Wirtschaftsleistung abnimmt, würde dies eine globale Deflation implizieren. Andererseits kann eine Weigerung von einzelnen Staaten, sich der natürlichen Grenze der Verschuldung zu beugen, eine Notenbankfinanzierung von Staatsschulden (Inflation) und starke Kaufkraftverluste unausweichlich machen. Ein starkes globales Wachstum und eine stärkere Verschuldung in den sich entwickelnden Regionen der Welt könnte den Prozess des »Deleveraging« (Entschuldung) in den entwickelten Staaten erheblich erleichtern.

In der nachfolgenden Grafik, die dem Abschlussbericht des World Economic Forum 2011 in Davos entnommen wurde, erkennt man den Masterplan der Finanzeliten.

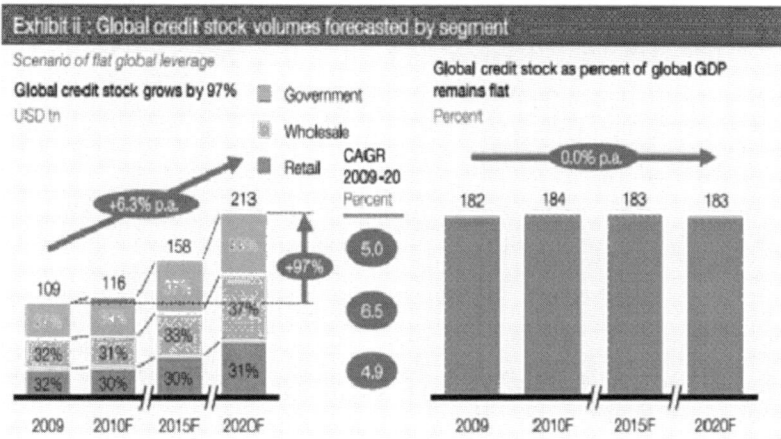

Quelle: World Economic Forum Report of 2011

Um das Verhältnis von globalem BIP zur Gesamtverschuldung konstant zu halten (ein sehr schwieriger Balanceakt), wurde ein Gleichgewicht kalkuliert. Dieses erfordert eine globale Kreditzunahme (und nominales Wirtschaftswachstum) von jährlich 6,3 %.

Dieses Gleichgewicht erfordert auch eine Zunahme aller globalen Schulden von 109 Billionen auf 213 Billionen US-Dollar (2009–2020). Von 2000 bis 2009 stieg der Weltschuldenstand von 57 auf 109 Billionen Dollar. Dabei stieg aber die Verschuldung relativ zum BIP von 152 auf 182 %. Ob es gelingt, ein konstantes Verhältnis zwischen BIP und Verschuldung herzustellen, scheint fraglich. Warum sollte ein Kreditwachstum, das schwächer ist als in den vergangenen zehn Jahren, das Verhältnis zum BIP jetzt nicht mehr verschlechtern?

G. Basisszenarien für die Weltwirtschaft

Die Zukunft ist kein feststehendes Ereignis. Es gibt nicht eine zu erwartende Zukunft, sondern unendliche viele »Zukünfte«. Gemeint sind unendliche viele Varianten von Möglichkeiten, wie sich die jeweiligen Ereignisse entfalten könnten. Aber eine dieser »Zukünfte« wird eintreten, ergo das sein, was man dann Gegenwart nennt.

Ein gewöhnlicher Würfel hat sechs mögliche Ereignisse. Die Zahlen 1 bis 6 können gewürfelt werden. Bei einem perfekten Würfel ist jede Augenzahl gleich wahrscheinlich. Würde man 600-mal würfeln, würde man erwarten, dass jede Zahl annähernd 100-mal gewürfelt wird. Auch der Mittelwert der Augenzahl würde ziemlich genau bei 3,5 zu erwarten sein. Doch den einzelnen Wurf selbst kann man nicht prognostizieren.

Genau so verhält es sich mit allen Ereignissen, die man zu prognostizieren versucht. Es gibt unzählige Pfade, die das Schicksal nehmen könnte. Wenn man einen Würfel nur 4-mal hintereinander würfelt, ergeben sich durch die Wahrscheinlichkeitsrechnung schon 1296 verschiedene Zahlenfolgen. Aus sechs Basisereignissen entstehen praktisch durch vier Wiederholungen 1296 mögliche Folgen von Augenzahlen.

Um die Zukunft in einem Modell zu erfassen, werde ich hier einige Basisszenarien aufzeigen. Diese Grundszenarien können grundsätzlich in beliebiger Reihenfolge hintereinander auftreten, wie bei unserem Würfelbeispiel, oder auch parallel in gemischten Varianten. Sie könnten aber auch lokal allein eintreten.

Als einzelne Basisereignisse sehe ich:

- (A) die Möglichkeit einer globalen deflationären Entwicklung
- (B) das Abgleiten einzelner oder mehrerer Währungsräume in eine unkontrollierbare Inflation
- (C) die Zahlungsunfähigkeit von Staaten oder Währungsreformen
- (D) Währungs- und Handelsstreitigkeiten mit nachfolgendem Zerfall der Weltwirtschaft in mehrere Wirtschaftsblöcke
- (E) einen großen Stellvertreterkrieg um die Dollarvorherrschaft und Ressourcen
- (F) den Beginn eines neuen Kondratjew-Zyklus, der mit technischen Innovationen, einer gerechten Weltwährungsordnung und besseren Regeln für die Wirtschafts- und Handelsbeziehungen die Voraussetzungen für eine Erholung der Weltwirtschaft schafft.

Die hohe Verschuldung der Vereinigten Staaten und anderer verschuldeter Industriestaaten (Japan, Großbritannien etc.) bildet die explosive Mischung, die entweder zu Deflation oder Inflation führen muss. Es erscheint konterintuitiv, dass es eine Ausgangssituation gibt, die so gegensätzliche Folgen zeitigen kann. Hohe Schuldenberge, welche die Sättigungsgrenze erreicht haben, müssen zwangsläufig langsam zurückgehen. Die Gesamtschulden müssen relativ zum Bruttoinlandsprodukt sinken. Je nachdem, wie die Geldpolitik diesen an sich strukturell deflationären Prozesses begleitet, wird sich entweder ein deflationäres oder ein inflationäres Umfeld durchsetzen.

Ein sich potenziell entfaltendes deflationäres Szenario in den USA könnte durch die Monetarisierung von Staatsanleihen (QE) oder anderer Anleihen (QE) durch die Fed verhindert werden. Die Gefahr dieser Maßnahme ist jedoch, dass ihre permanente Anwendung zu einer langfristig exponentiell wachsenden Preissteigerungsrate führen würde. Wenn die USA diesen Weg beschreiten, würden sie auch den US-Dollar aus dem Zentrum der Weltwirtschaft schießen. Der Immobilienmagnat Sam Zell hat in einem CNBC-Interview (vom 4. März 2011) geäußert, der Lebensstandard der US-Amerikaner würde um rund 25 % fallen, wenn der US-Dollar den aktuellen Weltreservestatus verlieren sollte. Auf der Währungskonferenz in Bretton Woods, die im März 2011 stattfand, meinte der Finanzier George Soros, der US-Dollar sei mittlerweile sowieso nicht mehr die alleinige Reservewährung. Das rückt die gegenwärtig schwache Entwicklung der US-Volkswirtschaft in ein anderes Licht. Der Status des Dollars ist zumindest angezählt. Um einen Dollarcrash zu vermeiden, versucht die amerikanische Wirtschaftspolitik nunmehr seit Juli 2011 mit moderat ausbalancierten Haushaltsdefiziten eine Gratwanderung zwischen einer deflationären Kontraktion der Wirtschaft und einer inflationären Lösung.

Der zweite Vorsitzende der von US-Präsident Obama im vorigen Jahr eingesetzten Schuldenkommission, Erskine Bowles, meinte, die USA könnten eine Schuldenkrise nur mit massiven Kürzungen der Militär- und Sozialausgaben vermeiden. »Ich weiß, diese Kürzungen sind wahrscheinlich schwierig, doch wir können diese Entscheidung nicht weiter verschieben, wir müssen jetzt handeln«, sagte der Finanzexperte unter Eid vor der Budgetkommission des Senats aus. Er prophezeite eine Finanzierungskrise des Staates innerhalb von zwei Jahren, bei der die USA die Fähigkeit verlieren würden, Kredit am Kapitalmarkt zu bekommen. Der Vorsitzende der US-Budgetkommission, Kent Conrad, dazu: »Machen Sie sich nichts vor, wir befinden uns an einer kritischen Weggabelung.«

Diese Entscheidung sollte somit bis 2012 gefällt werden, sonst übernimmt der Markt, wie im Fall Griechenland, die Initiative und treibt die Amerikaner vor sich her. Paul Volcker, der sich bei der Bekämpfung der Inflation in den Achtzigern einen Namen machte, hatte bereits im Jahr 2005 vor einer 75%igen Wahrscheinlichkeit einer Währungskrise des US-Dollars in den nächsten fünf Jahren gewarnt!

Es erscheint mir zumindest logisch, dass die US-Wirtschaftspolitik den Versuch unternimmt, den befürchteten Dollarwertverfall und eine Hochinflation durch eine genau kalkulierte Defizitpolitik zu vermeiden. Auch die Federal Reserve sieht deshalb – derzeit wenigstens – von einem unlimitierten und dauerhaften Einsatz der »Druckerpresse« (via Anleihenkäufe) ab.

1. Globale Deflation

In diesem Szenario greifen die deflationären Kräfte, die ich bereits im Kapitel E.3., »Der Markt will Deflation«, geschildert habe. Ein deflationäres Umfeld bedeutet nicht etwa eine andauernde Rezession, auch wenn diese in kürzeren Abständen auftreten werden.

Die Wirtschaft kann und wird durchaus real wachsen, wie dies auch im Japan der vergangenen 20 Jahre der Fall war. Ein deflationäres Umfeld kennzeichnet sich durch Lohn- und Preisdruck, fallende Margen bei Unternehmen und hohe Produktivitätssteigerungen.

Eine globale Deflation, also ein fallendes Preisniveau und eine Geldmenge, die der Geldnachfrage hinterherhinkt, wäre für die allermeisten ökonomischen Beobachter, Unternehmer und Investoren sehr unerwartet. Doch gerade dies ist in Japan seit dem Platzen der Immobilien- und Aktienblase geschehen (oder besser der Zusammenbruch der Yen-Schuldenpyramide). Die historischen Ereignisse in Japan wurden bereits im Kapital »Boom und deflationäre Stagnation in Japan« näher beleuchtet.

Nachdem die Privatwirtschaft in den entwickelten Volkswirtschaften, insbesondere im angelsächsischen Block, die Grenze der Verschuldung erreicht hat, beginnt die Schuldenpyramide zu bröseln. Das Volumen der Bankkredite des US-Bankensystems und des Schattenbankensystems ist nach Beginn der Finanzkrise um 5 Billionen US-Dollar geschrumpft. Dieser Abschmelzvorgang schwächte die Nachfrage in der US-Wirtschaft erheblich. Durch massive Ausweitung der

US-Staatsverschuldung wurde dem Nachfrageverlust begegnet. Die neuen Staatsschulden ersetzen quasi die getilgten privaten Schulden, um die Höhe der Pyramide zu stützen. Auch wenn das Schattenbanksystem derzeit wieder boomt, die nächste Kreditkontraktion lauert bereits um die Ecke.

Der Prozess des Deleveraging (Schuldenreduktion) dürfte ein Jahrzehnt andauern! Während dieser Zeit der Schmelze der Dollarkreditpyramide müsste die US-Staatsverschuldung zumindest anfänglich weiter 10% des BIP betragen, wenn die Nachfrageschwäche durch die Kreditkontraktion der Bankkredite kompensiert werden soll!

Das Problem ist nur, dass die bisherigen Gläubiger der USA – Japan, China und die Ölstaaten – bereits über so hohe Dollardevisenbestände verfügen, dass es für die US-Währung existenzgefährdend wäre, wenn diese entweder weiter ausgeweitet oder schnell zurückgefahren würden. Das alte Konzept des »Dollartributsystems« wurde überdehnt. Ein neuer langfristiger Strategieplan für die USA muss her. Ein Plan, der die Spielregeln in einer Weise verändert, dass die USA weiter die globale monetäre Führung behalten. Vielen Marktbeobachtern zufolge ist ein Ausweg aus der stagnierenden Schuldenpyramide nur über eine (Hyper-)Inflation möglich. Dieses Szenario beleuchte ich im nächsten Abschnitt. Im Prinzip hat die Federal Reserve mit dem massiven Aufkauf von US-Staatsanleihen (QE = Quantitative Easing, auf Deutsch: quantitative Lockerung) zunächst damit begonnen, den Weg zu hoher Inflation zu beschreiten. **Doch der Preis wäre der endgültige Verlust des Weltreservestatus des Dollars. Deshalb scheint die Haushalts- und Geldpolitik in den USA gegenwärtig eher zu einer Austeritätspolitik zu neigen.**

Damit scheint die Alternative zur inflationären Lösung, nämlich die kontrollierte deflationäre Reduktion der Dollarschuldenpyramide angesteuert zu werden, wie sie im Folgenden in einer extrem ausgestalteten Vision skizziert wird.

Eine deflationäre Lösung für die Dollarpyramide:

- a) Abwertung des US-Dollars
- b) Beendigung der Anleihenverkäufe und der Austeritätspolitik
- c) Mobilisierung der US-Gläubiger
- d) Staatliche Investitions- und Beschäftigungsprogramme
- e) Schlechtere Konditionen für Gläubiger

a) Abwertung des US-Dollars

Im ersten Schritt wird der US-Dollar gegen alle Währungen – vor allem gegen den chinesischen Yuan – deutlich abgewertet. Notfalls muss die Fed Inflation in jede Ritze der Weltwirtschaft bringen, um unwillige asiatische Währungshüter zur Aufwertung zu zwingen. Diese Schritte sind bereits in Arbeit. Mit den geldpolitischen Lockerungen QE1 und QE2 wurde der Dollar durchaus geschwächt. Wenn dieser geopolitische Währungsfeldzug zur gewünschten Aufwertung der meisten Wettbewerbswährungen gegenüber dem US-Dollar geführt hat und damit die US-Wirtschaft für das kommende globale raue Wettbewerbsklima in die Pole Position bugsiert wurde und die US-Wirtschaft hinreichend stabilisiert ist, dann kann bei sich abzeichnender Preisinflation der Dollarhebel umgelegt werden, also die lockere Geldpolitik beendet und die Zinswende eingeleitet werden.

b) Beendigung der Anleihenverkäufe und der Austeritätspolitik

Bei einer weniger expansiven Geldpolitik, die sich mit Anleihenkäufen zurückhält, wird die spekulative Neigung sowie die Risikoaversion der Kapitalmärkte sinken. Emittenten von Anleihen mit mäßiger oder schlechter Bonität kommen in Bedrängnis, weil die Risikoaufschläge stark steigen. Damit würden weltweit auch die Finanzierungskosten für betroffene Unternehmen und Staaten steigen. Ak-

250

tienmärkte würden scharf korrigieren, Investitionen würden neu überdacht werden, wackelige Schuldner würden über die Klippe gehen. Angesichts der schlechten Aktienmarktperformance wird auch der amerikanische Konsument, der bisher die produzierten Überschüsse der Welt konsumiert hat, die Sparquote hochschrauben, beispielsweise auf 10 % des BIP, wie es der in den USA für seine Prognosen ausgezeichnete Ökonom Gary Shilling erwartet.

In Abwesenheit einer lockeren Goldpolitik würden die resultierenden hohen realen Zinsen (nach Preisinflation) endlich auch wieder amerikanische Investoren zu Käufern von US-Staatsanleihen machen. Dann wäre eine Monetarisierung der US-Staatsanleihen durch die Federal Reserve auch nicht mehr nötig. Damit die hohen realen Renditen, die notwendig sind, um diesen Spartrend in den USA zu erzwingen, für den US-Staatshaushalt auch tragbar sind, müssen die nominalen Zinsen und damit die Zinslast niedrig bleiben. Dies ist wiederum nur mit »Nullinflation« oder gar fallenden Preisen möglich. Würde das Preisniveau um 1 % per annum fallen, wäre wohl ein Zinssatz von 2,5 % auf US-Staatsanleihen für die Kapitalmärkte ausreichend, um diese Trendwende der USA zu finanzieren.

Der Ausfall des US-Konsumenten, der nun zum Turbo-Sparer wird, trifft die Volksrepublik China wie ein wirtschaftlicher Tsunami. Just in dem Moment, in dem die Kreditverknappung und die Aufwertung des Yuan das Wirtschaftswachstum deutlich schwächen, trifft der Wegfall des US-Konsumenten die Volksrepublik mit voller Wucht.

Die wirtschaftliche Stagnation macht in China schlagartig ein Drittel aller Produktionskapazitäten unnötig. Rohstoffe, vor allem Industriemetalle, werden preiswerter. Exportnationen, die vom Chinaboom profitierten, sehen nun dem völligen Ausbleiben dieser Kundschaft entgegen. Deutschlands und Japans Exporteure leiden. Auch Rohstoffexportnationen wie Australien, Kanada und Brasilien müssen erkennen, dass die Bäume für sie nicht in den Himmel wachsen. Global wird das Wettbewerbsklima härter, Unternehmen unterbieten sich bei Preisen für Güter und Dienstleistungen.

In der VR China bricht eine schwere Wirtschaftskrise aus. Es gibt soziale Unruhen, besonders ethnische Minderheiten begehren auf. Chinesische Unternehmen versuchen mit Kampfpreisen bei Ausrüstungs- und Investitionsgütern, die stillstehenden Fabriken auszulasten. Die Weltmärkte für Zement, Stahl, Elektroartikel schalten auf den Überlebensmodus. Weltweit bricht bei den betroffenen Unternehmen die Marge weg. Die Unternehmen betreiben intensive Lobbyarbeit für eine Schutzzollpolitik. Die Aktienmärkte schalten in den Bärenmodus und sehen für ein bis zwei Jahrzehnte ihre alten Hochs nicht mehr wieder.

Insbesondere verschuldete Industriestaaten können nicht in dem Maße wirtschaftliche Stimulation leisten (Neuverschuldung), wie die Kreditvolumina nun schrumpfen. Eine Politik des »Gürtel-enger-Schnallens« (Belt-Tightning) zeitigt dramatische Wirtschaftseinbrüche für die betroffenen Staaten. Wie sich das anfühlt, kann man derzeit am Beispiel Griechenland studieren. Dort ist das reale Bruttoinlandsprodukt im vierten Quartal 2010 um 6,6 % gefallen. Die realen Arbeitseinkommen sind um 10,12 % gefallen, der Konsum brach ein und die Bauindustrie ging in den Tiefschlaf. Das Handelsbilanzdefizit Griechenlands ging immerhin um 27 % zurück. Damit wäre der erste Schritt zum Gleichgewicht vollzogen. Nur können die Schulden dann wohl nicht mehr bedient werden, wenn diese Austeritätslösung bis zum Ende durchgezogen wird.

Staaten mit eigener Währung, die mit dieser Austeritätspolitik scheitern, werden in den Hyperinflationsmodus umschalten. Bereits zuvor hoch verschuldete Staaten ohne eigene Währung, wie eben Griechenland, Portugal und Irland, werden zahlungsunfähig und ziehen damit ihre Gläubiger mit in den Sumpf oder treten aus dem Euro aus.

Japan baut aufgrund seiner Demografie und den Folgen der Katastrophenserie im Jahre 2011 private Guthaben ab, bzw. staatliche Auslandsschulden auf. Die japanische Regierung entscheidet sich aufgrund der steigenden Zinslast auf deren Staatsanleihen für eine höhere Inflation. Japan verlässt die langjährige Phase der Deflation.

Im Kapitel E.1., »Deflation – verborgen hinter dem Schleier der Geldflut«, habe ich gezeigt, dass eine strukturelle Deflation durchaus von der Geldpolitik überdeckt werden kann. In einem deflationären Umfeld setzen sich Unternehmen mit geringen Fixkosten und flexiblem Lohnniveau gegen ihre Konkurrenz durch, um Vorteile zu erringen und die eigenen Margen zu retten. Insbesondere US-Unternehmen weisen im Vergleich zu europäischen Unternehmen eine hohe Flexibilität auf.

Die USA können in diesem mörderischen, deflationären Wettbewerbsumfeld zudem ein bisher als eine große Last interpretiertes Faktum in einen Trumpf verwandeln: Die Auslandsschulden des Staates!

c) Mobilisierung der US-Gläubiger

Es klingt ein bisschen schräg, dass gerade die Auslandsschulden der USA zum Trumpfass in einem deflationären wirtschaftlichen Umfeld werden könnten. Als Großbritannien im Zweiten Weltkrieg enorme Finanzmittel brauchte, verschuldete es sich bei seinen Kolonien, den Staaten des Sterling-Blocks. Da der Sterling-Block ein abgeschlossener Wirtschaftsraum war, gingen die britischen Ökonomen davon aus, dass die Gläubiger nach dem Krieg die Forderungen in britische Waren einlösen würden. Die Umwandlung von Verbindlichkeiten in Nachfrage hätte in Großbritannien einen Nachkriegsboom ausgelöst und es dem Land erlaubt, seine Verbindlichkeiten gegenüber seinen Kolonien abzuarbeiten. Die Geldpolitik hätte nach dem Krieg Kanadier und Inder veranlasst, einfach ihre Anleihen zu verkaufen und mit dem Geld Waren in Großbritannien einzukaufen. Doch durch die von der neuen Weltmacht USA erzwungene Auflösung des Sterling-Handelsblocks wurde der Finanzierungsplan Großbritanniens durchkreuzt, und das bedeutete den endgültigen Ruin für das Britische Empire.

Wenn es nun der US-Regierung gelingt, die Auslandsverbindlichkeiten in Nachfrage nach US-Gütern umzuwandeln, steht die US-

Wirtschaft in einem deflationären Umfeld besser da als jedes andere Industrieland! Wenn alle Gläubiger Amerikas den bisherigen Geldfluss (»Cashflow«) umdrehen und ihre Dollaranleihen allmählich verkaufen, um mit den so erlangten Dollars amerikanische Waren zu kaufen, müsste die Fed sogar bremsen, um eine Überhitzung der Konjunktur zu verhindern. Eine solide Geldpolitik, die auch dazu führt, dass amerikanische Bürger wieder US-Anleihen kaufen, wäre die passende Ergänzung. Einen solchen Boom könnten die USA jetzt gut gebrauchen.

Nur – wie bringen Sie die internationalen Dollarhalter zum Konsumieren? Stellen Sie sich vor, sie hätten jemandem 100 Euro geliehen. Nun kommt derjenige und sagt, er könne diesen Betrag nicht zurückzahlen, er sei arbeits- und mittellos. Er bietet Ihnen aber an, die Schuld in Ihrem Garten abzuarbeiten. Wenn Sie dieses Angebot allerdings ausschlügen, müsse er sich für zahlungsunfähig erklären, sagt er. Natürlich nehmen Sie die Dienste in Anspruch, was sonst wollen Sie auch machen? Selbst wenn es viele arbeitslose Leute gäbe in Ihrer Straße, die sich um den Job reißen würden. Der Schuldner bekommt den Job. Der Lohn wird mit den Schulden verrechnet.

In der gegenwärtigen US-Wirtschaftspolitik deutet sich an, dass eine solche Politik der »Gläubigermobilmachung« bereits begonnen hat. Die Amerikaner verkaufen ungern Schlüsselindustrien, Ackerland, strategische Technologieunternehmen oder mineralische Ressourcen. Dies war in der Blockade von Investitionen ausländischer Staatsfonds erkennbar. Die massive Ausweitung der Rüstungsexporte unter Präsident Obama passt gut in dieses Szenario. Reiche Ölstaaten wie Saudi-Arabien und mit den USA verbundene Staaten (Indien, Ägypten, Jemen, Irak, Jordanien, Tunesien, die Arabischen Emirate, Singapur, Südkorea) waren jüngst unter den großen Käufern amerikanischer Waffen. Unter dem jetzigen US-Präsidenten, der mit dem Friedensnobelpreis ausgezeichnet wurde, wurden 70 % aller Rüstungsartikel aus der bisherigen Beschränkungsliste gestrichen und zu normalen Exportgütern umdeklariert. Der Rüstungsexport der USA hebt deshalb seit zwei Jahren förmlich ab.

Der Preisanstieg bei Agrarprodukten, auch im Verhältnis zu anderen Rohstoffen, unterstützt die Handelsbilanz der USA als Überschussproduzenten vieler Grundnahrungsmittel ebenfalls. Ein Absinken der Agrarpreise liegt deshalb nicht unbedingt im Interesse der amerikanischen Wirtschaftspolitik. Dagegen sind hohe Erdölpreise wegen der Importabhängigkeit unvorteilhaft. Somit lässt sich auch die staatliche Förderung von Biokraftstoffen aus Soja usw. erklären. Die USA sind Agrarexporteure und profitieren von hohen Agrarpreisen.

Der hohe Abfluss von Barmitteln zur Bezahlung der Erdölimporte ist die Achillesferse der US-Ökonomie. Hier sollen massive Investitionen in die Erschließung neuer Erdgasfelder, erneuerbare Energien und den geplantem Bau von etwa 100 neuen Atom- und Kohlekraftwerken Abhilfe schaffen. Der Ausbau der Kernkraft in den USA wird durch die Ereignisse in Japan nicht zum Erliegen kommen.

d) Staatliche Investitions- und Beschäftigungsprogramme

In einem wirtschaftlichen Umfeld, das dem in Japan während der letzten 20 Jahre gleicht, investiert der amerikanische Staat massiv, um den weiteren Anstieg der Arbeitslosigkeit zu verhindern. Ökonomen schätzen, dass die USA ein reales Wirtschaftswachstum von über 3,3% p.a. brauchen, um per Saldo neue Arbeitsplätze zu schaffen. Gleichzeitig wird aber nur ein reales Wirtschaftswachstum von 2% angenommen. Deshalb gehen die Ökonomen, die ein solches Szenario vorhersagen, auch von massiven Staatsinvestitionen für die nächsten zehn Jahre (!) in den USA aus. Genauso war es auch in Japan. Die USA haben viel Nachholbedarf hinsichtlich Investitionen in die Infrastruktur: Brücken, Stromleitungen, Straßen, Schulen und öffentliche Gebäude sind oft noch während der Großen Depression gebaut wurden. Zudem muss in den USA noch viel für die ökologische Erneuerung und die Energieunabhängigkeit getan werden. An sinnvollen und wirtschaftlichen Investitionszielen mangelt es also nicht.

e) Schlechtere Konditionen für Gläubiger

Im deflationären Szenario wird es Gläubigern von zahlungsunfähigen Schuldnern eher an den Kragen gehen als bisher. Finanzielle Rettungen (Bail-outs) werden nicht mehr ausschließlich auf Kosten der Steuerzahler gehen. Gläubiger von finanzschwachen Unternehmen, überschuldeten Staaten oder Sparern bei insolventen Banken werden bluten. Das würde eine neue Erfahrung darstellen, wenn man gar mit Lebensversicherungen richtig satte Verluste macht. Oder hat jemand gedacht, wenn es Banken und Versicherungen trifft, trifft es keine Sparer und Versicherte? Mit wessen Geld operieren diese Unternehmen? Richtig: mit Ihrem. In den USA muss man sich bereits heute mit dem Gedanken an Ausfälle von Kommunalanleihen anfreunden. In Europa sind die Staatsanleihen des »Club Med« (Problemstaaten Europas) die beste Wette auf einen Zahlungsausfall. Auch Anleihen von Unternehmen, die heute schon hoch verzinst (Junk Bonds) und somit meist riskant sind, stehen bei einer deflationären Entwicklung im Feuer.

International könnte es für alle Dollargläubiger der USA, die den Wünschen ihrer Schuldner nach Liquidation in Konsum nicht nachkommen, brenzlig werden. Ein selektiver Default (Zahlungsausfall) könnte, insbesondere gegenüber nichtverbündeten Staaten, durchaus möglich sein. Ein überregionaler Krieg könnte einen selektiven Default (Zahlungsverweigerung) besonders wahrscheinlich machen. Ein überregionaler Krieg zwischen Dollargläubigern könnte einige Probleme für die Staatsfinanzen der USA lösen. Die verbündeten Gläubiger würden mit Waffen beliefert (Gläubigermobilisierung), die Gläubiger, die als Aggressoren eingestuft würden, verlören ihre Ansprüche durch einseitige Erklärung. Vielleicht schockiert Sie diese nüchterne Darstellung etwas. Aber sie müssen zugeben, dass Kriege zunehmend lockerer vom Zaun gebrochen werden. Angesichts einer sinkenden Hemmschwelle für den Krieg kann man nicht mehr ausschließen, dass Großmächte ihre Rivalitäten in einem großen (Stellvertreter-)Krieg austragen.

2. Unkontrollierbare (Hyper-)Inflation

Dieses Szenario beinhaltet eine nicht mehr kontrollierbare Inflation. Praktisch alle Staaten, die ihre Ausgaben nicht voll mit Steuern finanzieren, sondern über eine Neuverschuldung, könnten sich irgendwann in solch einem Szenario wiederfinden. Es fängt damit an, dass eine exorbitante Neuverschuldung des Staates zu hohen Zinsätzen führt, die wiederum zu Unterbeschäftigung und niedrigem Wachstum beitragen. Wenn eine Notenbank in dieser Situation Staatsanleihen am offenen Markt kauft oder gar direkt vom Finanzministerium (mit neuem Geld), wird eine unsichtbare Schwelle überschritten.

Mit dieser Monetarisierung (Zu-Geld-Machen) von Anleihen, werden die nominalen Zinsätze durch ein Überangebot von Krediten gesenkt. Die realen (inflationsbereinigten) Zinsätze werden dadurch in negatives Terrain manipuliert und ein spekulativer Investitionsboom wird erzeugt. Würden Anleihenkäufe nur befristet – in Liquiditätskrisen – angewandt und nachher glaubhaft beendet, könnten Anleihenkäufe von Notenbanken noch begrenzbar sein.

Sollte eine Wirtschaft jedoch den Anstieg der Zinsätze, der nach einem Stop der Anleihenkäufe unweigerlich kommen muss, nicht mehr verkraften können, ist der »Point of no Return« überschritten. Die Anleihenkäufe würden eine Preisinflation auslösen, diese wiederum die Wirtschaft lähmen und immer noch höhere Volumen von Anleihenkäufen der Notenbank erzwingen, um die Zinsen auf einem Niveau zu halten, bei dem die Ökonomie nicht kollabiert. Man nennt diesen »tödlichen Aufschwung« auch *Crack-up-Boom.*

Die institutionellen und geldpolitischen Rahmenbedingungen – die Möglichkeit zu umfangreichen Anleihenkäufen von Notenbanken mit neu erzeugtem Geld – wären heute bereits in Ansätzen in den USA, Großbritannien, Japan und sogar in der Eurozone gegeben. Es ist sehr wahrscheinlich, dass wir im folgenden Jahrzehnt auch in anderen Staaten einen Boom sehen werden, der nur durch Inflation befeuert wird und nur um den Preis einer schweren Rezession beendet werden kann. Würde solch eine Wirtschaftspolitik, die strukturelle Probleme nur vor sich herschiebt (»Kicking the Can down the Road«), bis zur letzten Konsequenz aufrechterhalten, würde dies zu einer Hyperinflation wie in der Weimarer Republik (1922 – 1923) führen.

Im folgenden Abschnitt entwerfe ich mit etwas Fantasie ein Szenario, in dem die notwendige Stabilisierung des US-Dollars ausbleibt und es dann zur inflationären Kernschmelze der Dollarschuldenpyramide kommt.

Finance Fiction: Die Dollarschmelze

Nachdem die Federal Reserve die Anleihenkäufe (Quantitative Easing, QE) 2011 abgesetzt hat, weil die Preise stiegen, droht ein dramatischer Einbruch der Wirtschaftsleistung. Die Aktienindizes sind innerhalb eines halben Jahres um 30 % gefallen. Die Zinssätze auf riskante Anleihen sind weltweit um 150 Basispunkte gestiegen. Die chinesische Wirtschaft kühlt sehr stark ab. Alle Notenbanken rund um den Globus senken die kurzfristigen Zinssätze leicht aufgrund der Eintrübung der globalen Konjunktur.

Die amerikanische Wirtschaft gleitet in die Rezession. Immobilienpreise machen ein neues Low. Gewerbeimmobilien in New York fallen 40 % im Wert. Banken stehen vor noch größeren Sonderabschreibungen als bei der Subprimekrise in 2008. Die Federal Reserve, bereits bei einem Leitzins von 0 % angekommen, beginnt wieder mit dem Aufkauf von Ramschanleihen, die Gewerbeimmobilienhypotheken verbriefen, US-Staatspapieren und von Kommunalobligationen. Die Bilanzsumme der Fed und damit der Bargeldumlauf verdoppelt sich in kürzester Zeit erneut. Rohstoff- und Energiepreise gehen auf ein neues Allzeit-Hoch. Allmählich setzt sich die Erkenntnis durch, dass der Stagnation der Wirtschaft nicht mit Geldpolitik zu begegnen ist.

Die Einsicht kommt zu spät. An einem Montag bricht die Hölle los. Die US-Anleihenkurse gehen auf Tauchkurs. Als die Fed mit den größten Stützungskäufen ihrer Geschichte reagiert, fällt der US-Dollar wie ein Stein, an nur einem Tag 20% gegen alle Währungen der Welt. Die Preise für Heizöl, Erdgas, Benzin und Grundnahrungsmittel steigen derart, dass der amerikanische Konsument regelrecht kollabiert und seine sonstigen Ausgaben dramatisch einschränkt. Die tatsächliche Arbeitslosenrate übersteigt mit 30%, die Rate während der schwärzesten Phase der Weltwirtschaftskrise der 1930er-Jahre. Die US-Regierung gibt Preiskontrollen für Heizöl, Erdgas, Benzin und Grundnahrungsmittel bekannt. Gleichzeitig werden Devisenverkehrskontrollen eingeführt.

Außer lizenzierten Importeuren kann kein Amerikaner mehr ausländische Devisen und Rohstoffe erwerben. Eine Regierungskommission übernimmt die Preissetzung von Rohstoffen an der Terminbörse. Die Gewerkschaften insbesondere im öffentlichen Bereich versuchen durch Generalstreiks die Aufholung der Reallohneinbußen zu erzwingen, doch die Lohnsteigerungen können die Preisexplosion bei den »Basics« (Bedarfsprodukten) nicht auffangen. Die Preiskontrollen führen nach einiger Zeit zu Engpässen, weil die Produzenten sich weigern Verlustgeschäfte einzugehen. Nachdem die Preiskontrollen aufgehoben werden, steigen die Preise aller Güter innerhalb von nur drei Monaten um 20%. Der Anstieg vom allgemeinen Preisniveau treibt mittlerweile das Lohnniveau vor sich her. Die Steuereinnahmen sinken aufgrund ihrer zeitlichen Verzögerung bei der Erhebung in ihrer Kaufkraft, die Regierung weitet deshalb die Neuverschuldung aus. Die Federal Reserve zeichnet nun alle Anleihen direkt, ohne über den Markt zu gehen. Brüskierte internationale Notenbanken, Investoren und Staatsfonds werfen, schockiert von der Entwicklung des Dollarwertes, ihre verbleibenden »Treasuries« auf den Markt. Der Zinssatz für Staatsanleihen steigt am freien Markt auf 20%. Der Dollar fällt an einem Tag 10% gegenüber allen Währungen. Konzerne weigern sich, Verträge in Dollar einzugehen. Eine Flut von Dollars aus dem Ausland ergießt sich auf den amerikanischen Binnenmarkt, an dem viele Waren schon extrem knapp sind. Edelmetalle, egal ob Münzen, Barren oder als Altmetall, sind kaum mehr physisch zu ergattern. Lohnempfänger versuchen, ihr Gehalt noch am Tage der Gehaltszahlung in werthaltige

Dinge zu tauschen. Löhne werden mittlerweile wöchentlich ausbezahlt. Die monatlichen Preissteigerungsraten steigen nun jeden Monat mit einem zweistelligen Prozentsatz. Die Europäische Gemeinschaft erhebt gegen US-Billigimporte einen 50%igen Strafzoll und folgt damit der Anti-Dumping-Politik anderer Staaten. Der permanente Dollarverfall macht Rohölimporte für die USA fast unerschwinglich.

Auf den Philippinen sitzt ein Flugzeugträger fest, weil dem Pentagon die Devisen für den Treibstoff fehlen. Die Preise für Erdöl, Erdgas und andere Rohstoffe werden mittlerweile in Rubel und Yuan kalkuliert. Internationale Gesellschaften lehnen den Dollar rundweg als Vertragswährung ab.

Die letzten verbleibenden amerikanischen Verbündeten werden von Revolutionen und Umstürzen hinweggefegt. Washington gibt 80% aller Militärbasen weltweit auf. Russland und China dringen vehement in das Vakuum vor, das Amerika hinterlässt, und streiten um die vakanten, zu verteilenden Einflusssphären.

Die »Tea Party«, die konservative Bewegung in Amerika, fordert ein gesundes Geldsystem und eine Entmachtung der Federal Reserve. Ein Laib Brot kostet nun schon 50 US-Dollar. Überall im Land herrscht Aufruhr. Die Nationalgarde wird eingesetzt, um nächtliche Ausgangssperren durchzusetzten. Die Schattenwirtschaft blüht. Bei einer Razzia des Internal Revenue Service (Finanzbehörde des Bundes) kommt es zu einer Schießerei zwischen Arbeitern und Polizei. Die Steuereinnahmen sind derart gefallen, dass selbst Schulen periodisch geschlossen werden. Überall im Land kommt es zu Plünderungen von Lebensmittelgeschäften. Die Nationalgarde hat vor allen Supermärkten bewaffnete Kräfte postiert. Das Existenzminimum liegt bereits bei 10000 US-Dollar im Monat. Schätzungen zeigen, dass 85% aller Bürger in dieser Kategorie einzustufen sind.

Der populäre Senator Ron Paul aus Texas kandidiert nun doch für die Präsidentschaft. Nachdem in Umfragen 80% der Amerikaner den langjährigen Vorkämpfer für ein gesundes Geldsystem gern als

Präsident wünschen, beknien hohe republikanische Politiker den alten Veteranen, seine vorherige Ablehnung für dieses Amt zu überdenken. Mitten im Chaos müssen die Wahlen stattfinden. Es herrscht Hunger und Ausnahmezustand, alle Soldaten aus dem Ausland werden abgezogen, um Ordnung und Sicherheit im Land wiederherzustellen. Das saudische Königshaus muss ins Exil fliehen, nachdem der Kalif von Ägypten das Volk von Saudi-Arabien zur Befreiung vom Joch des Imperialismus aufruft. Nach der Blockade des Sueskanals und der Straße von Hormus wird auf der ganzen Welt der Luftverkehr drastisch eingeschränkt, um Kerosin zu rationieren. Der Flugreisentourismus kollabiert. In der dominikanischen Republik führt die »Touristendepression« zu einer Revolte.

Die Präsidentschaftswahlen in den USA bringen einen Erdrutschsieg für Ron Paul, wie es zuletzt dem glücklosen Präsidenten Obama gelang (der nun in Berlin lebt, wo man ihn immer noch mag). Eine satte Mehrheit von 75 % in allen Parlamenten. Der frühere Notenbankchef Ben Bernanke musste aus Sicherheitsgründen bereits zuvor das Land verlassen und lebt nun mit seiner Familie in Singapur. Eine Reihe von Ökonomen und Finanzpolitikern war der Boden in den USA ebenfalls zu heiß geworden, nachdem verärgerte Bürger ihren Unmut über das Preisinflationsziel von 10 % nicht mehr nur mit Worten äußerten.

Im Januar 2018 ist es soweit. Der neue Präsident Ron Paul beendet den monetären Spuk. 90 % aller Ökonomen, die für die US-Regierung gearbeitet haben, werden entlassen. Ein neuer Beraterstab wird ernannt. Die Welt ist schockiert über die Besetzung dieses Gremiums, da es durchgehend mit ökonomischen Außenseitern besetzt ist.

Dann spitzt sich die Lage in Washington dramatisch zu, als der Geheimdienst eine Verschwörung zur Ermordung des neuen Präsidenten aufdeckt. Mehrere Dutzend bedeutende Bankiers und Industrielle werden nach Guantanamo gebracht und warten im Militärgefängnis auf ihren Prozess.

Die umfangreiche Reform verpflichtet Banken zu einer 100%igen Reserve bei jederzeit fälligen Guthaben. Banken werden zur vollkommenen Fristenkongruenz verpflichtet. Der Dollar wird mit einer Parität von 25 000 Dollar je Unze Gold neu definiert, um das Vertrauen in die US-Währung zurückzugewinnen. Die Edelmetalle Gold und Silber bekommen den Status des gesetzlichen Zahlungsmittels. Der Federal Reserve wird der Ankauf von allen Staatsanleihen untersagt. Die Fed wird verstaatlicht und auf den Status eines Notfallliquiditätsfonds reduziert.

Die New York Times titelt drei Monate später:»The Buck is Back on Top«. Die Einlagen der neu gegründeten Edelmetalleinlagebanken haben selbst die kühnsten Erwartungen gesprengt, weltweit bringen Vermögende ihre Ersparnisse zu den New Yorker Instituten in Sicherheit. Die Inflation hatte die Schulden der USA auf 30% des BIP reduziert. Die neuen mit Gold gedeckten Anleihen des US-Schatzamtes sind am Kapitalmarkt wieder als Safe Haven anerkannt.

Deutsche Bundesanleihen müssen bereits einen Aufschlag von 450 Basispunkten auf die US-Bullion-Backed-Bonds zahlen. Deutschland gehört nun zu den wenigen Staaten, die noch keine Umschuldung vorgenommen haben. Nachdem die südlichen Staaten der Eurozone, einer nach dem anderen, die Schuldenzahlung einstellten, musste Deutschland eine mächtige Rechnung schultern. Um den Zusammenbruch des deutschen Bankensystems und der Versicherungen abzuwenden, musste der Bund zu seinen Bürgschaften stehen. Zwar wurden private Anleihengläubiger, die Bankeinlagen von Privaten und die Policen von Kapital- und Lebensversicherungen auch am Verlust beteiligt, doch am Bund blieb der Rest hängen. Deutschlands Schuldenquote ist mit 300% zum BIP an einer prekäre Schwelle angekommen. Investmentberater empfehlen bereits, deutsche Anleihen zu meiden. In Finanzkolumnen wird spekuliert, ob die Eurozone die Probleme mit Inflation lösen wird.

Russland, China und 25 weitere Staaten haben Verhandlungen über eine Alternative zur Dominanz des neuen Dollars aufgenommen.

Beobachter schließen nicht aus, dass am Ende eine alternative Reservewährung zum Dollar steht, die auf Ressourcen basiert.»Wie der Phönix aus der Asche«, lautet eine Schlagzeile der deutschen Ausgabe der Financial Times im Jahr 2020. Seit die amerikanische Regierung den Dollar an Gold fixiert hat, müssen alle Fiatwährungsbonds ein Premium relativ zu Dollarbonds zahlen. Deshalb breitet sich die Investitionsfinanzierung in Dollars rasend aus. Die Finanzwelt erwartet nun, dass einige Staaten ihre Währung an den Dollar binden. Die pazifischen Asean-Staaten planen, die Währungen an einen Rohstoffkorb zu binden.

Soweit die »Finance Fiction«.

So oder so ähnlich wird es sich lesen, wenn der Dollar oder eine andere Währung in den unkontrollierbaren Inflationsmodus geht. Die Ereignisse in Deutschland im Jahre 1923 waren keineswegs weniger spektakulär als diese Vision.

Die National Inflation Association (NIA) in den USA nannte im März 2011 zwölf Gründe, die dafür sprechen, dass eine Hyperinflation bereits jetzt im Gange ist:

1. Die Federal Reserve kauft bereits 70% aller Staatsanleihen
2. Der Privatsektor hat die Käufe von US-Staatsanleihen eingestellt
3. Die VR China betrachtet den Dollar nicht mehr als Reservewährung
4. Japan muss wegen den Katastrophen US-Staatsanleihen verkaufen
5. Der Leitzins bleibt in der Nähe von 0%
6. Der Konsumentenpreisindex steigt schneller
7. Die Mainstream-Medien verdrängen die Wahrheit über die Preisanstiege
8. Rekorddefizit des Staatshaushaltes im Jahr 2011
9. Verhältnis der Neuverschuldung zum US-Budget mit 43% extrem hoch

10. Unter Obama werden weiterhin teure militärische Abenteuer finanziert
11. Präsident Obama definiert den ausgewogenen Haushalt neu, ohne die Zinszahlungen!
12. Massive Erhöhungen der Zinszahlungen für den Haushalt stehen an

Diese von der NIA aufgestellten Punkte sind in der Tat inflationär. Ihnen stehen, derzeit zumindest, ebenso große deflationäre Kräfte aus der Kontraktion der privaten US-Kredite gegenüber.

3. Zahlungsunfähigkeit von Staaten und Währungsreformen

Wer hätte vor einigen Jahren geglaubt, dass Griechenland, Portugal, Spanien oder Irland am Kapitalmarkt als minderwertige Schuldner gelten würden und deshalb nur noch zu hohen Zinsen Kapital am Markt aufnehmen können? Dass die Europäische Gemeinschaft diese Staaten mit als »Lender of Last Resort« stützen muss? Dass die EZB – wenn auch nur vorübergehend – im Stil der Reichsbank in den Weltkriegen Anleihenkäufe maroder Schuldnerstaaten tätigt? Dass Rettungsfonds aufgelegt werden müssen, um die Bilanzverlängerung des Eurosystems weiter aufrechtzuerhalten? Es gab natürlich einige wenige Mahner, die bei der Gründung der Währungsunionen einwandten, dass ein Währungsraum eine einheitliche Steuer-, Arbeitsmarkt- und Sozialpolitik braucht, wenn die Währungsunion nicht in Zwietracht enden soll. Schon vor Jahren habe ich angelsächsische Investoren wie Jim Rogers auf einer Investorenkonferenz sagen hören, dass die Währungsunion irgendwann auseinanderfallen wird.

Das Problem einer gemeinsamen Währung liegt darin, dass jene Staaten, die mehr Schulden machen, auch einen höheren Anteil der Geldschöpfung des Euroraums bekommen. Würde dies einfach geduldet, wäre es deshalb nicht ausgeschlossen, dass ein Staat den Großteil seiner Ausgaben auf Kosten der gesamten Eurozone finanzieren kann.

Investorenlegende Waren Buffett kommentiert den sich abzeichnenden Verteilungskampf in Europa damit, dass es langfristig kein »Free Riding« von mehreren Staaten auf Kosten anderer geben kann.

Sollten die europäischen Staaten zu keiner einheitlichen Schulden- und Haushaltspolitik finden, wird die unkontrolliert wachsende Schuldenlast der Eurozone irgendwann auch die Bilanzen bisher als stabil geltender Gläubiger, wie Frankreich, Deutschland oder Österreich, wanken lassen.

Es ist schwer vorherzusehen, welcher Staat als erster seine Kreditschulden gegenüber seinen Gläubigern nicht mehr vollumfänglich bedienen kann. Neben den europäischen Wackelkandidaten sind auch die USA, Japan und Großbritannien Kandidaten für eine Zahlungsunfähigkeit. Zunächst werden Staaten, die erkennen, dass ihre Neuverschuldung an Grenzen stößt, mit einer *Austeritätspolitik* (also dem sprichwörtlichen Gürtel-enger-Schnallen) gegenzusteuern versuchen. Die Sparmaßnahmen, die in Großbritannien, Griechenland, Portugal, Spanien und Irland durchgesetzt wurden, sind für demokratische Regierungen politisch schwer durchzusetzten. Eine Politik des Gürtel-enger-Schnallens wird auch zusätzlich erschwert, wenn eine große Anzahl von Staaten diese Politik gleichzeitig verfolgt.

Sollte irgendein großer Staat die Zahlung seiner Verbindlichkeiten einstellen, würde dies das ganze Finanzsystem destabilisieren. Eine Zahlungsverweigerung eines größeren EU-Staates würde ausreichen, um das Bankensystem zu kippen. **Amerikanische Banken haben** laut Bloomberg-News in Europa rund 8000 Mrd. US-Dollar an kurzfristigen Dollarkrediten an europäische Banken vergeben, die wiederum diese Mittel mit Swaps in inländische Währung gewandelt und langfristig als Kredit ausgereicht haben! Damit sind diese vom Derivatemarkt und vom Dollarraum abhängig. Allein die Dollar-Kreditvolumen deutscher Banken erreichen eine Größenordnung von 50 % des deutschen Bruttoinlandsprodukts (BIP)! Fällt das europäische Bankensystem, fallen nicht nur die europäischen Staaten, die für diese Banken bürgen, sondern auch die amerikanischen

Banken. Andersherum würde, wenn der amerikanische Staat seine Dollarverbindlichkeiten für nichtig erklärte, quasi das ganze Finanzsystem gesprengt werden. Damit sitzen EU-Staaten und die USA systemisch in einem Boot. Der gemeinsame Weg in die Verschuldung würde auch eine synchronisierte Währungsreform im Insolvenzfall bedeuten.

Vielen Beobachtern erscheint eine Monetarisierung der Schulden, wie es früher bei großen Kriegen praktiziert wurde, als der wahrscheinlichste Weg der Entschuldung Durch eine Ausweitung der Geldmenge stiegen, rein zahlenmäßig betrachtet, die Preise, Einkommen und Steueraufkommen. Dadurch würden Ansprüche gegenüber dem Staat (Anleihen, Pensionen, Renten, Sozialleistungen, Versicherungsleistungen usw.) real entwertet. Die Geschichte lehrt allerdings, dass eine Entwertung von Lebensleistungen durch Hochinflation zu einer politischen Radikalisierung der Mittelschicht führt. Zudem ist selbst eine hohe Inflation nicht das Patentrezept, mit dem ein Staat sich aller Verbindlichkeiten entledigen kann. Wenn Bürgern eine Versorgung mit bestimmten medizinischen oder anderen Leistungen versprochen wurde, löst sich dieses Versprechen mit der Veränderung des Preisniveaus nicht ganz in Luft auf.

Im Prinzip läuft es einfach darauf hinaus, dass sozialpolitische Versprechungen, die nicht gehalten werden können, auch explizit gebrochen werden müssen. Hyperinflation kann man somit teilweise auch als eine Form der Insolvenzverschleppung bezeichnen. In der Realität werden alle Kanäle der Entwertung benutzt, Bürger mit höherem Einkommen werden belastet, Leistungen werden gekürzt oder durch Inflation und Währungsreform entwertet.

4. Währungs- und Handelskriege

In Phasen, in denen der Wohlstand stagniert oder zurückgeht, nehmen auch die Stimmen zu, die eine Bevorzugung, einen »Schutz« der eigenen nationalen Wirtschaft fordern. Die Politik ist in schweren Zeiten geneigt, den Forderungen von Unternehmen und Gewerkschaften zum Schutz vor ausländischem Wettbewerb nachzugeben. Wenn aber jede Nation sich selbst die nächste ist, würde der Welthandel leiden und der aus dem Freihandel erwachsene Vorteil verpuffen. Das wäre so, als wenn Schiffbrüchige im Streit um ein Rettungsboot dieses beschädigen würden. Genau solche Handelsbeschränkungen hat der US-Senat am 11. Oktober 2011 gegenüber der Volksrepublik China bewilligt.

Die Weltwirtschaftskrise in den Dreißigern war gekennzeichnet von einer solch unkooperativen Strategie. Zölle auf Importe wurden stark erhöht und Währungen wurden abgewertet, um den eigenen Export zu fördern. **Eine Wirtschaftspolitik, die nur versucht, anderen Volkswirtschaften das Wasser abzugraben, wird auch** *»Beggar Thy Neighbour Policy«* **genannt.** In diese Rubrik fällt auch die Währungsabwertung durch den Ankauf von Anleihen, wie sie bis Juni 2011 von der Fed betrieben wurde.

Es ist fraglich, ob die Freihandelsvereinbarungen das Papier wert sind, auf die sie geschrieben wurden, wenn ein Währungsraum sich durch drastische Abwertung der eigenen Währung einseitig begünstigen kann, während die anderen Staaten vertragsgemäß keine Schutzzölle dagegen erheben dürfen. Aber es gibt Möglichkeiten, Schutzzölle durch die Hintertür zu erheben. Sicherheitsstandards, Hygienevorschriften, Industrienormen, Produktionsstandards können Importe erheblich erschweren. Auch eine gezielte Propaganda für lokale und nationale Produkte ist eine versteckte Anti-Welthandelspolitik.

Wenn erst einmal ein Wirtschafts- und Währungskrieg um Wohlstandsanteile und Ressourcen begonnen wurde, ist eine internationale Kooperation kaum mehr möglich. Der Weg in den Merkantilismus aus rivalisierenden Wirtschaftsblöcken führt zu eskalierenden Konflikten. Auch hier hat die Wirtschaftsgeschichte Lektionen parat. Napoleons Kontinentalsperre (wirtschaftliche Blockade) gegen England eskalierte zu einem totalen Krieg.

5. Stellvertreterkrieg um Ressourcen und Dollardominanz

In der Wirtschaftsgeschichte wechselten Epochen der wirtschaftlichen und individuellen Freiheit mit Phasen starker staatlicher Intervention und Kriegen ab. Das sich abzeichnende Ende der Dominanz der USA, des US-Dollars und der Verlust der ökonomischen Vormachtstellung der etablierten Wirtschaftsmächte wird die klare Struktur der Weltordnung, die seit dem Ende der Sowjetunion bestand, unübersichtlicher machen.

Die jüngsten Aufstände in Nordafrika und im Nahen Osten nur als Ausdruck eines demokratischen Bedürfnisses zu betrachten, dürfte wohl eine sehr subjektive Sicht auf die Dinge sein und eher europäische Wunschvorstellungen reflektieren als die Realität. Die Unruhen haben ihren Grund in wirtschaftlicher Stagnation, Massenarbeitslosigkeit und dem Anstieg der Lebenshaltungskosten. Vielleicht ist einigen Beobachtern schlicht entgangen, dass sich die Kosten für Grundnahrungsmittel und Energie auf dem Weltmarkt verdoppelt haben. Für eine Verschlechterung der Lebensverhältnisse wird überall die politische Führung verantwortlich gemacht. Der Vorteil der Demokratie ist lediglich, dass der Prozess der Entsorgung von Politikern institutionalisiert wurde. Eine Demokratie schützt aber nicht zwangsläufig vor gewalttätigen Unruhen, wenn die Lebensverhältnisse gar nicht verbessert werden können. Dann wäre auch eine Demokratie potenziell unter Feuer. Die Geschichte hat hier genügend Beispiele parat. Wurden die Lebensumstände unerträglich, sind Demokratien oft per Mehrheitsvotum in eine Oligarchie oder Diktatur verwandelt worden.

Angesichts der weltweiten Bevölkerungszunahme und der wirtschaftlichen Aufholjagd der aufstrebenden Staaten wird die Konkurrenz um Energie und Nahrungsmittel zunehmen. Nur Volkswirtschaften, die erfolgreich im globalen Wettbewerb auftreten, können durch verbesserte Terms of Trade (Währungskraft oder Tauschverhältnis) und eine Steigerung der Wirtschaftsleistung ihren Wohlstand erhalten oder ausbauen.

Wenn der Aufwand für die Produktion von Energie und Lebensmittel steigt, wird bei gleicher Wirtschaftsleistung ein höherer Anteil des Volkseinkommens dafür verwendet werden müssen. Deshalb werden nur Staaten und Regionen, denen es gelingt, das Pro-Kopf-Einkommen deutlich anzuheben, einen erheblichen und auch gefühlten Wohlstandsverlust verhindern können. Sollten Energie und Lebensmittel tatsächlich noch wertvoller und teurer werden, würde dies global zu einer wachsenden politischen Instabilität führen.

Dies könnte zu einer Reaktion, wie sie im vorherigen Abschnitt beleuchtet wurde, führen, die eine nichtkooperative Wirtschaftspolitik hervorbringt. Eine wirtschaftliche Rivalität von sich abschottenden Wirtschaftsräumen könnte wiederum den **Kampf um ökonomische Renditen** verstärken. Im einleitenden Kapitel »Economix-4-you« habe ich den Begriff der ökonomischen Rendite ausführlich erläutert. Ökonomische Renditen ermöglichen Wohlstand für denjenigen, der diese kontrolliert. Wenn die Eliten von Staaten ihre Macht schwinden sehen, weil sie ihrem Volk den bisherigen Wohlstand nicht mehr bieten können, wäre die Versuchung groß, kriegerisch an solche »Wohlstandsquellen« zu kommen.

Der Verlust der relativen Macht der USA gegenüber anderen Wirtschafts- und Machtzentren (China, Indien, Russland) würde eine potenzielle Rivalität zwischen der VR China, Russland und den USA bedeuten.

Wenn Währungs- und Handelskriege Überhand gewinnen und den globalen Handel drosseln, wird dieser neue Wind nicht nur die Konkurrenz um Ressourcen und um wirtschaftliche Vormachtstellung verstärken, sondern auch das Risiko von Stellvertreterkriegen erhöhen.

Ein großer Stellvertreterkrieg um Währungsdominanz, Ressourcen und Einflusssphären? In der Tat könnte das **Streben nach Vorherrschaft und Wohlstand in einen Krieg münden. Ein Blick auf die Geschichte des Aufstiegs und Falls großer Mächte zeigt, dass ein Verlust der Vorherrschaft eines Machtblocks oft mit**

langen verheerenden Kriegen einherging. Selbst der sowjetische Block ging nicht so friedlich unter, wie dies oft behauptet wird. Überall auf der Welt lieferten sich die beiden Großmächte Stellvertreterkriege, destabilisierten Regierungen, organisierten Umstürze und versuchten, die Bevölkerungen im jeweils anderen Machtbereich ideologisch zu manipulieren.

Das US-Militär und die überdimensionierte Rüstungsindustrie würden durch Stellvertreterkriege (wie im Kalten Krieg) kapitalisiert. Vor allem **ein geschickt eingefädelter Krieg zwischen zwei US-Gläubigern würde eine Kriegshausse in den Vereinigten Staaten auslösen,** die eventuell die Unbilden eines deflationären oder inflationären Szenarios überbrücken könnte.

Als Blaupause könnte die Vorgeschichte des Angriffs der Japaner auf Pearl Harbour dienen. Durch den Ölboykott der Westmächte musste sich das japanische Kaiserreich zwischen einem Rückzug aus der Mandschurei und einem Angriffskrieg gegen die USA – um die Ölquellen auf Borneo zu kontrollieren – entscheiden. Das Überraschende am erwarteten japanischen Angriff war nur das Ziel Hawaii.

Ein selektiver Bankrott gegenüber einer Kriegspartei könnte zudem die Verschuldungssituation erheblich verbessern. Letztlich ließe sich – wie in der Vergangenheit – in der Folge von Kriegen leichter eine Währungsreform gegenüber der Bevölkerung begründen.

Wie so oft in der Wirtschaftsgeschichte würde ein zerstörerischer Krieg wieder einmal einen Kondratjew-Zyklus abschließen, damit eine Verschuldungs- und Wirtschaftskrise beenden und einem jahrzehntelang dauernden Aufschwung den Weg bereiten.

Anmerkung: Als Analytiker schreibe ich nicht davon, was ich mir wünsche, sondern davon was (in diesem Fall leider) möglich ist.

6. Ein neuer Megazyklus beginnt

Diesen Abschnitt beginne ich mit einer guten und einer schlechten Botschaft. Die Gute: Das nachfolgend beschriebene, günstige Szenario wird irgendwann eintreten. Die Schlechte: Höchstwahrscheinlich werden wir zuvor jedoch Zeugen eines oder einer Kombination der oben geschilderten Szenarien sein.

Irgendwann in der Zukunft: Die verschiedenen neuen Machtblöcke auf dem Planeten bilden ein neues Gleichgewicht, das keinem Spieler erlaubt, sich einseitige Vorteile zu verschaffen. Dies wäre eine ähnliche Konstellation wie im nach den Napoleonischen Kriegen neu geordneten Europa. Nach dem Wiener Kongress etablierten sich fünf Mächte (Großbritannien, Frankreich, Preußen, Österreich-Ungarn, Russland), die fast ein Jahrhundert ein Gleichgewicht in Europa bildeten. Dieser relative Frieden im 19. Jahrhundert und der globale Freihandel unter dem weltweiten Goldstandard verschafften der Industrialisierung und dem weltweiten Handel eine hohe Blüte.

Eine kooperative Weltgemeinschaft, die große Kriege und wirtschaftliche Ungleichgewichte vermeidet, legt die Grundlage für einen neuen Kondratjew-Zyklus. Währungs- und Handelsbilanzdefizite werden ausgeglichen. Unter der Leitung des indischen Ökonoms Jagdish Bhagwati wird nach Jahren des Stillstandes endlich eine neue Freihandelsrunde erfolgreich beendet. Die Vereinbarungen enthalten erstmalig ökologische und soziale Mindeststandards. Die großen Devisenreserven und Geldhorte der Welt speisen die Nachfrage. Anstatt zu wachsen, beginnen diese zurückzugehen. Die Zinsen steigen und die globale Konjunktur brummt. Der Aufschwung geht von Asien und Südamerika auf Afrika über. Eine gigantische Welle von Investitionen in neue Energieproduktion, Erschließung mineralischer Ressourcen und in den effizienteren Umgang mit diesen Ressourcen lässt die realen Preise trotz globalem Wirtschaftswachstum fallen.

Das vehemente weltweite Wachstum ermöglicht es Staaten wie Großbritannien, den USA und Japan, dem Staatsbankrott knapp zu

271

entkommen. Nachdem eine Welle von Bankrotten und Bankplei-
ten sowie kommunalen Kreditausfällen vom Finanzsystem verdaut
wurde, kehrt das Vertrauen zurück. Wegen seiner demografischen
Struktur werden in Europa die Arbeitskräfte rar. Große Einwande-
rungskontingente werden von der EU ausgeschrieben. Deutschlands
Immobilienmärkte boomen, die Immobilienpreise in Berlin, Stuttgart und München übertreffen das Niveau von London und Paris. Im Jahre 2020 wird eine weitere Schnellzugtrasse durch Europa
fertiggestellt, um den Flugverkehr auf mittleren Strecken zurückzu-
drängen.

Die alternativen Energieträger haben in Europa mittlerweile einen
Anteil von 50 % erreicht. Die Erdölproduktion fällt von Jahr zu Jahr.
Erdöl wird nur noch für hochwertige Chemikalien, fürs Militär und
in der Luftfahrt verwendet. Die Umsätze der Windkraftanlagenbau-
er und der anderen alternativen Technologien übertreffen erstmalig im Jahr 2025 den Umsatz der deutschen Automobilindustrie. In
amerikanischen Großstädten wird der Bau von U-Bahnen vorange-
trieben. Die amerikanische »Business Week« titelt »10 Years of Bull
Market – More to Come«. Unter den vom »Forbes Magazine« er-
mittelten reichsten Menschen des Planeten sind erstmals über die
Hälfte aus China, Russland, Indien und Südostasien. Europas Tou-
rismusbranche boomt. Das Gros der Besucher stammt mittlerweile aus dem asiatisch-pazifischen Raum. Asiatische Millionäre bieten
schwindelerregende Preise für Appartements in Paris, Berlin, Prag
und Mailand.

Saudi-Arabiens neue demokratische Regierung muss sich den harten Bedingungen des Internationalen Währungsfonds beugen, um
an die begehrten Yuan-Kredite zu kommen. Seit Jahren floss das Öl
in der Wüste immer spärlicher. Das an hohen Wohlstand ohne harte
Arbeit gewöhnte Volk musste den Gürtel enger schnallen. Wegen der
rückgängigen Öleinnahmen kam es zu erheblichen Haushaltsdefiziten. Nach einigen Jahren waren die Dollarreserven aus den goldenen
Ölzeiten verbraten. Das Königshaus musste dem Druck der Straße
weichen, nachdem die USA ihre früheren strategischen Interessen
am Persischen Golf aufgegeben hatten. Das geopolitische Interes-

se der Weltmächte hat sich längst nach Afrika verlagert. Seltene Erden und die biologischen Reichtümer der Natur sind nun im Fokus.

In verschiedenen Studien wird Deutschland als Vorbild der ökologischen und ökonomischen Erneuerung gepriesen. Die G20-Staaten verpflichten sich vertraglich, dem Vorbild Deutschlands zu folgen. Deutschland hatte damals nach dem Atomunglück im japanischen Fukushima den Ausstieg aus der Atomkraft beschleunigt. Zunächst schien dies ein Fehler zu sein. Energieintensive Unternehmen wanderten ab, einige Hunderttausend Arbeitsplätze gingen verloren. Gerade als sich eine gewisse Ernüchterung in Deutschland breitmacht und in großen Tageszeitungen diskutiert wird, ob der Alleingang Deutschlands nicht die Zukunft der Kinder verspielt, bringt ein in diesem Ausmaß nicht erwarteter Innovationsschub die alternativen Energieträger in die Führungsposition.

Nachdem Strategen erkennen, dass Wind- und Solarkraftwerke mittlerweile in der Produktion preiswerter als Atom- und Kohlestromkraftwerke sind, legen die Kapitalmärkte die Hebel um. Allein der Ölkonzern Exxon lenkt zweistellige Milliardenbeträge pro Jahr in den Kauf und den Bau von Solarkraftwerken. Innerhalb von nur zwei Jahren wird der Markt aufgemischt, kleine Unternehmen von Investoren gekauft und große Investitionsfonds initiiert. Siemens erzielt im Jahr 2025 einen Großteil seines Umsatzes mit alternativen Energietechnologien. Nichtregierungsorganisationen warnen bereits eindringlich vor der zunehmenden Lobbymacht der Öko-Industrie.

Seit dem Zinstief im Jahre 2014 sind die Zinsen stetig angestiegen. Der zehnjährige Eurobond, mittlerweile wieder mit dem höchsten Rating versehen, bringt nun 6 % ein. Die europäische Notenbank hat den Leitzins auf 4,5 % gesetzt und trotzdem steigt das Preisniveau, aufgrund des Lohndrucks, mit 3 %. Trotz der Erhöhung des Renteneintrittsalters auf 72 Jahre in ganz Europa sind Fachkräfte rar geworden. Die Bankvolkswirte erwarten eine weitere Verschärfung der Geldpolitik in den Industriestaaten, insbesondere in der Eurozone. Nach Lobbyarbeit mittelständischer Unternehmen wird der Sparerfreibetrag auf Zinsen deutlich erhöht, um die Bevölkerung in

Deutschland wieder zum Sparen zu bringen, da die Refinanzierung der Bankkredite für den Mittelstand allmählich zu teuer wird.

Schlussgedanke zu den Szenarien

Diese krass unterschiedlichen Entwürfe »einer« Zukunft sind reinrassige Szenarien. Die Wirklichkeit – die Zukunft, die zur Gegenwart wird – wird natürlich nicht genau in eines dieser Szenarien passen. Doch der Weg, den die Weltwirtschaft nimmt und der das zukünftige Schicksal der Menschen bestimmt, kann entweder dem deflationären Szenario oder der Hochinflation ähneln, er kann Währungs- und Handelskriege oder gar Stellvertreterkriege um Ressourcen und die Währungsdominanz beinhalten und er wird früher oder später einen neuen Megazyklus beginnen lassen. Bleibt zu hoffen, dass die Wirklichkeit die vorherigen Szenarien nicht zu stark strapazieren wird.

274

H. Wohin mit dem Geld?

So lautet die häufigste Frage von Investoren, die wissen wollen, wie man sich auf schwierige Zeiten einstellen soll. Leider kann die Frage nur mit Vorbehalten beantwortet werden. Je nach dem globalen wirtschaftlichen Umfeld muss sich der Investor unterschiedlich positionieren. Das bedeutet, dass man die Wertentwicklung seiner Geldanlagen ständig überprüfen und gegebenenfalls schnell reagieren muss.

1. Bei deflationärem Umfeld …

In einem solchen Umfeld sind besonders Anleihen mit guter Bonität, Gold und Dividendenaktien mit einer geringen Konjunkturanfälligkeit erfolgversprechend. Dagegen werden die Aktien von Industrie- und Exportunternehmen bei diesem Szenario wegen geringer Dividenden und fallender Kurse unter Druck geraten. Insbesondere die Hersteller von Investitionsgütern wie Druckmaschinen und Industrieanlagen werden von einer stagnierenden Wirtschaft und Überkapazitäten betroffen. Die Konsumbranche wird wegen Preisbewusstsein und Kaufzurückhaltung der Verbraucher in Mitleidenschaft gezogen. Das deflationäre Umfeld mit scharfem, internationalem Wettbewerb bietet nur in besonderen Fällen Gewinnchancen für die Aktionäre. Besonders marktbeherrschende Unternehmen (Monopolstellung, Preisführerschaft) und Nischenanbieter können sich in diesem Umfeld behaupten, ebenso Unternehmen, deren Produkte nicht einfach austauschbar sind. Das gilt zum Beispiel für Softwareunternehmen wie SAP und Microsoft, aber auch für kleinere Nischenanbieter wie Software AG, P&I AG, PSI AG und Nemetschek AG.

Eine weitere Aktienkategorie, die in diesem Umfeld stabil bleiben kann, sind Versorger und Telekommunikationswerte. Denken Sie an E.On, RWE, Telefonica, Telekom, Vodafone usw. Auch Pharmawerte wie Roche und Novartis sind weniger zyklisch. Doch der Kostendruck bei den Krankenkassen dürfte es erschweren, Zulassungen für neue Medikamente zu erhalten. Die Produzenten von Generika wie Teva Pharmaceuticals könnten in diese Lücke drängen. Relativ gut werden sich im deflationären Milieu auch Unternehmen halten, deren Produkte zur Kostensenkung (beispielsweise durch Automatisierung oder Rationalisierung) beitragen. Die Stahl-, Zement- und Rohstoffproduzenten dagegen müssen bei einer Deflation mit einem Nachfragerückgang, einem Preisverfall ihrer Erzeugnisse sowie Ertragseinbußen rechnen.

Ein wesentlicher Pfeiler für die Vermögensanlage in einem deflationären Umfeld sind Anleihen von absolut kreditwürdigen Schuldnern, in erster Linie Staatsanleihen von wirtschaftlich stabilen Ländern wie Deutschland, Niederlande, Kanada etc., aber auch Anleihen von leistungsfähigen Unternehmen, die zur Kategorie »Investment Grade« (hohe Investitionssicherheit) gehören. Derzeit gibt es eine Flut von Anleihenemissionen an den deutschen Börsen, deren Unternehmen oft nicht börsennotiert sind. Darunter befinden sich auch einige Unternehmensanleihen, die nicht so sicher sind, wie die Investoren glauben. Eine höhere Rendite bedeutet in der Regel auch ein höheres Risiko, sprich Ausfallwahrscheinlichkeit. Unter Umständen bekommt der Gläubiger nur einen Teil seines Kapitals oder der erwarteten Zinsen zurück – er kann aber auch alles verlieren. Dagegen bleibt die Goldanlage auch bei einer Inflation wertstabil. Die Möglichkeit, dass sich im Falle einer unkontrollierbaren Deflation Insolvenzen von Schuldnern häufen, erzeugt eine Nachfrage nach Anlagen im »sicheren Hafen«. Solche Anlagen sind auch für die Notenbanken eine Alternative zur Devisenreserve. Eine weltweite Deflation könnte dem US-Dollar Auftrieb geben: Wird ein Kredit in einem andern Währungsraum investiert als dort, wo er aufgenommen wurde, kommt das einem Leerverkauf der Kreditwährung gleich. So gesehen ist der Dollar die am meisten leerverkaufte Währung der Welt. Ein negatives weltweites Investitionsklima stärkt den Dollar, wenn die Verschuldung abgebaut wird.

Ein deflationäres Umfeld können Sie daran erkennen, dass die verschuldeten Staaten ihre Geldpolitik ändern, um ihre Schulden abzubauen und das Geld zu verknappen, dass die Wirtschaft sehr langsam wächst und Überkapazitäten zu verschärftem Wettbewerb führen, und schließlich daran, dass die Industriemetall- und Energiepreise deutlich unter Druck geraten.

2. Bei inflationärem Umfeld …

Ohne monetäre und fiskalische Disziplin geraten wir in ein inflationäres Umfeld. Wenn sich die Dinge in diese Richtung entwickeln, sollten Sie Anleihen aus Ihrem Depot entfernen und den größten Teil ihres Vermögens in Immobilien, Aktien, Rohstoffen oder Edelmetallen investieren. Sachwerte bieten allgemein einen besseren Schutz gegen Verluste als Geldwerte. Das Problem für Aktionäre bei einer Inflation ist nicht die Ausweitung der Geldmenge – die führt sogar zu Kurssteigerungen. Kritisch wird es, wenn die Preisentwicklung den monetären Trend überholt (Preisinflation). Dann steigen die Preise für Güter und Dienstleistungen stärker als die Aktienkurse.

Bis zu diesem Punkt sind die Aktien von Minengesellschaften, Ölkonzernen, Industrieunternehmen und konjunkturabhängigen (zyklischen) Unternehmen besonders interessant und bringen sogar reale Gewinne. Geldanlagen in stabile Währungen sind besser als Anlagen in Sachwerte. Die Preise für Gold, Silber und Industriemetalle übertreffen in einem inflationären Währungsraum die Vermögenspreise. Die Kurs-Gewinn-Verhältnisse werden in Zeiten hoher Preissteigerungsraten einstellig sein. Die Preissteigerungen führen zu einem Wohlstandsverlust aller Bewohner des Währungsgebietes. In einer Hyperinflation sollte das Vermögen im Ausland, in multinationale Unternehmen (Global Players) oder in Edelmetalle investiert werden, um den Wert zu sichern. Inländische Vermögenswerte wie

Immobilien werden erst nach langer Zeit wieder das alte Preisniveau erreichen und müssen somit länger gehalten werden, um Wertverluste zu verhindern. Vermeiden Sie Finanzanlagen eines Landes, in dem das Preisniveau rapide steigt. Erst wenn dort die Aktienkurse der Geldentwertung lange Zeit nicht gefolgt sind, ergibt sich ein Aufholpotenzial, das ausländische Investoren zu ihrem Vorteil nutzen können.

3. Bei Zahlungsunfähigkeit von Staaten und Währungsreformen …

In dieser Situation kann man als Investor eigentlich nicht mehr rechtzeitig reagieren. Der vorausschauende Investor stellt sich schon vorher richtig auf, um auf die eventuellen Folgen von Staatsanleihenausfällen und Währungskrisen vorbereitet zu sein. **Meiden Sie deshalb Staatsanleihen von Griechenland, Portugal, Irland, Spanien, Großbritannien, Japan und den USA!** Diese Negativliste kann sich ständig erweitern. Am 18. April 2011 hat die Rating-Agentur Standard & Poor's den Ausblick für die USA endlich als »negativ« eingestuft. Damit ist sie erst sehr spät der Ansicht von Experten sowie der Stimmung an den Märkten gefolgt, denn die Investoren haben sich längst zurückgezogen. Unter den »entwickelten« Staaten scheinen aktuell vor allem Kanada, Australien, Norwegen, Deutschland, Finnland und die Niederlande die stabilsten Perspektiven für die Kreditwürdigkeit zu bieten.

Bei einem Staatsbankrott werden auch Versicherungsgesellschaften schwer getroffen, denn sie sind die wichtigsten Käufer von Staatspapieren. Die Inhaber von Lebensversicherungen und anderen Policen, die nur Anteile an einem Portfolio mit diversen Staatsanleihen darstellen, müssen mit erheblichen Verlusten bei ihren »sicheren Anlagen« rechnen.

Bei einem Staatsbankrott würden gerade die Banken in Schieflage geraten, da sie ebenfalls in Staatsanleihen investieren. Im Prinzip würde ein großer Staatsbankrott zu einer Wiederholung der letzten

Finanzkrise führen und das Weltfinanzsystem tief erschüttern. Angesichts der ohnehin hohen globalen Verschuldung wären die Auswirkungen dieser Krise für die Finanzmärkte und die Weltwirtschaft sicher noch weit dramatischer als beim letzten Mal. Die Bewältigung der Krise würde noch höhere Kapitaleinsätze erfordern, die mit Steuergeldern finanziert werden müssen. Von den Folgen der unvermeidlich einsetzenden Depression wäre die ganze Bevölkerung betroffen.

Wenn plötzlich nichts mehr sicher ist, wo ist dann der »sichere Hafen«? Damit die Menschen nicht alle versuchen, ihre Bankguthaben vollständig aufzulösen, könnte der Staat die Bargeldabhebung gesetzlich beschränken. Die Bankenkreditvergabe würde wie in der letzten Finanzkrise zum Stillstand kommen, die Zahl der Konkurse würde rapide ansteigen, die Nachfrage einbrechen und die Aktienkurse würden abstürzen. In dieser Situation, wo alle anderen Vermögenswerte unsicher sind, würde die Nachfrage nach Edelmetallen sprunghaft ansteigen. Die Politik würde angesichts der unkontrollierbaren Schulden-Deflationsspirale entweder mit einer Hyperinflation oder einer Währungsreform reagieren. Während der Krise könnten viele Vermögenswerte nur mit hohen Abschlägen veräußert werden. Hochverschuldete Aktiengesellschaften mit zyklischen Produkten würden die Depressionsphase nicht überstehen. Doch stabile Vermögenswerte sowie nicht überschuldete Immobilien und Gesellschaften wären in der Krise kaum gefährdet und können sich später wieder erholen.

4. Bei Währungs- und Handelskriegen ...

Besonders tückisch für Investoren würde die Situation, wenn es zu Währungs- und Handelskriegen käme. Die Insolvenzerklärung eines Staates gegenüber seinen ausländischen Anleihengläubigern könnte für böses Blut zwischen Nationen sorgen. Ein fiktives Gedankenspiel zeigt die möglichen Folgen einer solchen Insolvenzerklärung:

Bei einem Bankrott der USA gegenüber ausländischen Gläubigern, sagen wir der VR China, müsste mit einer Enteignung amerikanischer Investoren auf dem chinesischen Festland gerechnet werden. Der chinesische Staat könnte alle ausländischen Investoren, also US-Firmen und deren Aktionäre, mit den US-Staatsanleihen des »Staatsfonds« für deren Investments abfinden. Der unbeschränkte Handel zwischen den Konfliktparteien würde ebenfalls sofort aufhören, da niemand bereit wäre, die Vorleistungen zu finanzieren.

Neutralität kann es dabei nicht geben. Würde sich zum Beispiel Europa wirtschaftlich auf die Seite der USA stellen, würden auch alle europäischen Firmen ihre Investitionen verlieren und mit Dollarschuldtiteln abgefunden werden. Eine solche Entwicklung würde die Welt in separate Wirtschaftszonen zerreißen. Wenn ein eskalierender Wirtschaftskrieg droht, sollten Sie zweimal daran denken, welche Staatsangehörigkeit Sie haben. Sie sollten dann mit Ihren Anlagen nicht mehr global diversifiziert sein, sondern alles Vermögen aus der »Feindwirtschaft« so schnell wie möglich verkaufen, wenn es dann überhaupt noch möglich ist. Die sogenannten Global Players würden an den Aktienmärkten massiv abverkauft.

Ein ähnliches Szenario hat sich zu Beginn des Ersten Weltkriegs tatsächlich so abgespielt. Es braucht aber keinen sichtbaren, offenen Krieg, ein schrankenloser Wirtschaftskonflikt würde ausreichen, um Vorsichtsmaßnahmen für Investoren notwendig zu machen. Allerdings werden voneinander abgeschottete Wirtschaftsblöcke nicht auf Dauer friedlich nebeneinander existieren. Eine Konkurrenz um ökonomische Renten und Schlüsselpositionen würde sich aufbauen. Da diese Konkurrenz nicht mehr auf dem Feld des Marktes entschieden wird, ist das »Feld der Ehre« der wahrscheinlichste Austragungsort. Wie ein chinesischer Spruch sagt: »Auf einem Berg kann es keine zwei Drachen geben.«

5. Bei Stellvertreterkriegen ...

Wenn abgeschottete Wirtschaftsblöcke eine merkantilistische (auf Handelsbilanzüberschüsse abzielende) Politik betreiben, wächst das Risiko für Investments über den eigenen Wirtschaftsraum (im weiteren Sinne) hinaus. Bei Konflikten gibt es keine Sicherheit mehr für die Eigentumsrechte, durch welche das Kapital geschützt wird. Wenn die Weltwirtschaft in rivalisierende Wirtschaftszonen zerfällt, drohen rücksichtslose Stellvertreterkriege um Einflusssphären und Ressourcen. Der Krieg ist ein Inflationstreiber, daher haben sich schon früher Staaten mit einer stagnierenden Wirtschaft oft für einen Krieg als »Ausweg« aus der Deflation entschieden. Für Investoren bietet ein Krieg immer Gewinnchancen, das Risiko von Zerstörung und Enteignung ist jedoch sehr hoch. **Investoren sollten sich vor allem merken: Eine globale Diversifizierung ist nur gut, solange die globale Marktwirtschaft funktioniert und nicht in Einzelbereiche zerfällt.** Teure Kriege führen meist zu einer schweren Inflation und damit zur Geldentwertung (siehe Szenario 2).

6. Beim Start eines Megazyklus ...

Nach der Beseitigung der strukturellen Defizite kann man sich auf eine optimistische Perspektive konzentrieren. In diesem Szenario werden Aktien die großen Gewinner unter den verschiedenen Arten von Vermögenswerten sein. Veraltete Technologien und Verfahren werden durch neue ersetzt. Eine Energie- und Effizienzrevolution hebt den globalen Wohlstand. Alle Lebensbereiche werden neu organisiert: Mobilität, Wohnen, Lernen und Arbeiten. Internationale Kooperationen weisen einer globalen Währungs-, Wirtschafts-, und Sozialordnung den Weg. Ökonomie und Ökologie gehen Hand in Hand. In diesem Szenario dürfen Sie optimistisch investieren und große Teile Ihres Vermögens in gut geführte, innovative Unternehmen stecken – und sogar einen Teil Ihrer Edelmetallreserven abbauen. Aktien von rentablen Wachstumsbranchen sind jetzt die beste Anlage.

Diese Entwicklung werden Sie an niedrigen Aktienbewertungen, steigenden Zinsätzen, soliden Staatshaushalten und niedrigen Preissteigerungsraten sowie einem Schub von Innovationen und Investitionen erkennen. Diese Phase wird auch nicht von hoher Volatilität und Spekulationsfieber geprägt sein. Aktien werden dann auf Jahre einfach nur gute Renditen bringen.

I. Einige Worte zum Schluss

Wenn Sie dieses Buch bis hierher gelesen haben, dann sollten Sie jetzt in der Lage sein, das nationale und internationale Wirtschaftsgeschehen mit anderen Augen zu sehen als bisher. Sie sind gewissermaßen gerüstet, dem scheinbar heillosen wirtschaftlichen Durcheinander dieser Tage eine gesunde Portion ökonomischen Sachverstand entgegenzusetzen. Sie gehören damit zwar einer Minderheit an, aber diese Minderheit hat der großen Masse der Ahnungslosen einiges voraus. Nutzen Sie Ihr neu erworbenes Wissen, um zu agieren statt zu reagieren.

Der folgende Teil, geschrieben von Janne Jörg Kipp, wird Sie dabei unterstützen, die ungewissen und volatilen Zeiten, die vor uns liegen, besser zu überstehen.

In diesem Sinne

Ihr

Markus Lindermayr

Quellenverzeichnis

Das Wunder von Wörgl, Zeit-Online, 28.10.2010, http://www.zeit.
de/2010/52/Woergl

Deffeyes, Kenneth S.: Hubbert's Peak – The Impending World Oil Shortage

Deutsch, Reinhard: Das Silberkomplott

Dieckheuer, Gustav: Makroökonomik – Theorie und Politik, 5. Auflage, Springer

Ferguson, Niall: Der Aufstieg des Geldes (The Ascent of Money: A Financial History of the World), List Verlag

Goethe, Johann Wolfgang von: Faust II, dtv

Heinberg, Richard: The Party's Over, Clairview

Heinsohn, Gunnar und Steiger, Otto: Eigentumsökonomik, metropolis

Homer, Sydney und Sylla, Richard: A History of Interest Rates

Huber, Joseph und Robertson, James: Creating New Money – A monetary reform for the information age

Hudson, Michael: Super Imperialism – The Origin and Fundamentals of U.S. World Dominance

Kaufkraftentwicklung der DM, http://www.lindcom.de/Lindcom/Home/Statistik/kaufkraft.pdf

Kindleberger, Charles P.: Manien, Paniken, Crashs

Krugman, Paul: Die Große Rezession (engl. Originaltitel: »The Return of Depression Economics«), Campus Verlag

Mankiw, N. Gregory: Macroeconomics – Third Edition

McKinsey Global Institute: Debt and Deleveraging: The global credit bubble and its economic consequences, Januar 2010

Mises, Ludwig: Die Bürokratie

Mises, Ludwig: Theorie des Geldes und der Umlaufmittel (1926)

Ogger, Günter: Kauf Dir einen Kaiser. Die Geschichte der Fugger

Parsson, Jens O.: Dying of Money, Wellspring Press Boston (1974)

Reinhart, Carmen M. und Rogoff, Kenneth S. – National Bureau of
Economic Research: The Forgotten History of Domestic Debt
Ricardo, David: Über die Grundsätze der politischen Ökonomie und der
Besteuerung
Shilling, A. Gary: The Age of Deleveraging: Investment Strategies for a
Decade of Slow Growth and Deflation
Wikipedia.org, Die Freie Enzyklopädie: Biografie und Wirken von Niko-
lai Kondratjew
www.longwaveanalyst.ca: Grafik der Kondratjew-Zyklen
Yergin, Daniel: Der Preis – Die Jagd nach Öl, Geld und Macht

TEIL II

Janne Jörg Kipp, Diplom-Ökonom, machte sein Hobby zum Beruf. Schon im Studium beriet er Kleinunternehmen und private Anleger. Er ist zudem Autor der Bücher *Staatsbankrott voraus!* und *Das Anti-Crash-Buch*.

285

J. ANLEGERPSYCHOLOGIE: WIE SIE IHRE ENTSCHEIDUNGSGRUNDLAGEN OPTIMIEREN

Sie haben in den bisherigen Kapiteln erfahren, wie wahrscheinlich es ist, dass wir in den kommenden Monaten und Jahren erhebliche Verwerfungen an den Finanzmärkten erleben werden. Wie und wann genau welche Entwicklung einsetzt, können wir leider nicht bestimmen.

Daher finden Sie auf den folgenden Seiten als Ergänzung zur Analyse auf den vorhergehenden Seiten praktische Hinweise zum Umgang mit den anstehenden Verwerfungen, wie ich als Finanz- und Wirtschaftsautor sie in Ergänzung zu den Analysen von Markus Lindermayr sehe.

Dabei erläutere ich Ihnen angesichts der ungewissen Entwicklung an den Märkten, welchen Fallen wir Investoren an den Finanzmärkten regelmäßig begegnen.

Der Abschnitt ist so angelegt, dass Sie die Hinweise jederzeit und nicht nur zum Zeitpunkt der Drucklegung dieses Buches nutzen können.

Grundlage der folgenden Ausführungen sind Erkenntnisse psychologischer Fachgebiete, die sich mit Investorenverhalten beschäftigt haben. Vor allem die sogenannte »Behavioural Finance«-Forschung

(»Verhaltensökonomie«) hat zahlreiche Fallen untersucht. Einige dieser Fallen sind in der anstehenden Neuauflage oder Fortführung der Krise besonders gefährlich.

Nutzen Sie die Erkenntnisse, um möglichst gute Entscheidungen in Ihrem Sinne zu treffen. Perfekt können diese Entscheidungen nicht sein, da die Entwicklung wie immer unvorhersehbar ist. Vermeidbare Fehler jedoch ersparen Ihnen sicher die eine oder andere leidvolle Erfahrung.

1. Prognosen – an den Finanzmärkten ähnlich unsicher wie in der Meteorologie

An dieser Stelle darf der US-Ökonom John Kenneth Galbraith die nackte Wahrheit aussprechen:

> *»Es gibt zwei Arten von Wirtschaftsprognostikern: Diejenigen, die nichts wissen, und diejenigen, die nicht wissen, dass sie nichts wissen.« ("There are two sorts of forecasters. Those who don't know and those who don't know that they don't know.")*

Die Medien bieten Ihnen tagtäglich neue Prognosen an, tagtäglich neue Szenarien zur nächsten Entwicklung im Finanzdrama. Einige Einschätzungen sind solide, andere weniger. Eines aber ist wichtig:

Misstrauen Sie zumindest den Prognosen, die sich auf einzelne Kennzahlen stützen, um daraus das Wirtschaftswachstum der nächsten Jahre zu ermitteln. Sie lesen allerlei Konjunktur- und Schuldenprognosen – basierend auf fragwürdigen Datenmodellen. Diese Modelle sind reine Fortschreibungsmodelle und helfen Ihnen bei den jetzt anstehenden Entscheidungen nicht: die Aussage – auch für Deutschland – lautet schlicht:

> *»Wenn sich nicht viel ändert, wird auch das Wirtschaftswachstum recht konstant sein.«*

Denken Sie an die vergangenen Jahre: Kein einziges der führenden Wirtschaftsinstitute hat eine der Krisen vorhergesagt: weder 2007/2008, als die Lehman-Bank zusammenbrach, noch vorher bei der US-Immobilienkrise oder jetzt beim Schuldendrama in der Eurozone.

Lassen wir Prof. Klaus Zimmermann vom Deutschen Institut für Wirtschaftsforschung dazu sprechen - dann können Sie sämtliche Prognosen mit wenigen Variablen künftig bestens einschätzen:

>*In den meisten Modellen, die wir für unsere Vorhersagen nutzen, kommen keine Finanzkrisen vor.*«

Er selbst plädierte für »Pausen« bei den Prognosen, solange die Krise anhält. Dann aber fehlt den Instituten die Einnahmequelle für ihre Tätigkeit. Der Staat bezahlt einen guten Teil dieser »Modellergebnisse« und fragt offenbar nicht nach der Qualität der Ergebnisse. Also prognostizieren die Institute munter weiter.

Jeder Wetterdienst und jedes meteorologische Institut beschränkt sich aber bei seinen Vorhersagen mit ähnlich vielen Variablen, die auf die Entwicklung Einfluss nehmen, auf einen Zukunftszeitraum von fünf oder sechs Tagen. Die Wetterfrösche wissen, warum. Die Modelle geben nicht mehr her.

2. Der Irrtum der Profis: Dax-Analysen

Ein kleines Praxis-Beispiel zeigt, wie weit nicht nur die volkswirtschaftlichen Modelle, sondern auch die Aktien-Prognosen an der Wirklichkeit vorbeigehen. Die folgende Tabelle zeigt Prognosen der Analysten, abgegeben am Anfang des Jahres 2007 für das Jahresende 2007. Dieses Jahr habe ich deshalb gewählt, weil damals die Finanzkrise noch bevorstand – es war ein besonders gutes Jahr für den Dax, das die Analysten so nicht erwarteten. Daran erkennen Sie besonders gut, wie »wertvoll« Prognosen sein können:

Dax-Prognosen: 6.600 Punkte am Anfang – 8.000 Punkte am Ende	
Gesellschaft	**Prognose**
ABN Amro	6.489
BG Berlin	6.900
Bayer LB	6.800
BHF Bank	7.300
Commerzbank	7.400
DekaBank	7.200
Deutsche Bank	7.050
Dresdner Bank	6.800 – 7.000
DZ Bank	6.800
HSBC	7.350
HVB	7.100
JP Morgan	6.100
LBBW	7.200
M. M. Warburg	7.000
Sal. Oppenheim	6.950
Société Générale	7.100
West LB	6.700
Durchschnitt	**6.961,27**

Die DAX-Prognose der Banken zum Jahresende 2007

Am Anfang des Jahres 2007 lag der Dax bei 6.600 Punkten. Das Jahresende brachte den Dax schließlich auf 8.010 Punkte.

Bemerkenswert an der Zahlenreihe – denken Sie an den Startschuss bei 6.600 Punkten – die meisten Analysten bewegten sich in einem Schätzradius von 10% um den Startwert herum. Fünfzehn Analysten setzten auf steigende Kurse, zwei auf fallende. Die Werte lassen einen Schluss zu: Die Schätzungen orientieren sich nicht an irgendeinem »wahren Wert« des Dax-Barometers, sondern am Ausgangswert von 6.600 Punkten, von dem aus sie sich kaum entfernen. Zudem aber griffen viele Analysten den Trend steigender Kurse auf und schätzten den Dax anhand dieser beiden Eingangssignale (dem Ausgangswert und dem Trend) leicht im Plus.

Die Datenreihe zeigt, wie wenig objektiv diese Schätzungen sind und dass sie sich an einem Anker orientieren – an den Ausgangsdaten, an der eigenen Angst vor zu starken Abweichungen nach oben oder unten, an den Trends und in anderen Zusammenhängen auch an den Schätzungen anderer.

3. Der Irrtum der Profis: Unternehmensanalysen

Ähnlich verhält es sich auch mit Analysen zu einzelnen Unternehmen. Ein Kapitalmarktforscher fand heraus, dass die Gewinne von Unternehmen systematisch zu hoch eingeschätzt werden. Dies ist das Ergebnis einer Studie aus dem Jahr 2005. Grundlage der Studie waren die Daten zu 585 Aktien mit insgesamt 140 000 Empfehlungen. Ergebnis: die Unternehmensgewinne fielen in der Realität deutlich niedriger aus als von den Bilanz(!)-Analysten prognostiziert.

Eine der Hauptursachen nach dieser Studie sind die eigenen Schätzungen der Analysten. Auch hier sind schon die Eingangsdaten falsch. Wer als Analyst optimistisch schätzte, orientierte sich in den folgenden Schätzungen wiederum an sich selbst – oder an den Ergebnissen anderer.

Beide Fehler sind menschlich, allzu menschlich: Zum einen möchten die wenigsten, auch die wenigsten Analysten, ihre eigenen Fehler eingestehen. Also orientieren sie sich schnell und gern an sich selbst. Zum anderen orientieren sich gerade Profis aus einem nachvollziehbaren Grund an anderen. Auch oder gerade dann, wenn alle daneben liegen, lässt es sich in der grauen Masse am besten leben. »Das konnte man nicht vorhersehen«, dürfte einer der beliebtesten Sätze bei den Analysten sein.

All dies aber sind typische Bewertungsfehler auch bei den Prognosen von Profis. Die Finanzpsychologie beschreibt die Zusammenhänge schon recht gut und kann Ihnen in dem einen oder anderen Fall helfen.

Nachfolgend finden Sie einige der bedeutendsten Fehler, die Sie möglicherweise als typisch wiedererkennen. Mögen diese Auflistungen Ihnen in Ihrer langfristigen Strategie nutzen, um auch während der heftiger werdenden Ausschläge möglichst klare Sicht zu wahren. Gerade in einer schwierigeren Phase mit möglichen weitreichenden Folgen sollten Sie immer an Folgendes denken: Diese Krise hat es in der Menschheitsgeschichte in dieser Form noch nicht gegeben. Ihre Langfriststrategie muss Unvorhergesehenes bedenken. Alte Wahrheiten und kurzfristige Eindrücke zählen nur bedingt.

Legen Sie sich daher eine »psychologische« und eine ökonomische Langfriststrategie zurecht, die Sie durch das kommende Auf und Ab möglichst gut begleiten wird. Die psychologische Strategie fußt auf einigen der bekannten Fehler in der menschlichen Entscheidungs-logik. Sie endet mit einigen Vorschlägen, die bestimmte Situationen optimieren können. Die ökonomische Langfriststrategie enthält die entscheidenden Anlagehinweise. Mit beiden Komponenten werden Sie nicht perfekt, aber bereits weit im Vorteil sein. Denken Sie daran: Genau kann Ihnen niemand sagen, wie es weitergehen wird. Oder, wie John Maynard Keynes es formulierte:

»Langfristig sind wir alle tot.«

Daher lautet die recht einfache Schlussfolgerung für die Pra-xis noch einmal: Misstrauen Sie jeder Theorie und den absoluten Wahrheiten, wenn es um Ihre Anlageentscheidungen geht. Gera-de mit Blick auf die unterschiedlichen Szenarien, die wir für mög-lich halten, gibt es keine 100%ige Wahrheit, sondern ausschließlich Wahrscheinlichkeiten, an denen Sie sich orientieren können. Nut-zen Sie die Chance, psychologisch und ökonomisch das Beste da-raus zu machen.

4. Das Anlage-Optimierungs-Modell

Ich gehe für meine Anlageentscheidungen und in diversen schrift-lichen Ratgebern davon aus, dass ein Anlage-Optimierungs-Modell sich von der Theorie der Perfektion unterscheiden muss. Dies sind die grundsätzlichen Probleme unser Entscheidungen.

a) Erste Annahme: Informationen sind unsicher und vielfach falsch

Schon der Wert von »Informationen« ist in der Theorie unbe-stimmt. Falschinformationen sind an den Märkten gang und gä-be. Teils durch falsche Analysen, die wie oben kurz angedeutet auch durch einfache Zeitraumwechsel oder teils durch bewusste Manipulation entstehen.

Ein Beleg nur dazu: Deutschland hat nach offizieller Lesart im Jahr 2011 etwa knapp 2 Billionen Euro Schulden.

Wenn Sie die Information ergänzen um andere Verpflichtungen, etwa die Pensionsverpflichtungen, die sich aus bestehenden Beschäftigungsverhältnissen mit Beamten ergeben, kommen Sie nach Schätzungen von Prof. Bernd Raffelhüschen auf Verbindlichkeiten in Höhe von mehr als 5 Billionen Euro.

Je nachdem, welche Zahl Sie wählen, welche Annahmen Sie teilen, ergeben sich unterschiedliche Informationen, Konsequenzen und Zinsannahmen.

b) Zweite Annahme: Unsere Wahrnehmung der Informationen ist verzerrt

Diesen Punkt werde ich für Sie später etwas weiter ausführen. Sie haben Gelegenheit, Ihre eigene Wahrnehmung zu testen. Voraussetzung für »korrekte« Informationsverarbeitung und optimale Entscheidungen ist, dass die Wahrnehmung richtig ist. Aber schon das Wissen um die verzerrte Wahrnehmung wird Ihnen weiterhelfen.

c) Dritte Annahme: Die Verarbeitung verläuft nicht rational

Meine Behauptung: Wir können nicht rechnen. Oder jedenfalls schlecht. Dies trifft auf mich zu, wahrscheinlich auch auf Sie, auf jeden Fall auf eine Vielzahl von Mathematik-Professoren. Dazu gibt es ein berühmtes Experiment, das »Ziegenproblem«. Näheres dazu sende ich Ihnen gerne, wenn Sie sich über die E-Mail-Adresse aus dem Impressum des Buches melden – hier wäre es zu aufwendig.

d) Vierte Annahme: Die Entscheidungen sind nicht immer rational – oder vernünftig

Selbst wenn alles passt, die Informationen richtig waren und die Wahrnehmung unverzerrt – unsere Entscheidungen sind manchmal unvernünftig.

Ob das gut oder schlecht ist, entscheiden Sie selbst – hoffentlich möglichst »frei«. Das Wissen darum aber hilft – garantiert.

e) Fünfte Annahme: Optimierte Entscheidungen führen nicht immer zur Optimalhandlung

Der letzte Punkt wird in aller Regel von der Theorie vollständig verschwiegen. Alle Entscheidungen sind getroffen, die Informationen verarbeitet - und trotzdem. Sinngemäß heißt es in der klassischen deutschen Literatur, mit der ich Sie aber an dieser Stelle nicht weiter quälen möchte:

»Das Gute, das ich will, tue ich nicht, das Schlechte das ich nicht will, tue ich.«

Auch dies könnte eine Entscheidung sein – und damit kein eigener Punkt. Entscheiden Sie auch hier selbst und leiten Sie daraus die für Sie richtige Handlungsstrategie ab.

Das Kipp-Rahmenmodell für optimierte Anlage-Entscheidungen

Phänomen	Behebbar / Nicht behebbar	Konsequenz
1. Informationen unvollständig	Nicht vollständig behebbar	Misstrauen zeigen, bei wichtigen Entscheidungen weitere Quellen nutzen
2. Verzerrte Wahrnehmung	Nicht vollständig behebbar	Wahrnehmung analysieren

3. Verarbeitung unzureichend	Nicht behebbar	Zweite Meinung einholen
4. Entscheidungen irrational	Nicht vollständig behebbar	Misstrauen gg. sich selbst, zweite Meinung einholen
5. Fehlende Handlung	Zu verbessern	Verpflichtungsmodelle

Dieses kleine Praktiker-Modell zeigt die Fehler-Kette und die möglichen Verbesserungen, die sich für unsere Anlage-Entscheidungen ergeben. Im Folgenden erhalten Sie eine Orientierungshilfe für verschiedene Phänomene. Sie erfahren, wie sich anhand von vermeintlichen Erkenntnissen sogenannte Heuristiken bilden, Daumenregeln, die oft helfen – aber in neuen Situationen, wie wir sie jetzt erleben, komplett falsch sein können.

5. Fehlerquelle Erwartungsbildung

Erwartungen werden Ihre Wahrnehmung beeinflussen. Denken Sie daran, welche Bilder Sie Wolkenformationen entnehmen können, wenn Sie entschlossen genug in den Himmel blicken.

Achtung: Auch wenn sich Situationen scheinbar ähneln, wenn Sie exakt die gleichen Muster scheinbar erneut entdecken – verlassen Sie sich darauf, dass Ihr Gehirn genau dies erwartet hat und danach gesucht hat. Im Zweifel wird Ihr Gehirn entgegenlaufende Informationen sogar ausblenden. Ihr Gehirn orientiert sich dabei an den Erfahrungen der Vergangenheit. Erlebnisse, möglichst oft wiederholte Erlebnisse und die Emotionen, die Sie mit diesen Erlebnissen verbinden, bilden die Erwartung für neue Situationen.

Dies ist das Dilemma vieler »falscher« charttechnischer Analysen, die auf weitere Indikatoren verzichten. Geschichte wiederholt sich, auch an den Anlagemärkten. Da aber viel zu viele Analyse-Möglichkeiten und -muster vorliegen, brauchen Sie zusätzlich zu diesen Informationen weitere Signale über Verfassung und Trends an den Märkten.

Tipp: Mit Erwartungen rechnen

Bevor Sie Entscheidungen treffen, erinnern Sie sich zumindest daran, dass Ihr Gehirn Sie unbewusst schon mit den Erwartungen hinters Licht führen wird. Jede Art von Musterbildung läuft Gefahr, dass wichtige Elemente abgeschnitten wurden.

Bitte denken Sie noch einmal daran, was diesen Abschnitt einleitete: Eine Krise in dieser Form gab es in der Geschichte noch nicht. Daher können Sie nur teilweise darauf hoffen, dass die alten Rezepte helfen. Richten Sie sich mit Ihren Entscheidungen auf wahrscheinliche Ereignisse ein, ohne auf Gewissheit setzen zu können.

6. Fehlerquelle Wahrnehmung

Während Sie gegen die Erwartungsbildung nicht viel unternehmen können, ist die Phase der Wahrnehmung einfacher zugänglich. Hier stellen sich folgende Fallen:

a) Die selektive Wahrnehmung

Da das Gehirn Erwartungen bildet, nimmt es nur ausgesuchte Informationen wahr. Bevor Sie sich ein bewusstes Bild von einer Situation machen, filtert es schon lange – selektiv. In der Geldanlage beispielsweise findet sich die selektive Wahrnehmung in nahezu allen Analysen zu Aktien.

Wer sich ein bestimmtes Bild von Aktien machen möchte, wird sich auf angenehme Kennzahlen stützen, etwa das Kurs-Gewinn-Verhältnis (KGV), wenn dieses nur gut genug ist. Sie werden zahlreiche Studien finden, in denen entscheidende Bilanzkennzahlen einfach fehlen. Sehen Sie sich die Kurzanalysen auf www.onvista. de an. Analysten arbeiten manchmal bewusst, meist jedoch unbewusst, nur selektiv.

296

Tipp: Betrachten Sie das ganze Bild

Verzichten Sie auf Kurzmeldungen von Aktien-Analysten. Studien zu den Bilanzen von Unternehmen müssen immer nach einem wiederholten Muster vorgenommen werden. Wenn Sie beispielsweise die Studien des Hauses »GBC Research« aus Augsburg als Grundlage nehmen, fallen Kennzahlen nicht unter den Tisch. Ziehen Sie vor größeren Investitionen selbst die Bilanzen heran, wenn Sie die fundamentalen Grundlagen Ihrer Unternehmensbeteiligungen berücksichtigen wollen. Sie müssen kein Finanzfachmann sein, sehen dort aber die Entwicklung der einzelnen Kennzahlen. Die Bilanzen erhalten Sie über die Unternehmen oder über Finanzportale wie www.finanzen.net oder www.onvista.de.

Wer sich ein Bild über das »richtige« Depot in diesen Zeiten machen möchte, wird in diversen Ratgebern unterschiedlichste Angaben zum Verhalten von Aktien, Anleihen, Gold oder Immobilien während einer Inflation und einer Deflation finden. Achtung: Auch die dort präsentierten Fakten helfen Ihnen nur bedingt weiter. Wer solche Daten zusammenstellt, geht ebenfalls selektiv vor, deshalb werden Sie grundsätzlich unterschiedliche Daten finden.

Nutzen Sie die praktischen Hinweise in diesem Kapitel und Ihre eigenen Erfahrungen und Überlegungen. Dies wird reichen, um langfristig tendenziell die richtigen Entscheidungen zu treffen.

Tipp: Trendfolge als Entscheidungshilfe

Wer darüber hinaus kurzfristig optimale Entscheidungen treffen möchte, wird mit Trendfolge-Strategien richtig liegen. Trendfolgemodelle fragen danach, wohin sich die Masse bewegt. Die Trendfolge versucht erst gar nicht, mit einzelnen Kennzahlen irgendwelche Kursverläufe im Nachhinein zu rechtfertigen oder zu erklären. Sie misst vielmehr Richtung und Stärke eines Trends: So fragt sie danach, ob Kurse weiter unterhalb oder oberhalb ihrer gleitenden Durchschnitte liegen und sucht den Punkt, an dem dieser Trend bricht. Den neuen Trend kann sie dann für einen Einstieg nutzen und je nach Abstand zum gleitenden Durchschnitt für mehr oder weniger stark halten. Der Vorteil: Sie umgehen von vornherein die Falle der selektiven Wahrnehmung bei der Fundamental-Analyse.

---

b) Das »Framing«

Ein wichtiger Aspekt der Wahrnehmung ist der Rahmen, in dem Sie bestimmte Informationen zur Kenntnis nehmen oder sehen. Hier geht es nicht – nur – um Ausschnitte, sondern um das Umfeld. Im Geldanlagebereich denken Sie etwa einfach nur an den Zeitrahmen eines Charts.

CHART – DAX

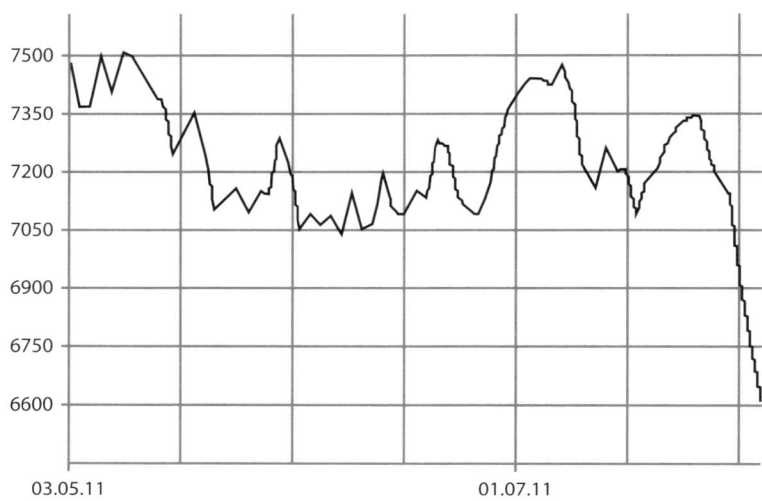

Der 3-Monats-Rahmen für den Dax

CHART – DAX

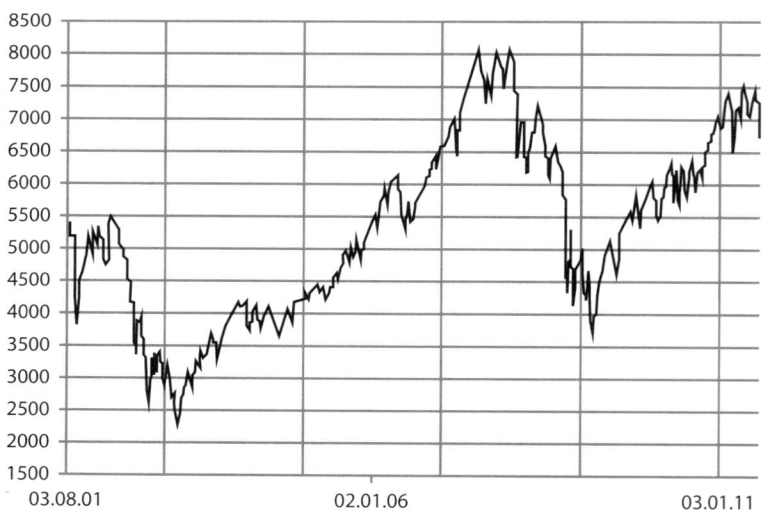

Der 10-Jahres-Rahmen für den Dax

Ausgehend von mehr als 7.300 Punkten verlor etwa der Dax innerhalb weniger Wochen im früheren Sommer 2011 gut 650 Punkte (im Spätsommer sogar fast 2.000 Punkte). Im »Rahmen« eines
3-Monats-Modells sieht der Verlust ganz anders aus als im Rahmen
eines 10-Jahres-Vergleichs.

Der Absturz des Dax ist in beiden Fällen derselbe. Das Framing aber
bezieht sich nicht nur auf die Präsentation durch andere, sondern
auch auf die eigene Problemdarstellung. Nehmen Sie sich einfach
Ihr eigenes Depot vor – Sie können sich sowohl an den Höchst-
ständen orientieren als auch an Einstandskursen. Je nachdem, welche
Wahl Sie treffen, werden Sie die einzelnen Positionen deutlich unterschiedlich wahrnehmen.

Auch dazu ein Chart, weil diese Falle bedeutende Auswirkungen hat.
Dazu gleich eine kurze Erläuterung.

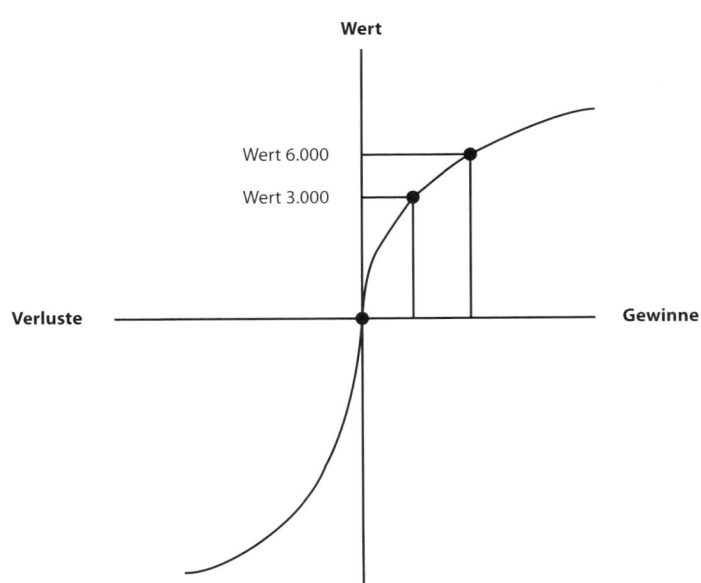

Framing: die Darstellung von Verlusten/Gewinnen ist wichtig
Quelle: http://www.breakout-trading.de/images/content/relativerwert-
zuwachs.jpg

Diese Grafik bedarf einer kurzen Erläuterung.

Erkenntnis 1: Wenn Sie die X-Achse – die Abszisse, wie Mathematiker sagen – von links nach rechts entlangfahren, kommen Sie aus einem Verlustbereich in eine Gewinnzone. Die Maßeinheit sei jeweils ein Euro (hier nicht dargestellt).

Der Wert des Gewinnes (oder Verlustes, bei einer Bewegung von rechts nach links) ist zu sehen auf der Y-Achse, der Ordinate in der Mathematiker-Sprache. Er wird subjektiv zugeordnet. Die geschwungene Linie zeigt verschiedene Kombinationen von Verlusten beziehungsweise Gewinnen und Werten.

Sie sehen: Je höher die Gewinne werden, desto geringer ist der Zuwachs der Werte für die nächsthöheren Gewinne. Spiegelbildlich verhält es sich bei Verlusten. Der zusätzliche Wertverlust bei Verlusten wird immer geringer, die Kurve flacht auch dort ab.

Dies können Sie sich ganz einfach erklären, es ergibt sich aus einer mathematischen und nicht aus einer psychologischen Kalkulation. Wenn Sie 10 Euro Gewinn erwirtschaftet haben, ist der nächste Euro schon mathematisch nur noch 10% mehr wert. Der nächste Euro jetzt bezogen auf 11 Euro Gewinn ist nur noch 9,1% mehr wert und so fort.

Dasselbe Bild bei Verlusten. Wenn Sie 10 Euro Verlust erlitten haben, wird der nächste Euro Verlust den Gesamtverlust um 10% erhöhen. Ein weiterer Euro Verlust bringt dann nur noch 9,1% Mehrverlust. Wenn Sie 20 Euro verloren haben, entspricht ein Euro Verlust nur noch 5% Mehrverlust.

Kein Wunder also, wenn der Mehrwert sowohl bei Verlusten als auch bei Gewinnen immer stärker abnimmt. Folge dieser unterschiedlichen Wahrnehmung ist das Verhalten in Entscheidungssituationen. Wenn Sie in der Gewinnzone liegen, werden Sie für weitere Gewinne keine hohen Risiken mehr eingehen, da der Mehrgewinn gering ist. Liegen Sie dagegen in der Verlustzone, wird der Durchschnitt der Anleger höhere Risiken eingehen. Der drohende Mehrverlust ist nicht so viel wert wie das Weniger an Verlust, das Sie bei positivem Ausgang erzielen können.

Als Merksatz: Sie verhalten sich typischerweise unterschiedlich. Verluste führen zu höheren Risiken, die Sie eingehen, Gewinne zu deutlich geringeren Risiken, die Sie einzugehen bereit sind. Wie Sie sich letztlich verhalten werden, hängt daher von diesem »Framing« ab, von den Rahmenbedingungen, die Sie sich setzen. Nehmen Sie die Gesamtsituation als Verlust wahr, werden Sie höhere Risiken eingehen und umgekehrt.

So können Sie sich Jahresrenditen in Höhe von 2 % als Gewinn präsentieren oder als Verlust, je nachdem, ob Sie Inflationsraten oder Steuern mitkalkulieren oder nicht.

Tipp: Mit einem Regelbuch das Framing ausschalten

Diesen Effekt können Sie nutzen und teilweise umgehen. Die Wahrnehmung selbst können Sie nicht beeinflussen, aber die Interpretation der Wahrnehmung. Führen Sie einfach ein Regelbuch ein. So können Sie etwa dafür sorgen, Steuern immer mit zu kalkulieren. Wann Sie gleichzeitig ein Börsentagebuch führen, in dem Sie Entscheidungen und deren Gründe festhalten, werden Sie im Verbund mit den selbst gesetzten Regeln zumindest immer denselben Rahmen wählen. So werden Sie nach und nach Entscheidungen treffen, die weniger Widersprüche beinhalten.

---

c) Der »Primacy-/Recency-Effekt«

Dieser Wahrnehmungsfehler sorgt dafür, dass wir entweder die erstgenannten Informationen einer Nachricht (»Primacy«) oder die letztgenannten Informationen (»Recency«) zuerst betrachten. Was dazwischen steht, bleibt weitestgehend unbeachtet. Dies machen sich unter anderem Journalisten und PR-Spezialisten zunutze.

In den ersten Sätzen einer Nachricht werden Sie die Botschaft finden, die Autoren Ihnen senden wollen. Gerade längere Meldungen lesen die wenigsten tatsächlich bis zum Ende des Textes durch. Und wenn: Gute Texter werden am Ende einer Meldung noch einmal die wichtigste Botschaft zusammenfassen, oft in Form eines Merksatzes oder eines Kastens. Dies spricht den Recency-Effekt an.

In der Anlagepraxis wird Ihnen das oft in Form von Aktien-Analysen oder redaktionellen Beiträgen über bestimmte Wertpapiere begegnen. Sobald Ihnen die Autoren das »Potenzial« einer konkreten Anlage am Anfang oder am Ende nennen, erinnern Sie sich an den beschriebenen Effekt.

Tipp: Meldungen vollständig lesen

Soweit möglich, lesen Sie Meldungen vor wichtigen Entscheidungen genau und vollständig durch. Dieser Hinweis ist vor allem dann wichtig, wenn Sie rechtlich relevante Texte lesen: Wertpapierprospekte bei Fonds, Anleihen oder Zertifikaten als Spezialanleihen. Denken Sie auch bei der Lektüre von Zeitungen, Magazinen oder im Internet an dieses Phänomen.

---

d) Die Verfügbarkeitsheuristik

Hier liegt ein sogenannter Ambiguitätsfehler vor: Die Unsicherheit über die Unsicherheit führt dazu, dass Menschen sich an eine Information klammern.

Diese Falle führt uns immer dann in die Irre, wenn wir von einfachen verfügbaren Daten auf die Sachlage schließen und oft genug falschliegen. Ein Beispiel aus dem Alltag illustriert, worum es geht. Ereignisse, von denen wir öfter hören, gelten als wahrscheinlicher als Ereignisse, die selten in Medien oder Erzählungen präsent sind. Legen Sie sich etwa die Frage vor, was wahrscheinlicher ist:

- dass ein Kind in den USA wegen des weit verbreiteten Waffenbesitzes stirbt
- dass ein Kind in den USA im Swimmingpool ertrinkt.

In der Regel gehen die meisten Menschen davon aus, der verbreitete Waffenbesitz sei gefährlicher. Weit gefehlt: Durch Unfälle im Swimmingpool sterben weitaus mehr Kinder. Nur wird darüber weit weniger berichtet.

Hier ist die Berichterstattung über den Waffenbesitz in den USA sowie über Amokläufe oder spektakuläre Unfälle maßgeblich. Die Daten sind weithin verfügbar, weil Medien sich genau diese Geschichten herausgreifen. Die Verfügbarkeitsheuristik kommt durch verschiedene Parameter zustande, die im Folgenden kurz dargestellt werden:

Die Präsenz und die Präsentation von Ereignissen beeinflusst die Wahrnehmung: Die Verfügbarkeitsheuristik hängt wie im Beispiel vom Kindstod durch verbreiteten Waffenbesitz davon ab, wie häufig oder wie eindringlich Ereignisse im Vergleich zu anderen präsent sind oder präsentiert werden.

Bezogen auf die Geldanlage etwa sind positive Nachrichten aus Unternehmen deutlich präsenter als negative Nachrichten. Die Investor-Relations-Abteilungen von Aktiengesellschaften sorgen für den positiven Nachrichtenfluss, Analysten und Medien greifen die Meldungen gern auf. Das Geschäft lebt davon: Je positiver die Stimmung, desto größer ist dauerhaft der Handel. Mindestens 75 % aller Empfehlungen von Analysten lauten »kaufen« oder »halten«, zeigen verschiedene Studien.

Tipp: Misstrauen Sie positiven Meldungen und Analysen

Einen perfekten Schutz werden Sie nicht entwickeln können, aber schon die Kenntnis dieses Fehlers wird Ihnen in der Vermögensentwicklung allgemein und in einer krisenhaften Situation helfen: Misstrauen Sie einfach den Meldungen und vor allem Analysen. Sie müssen nicht alles ablehnen, fragen sich aber am besten stets:

➤ Wem nützt diese Analyse?

➤ Gibt es ältere Analysen, die noch verfügbar sind und das Bild ergänzen?

Die Darstellung von Ereignissen ist entscheidend: Die Werbung lebt von einem eingebauten Fehler in unserer Wahrnehmung. Am liebsten denken wir in Bildern und verarbeiten diese. Bilder ver-

knüpfen Ereignisse mit den Bewertungen. Je bildhafter eine Darstellung ist, je eher Sie sich diese vorstellen können, desto wahrscheinlicher wird Ihr Gehirn dieses Ereignis als »wahr« oder »gut«
klassifizieren.

Wer beispielsweise Zeuge einer Schlägerei oder wüsten Beschimp-
fung in einem lebendigen Stadtteil Berlins wird, hält etwa die »zunehmende Verrohung« der Gesellschaft für wahrscheinlicher als Bewohner eines ländlichen Dorfes ohne besondere Gewaltauswüchse.
Die Vorstellungskraft aber setzt sich hier – möglicherweise – über
Statistiken hinweg.

Bezogen auf die Geldanlage wird diese Falle noch deutlicher. Wer sich
täglich mit den Börsen beschäftigt, wird sich mit Blick auf die finanziellen Krisenherde 2011 einen »Crash« an den Märkten einfacher vorstellen können als Investoren wie Warren Buffett. Der vermögendste
Investor der Welt beschäftigt sich in erster Linie mit dem Studium von
Unternehmensbilanzen und nicht mit Fernsehbildern aus Börsensä-
len, die nur noch der Werbung dienen. Möchte man Ihnen also einen
»Crash« präsentieren, reicht in der Regel der geeignete Ausschnitt von
Mustern mit stark fallender Tendenz, um die Überzeugung sicherzu-
stellen.

Tipp: Je stärker die Bilder, desto misstrauischer sollten Sie werden

Wie bei allen Fallen gilt: Einen Ausweg im 100%igen Sinne gibt es nicht. Misstrauen Sie
auch hier den Präsentationen. Gerade in der Krisenphase wird es etliche Versuche geben,
die Angst vor Kursstürzen mit starken Bildern als begründet darzustellen, um beispielsweise Kapitalschutz-Produkte zu verkaufen. Diese Produkte sind allenfalls empfehlens-
wert, wenn Sie sich tatsächlich den Emissionsprojekt bestellen, durchlesen und danach
das Prinzip verstanden haben. Dies ist bei vielen Produkten dieser Kategorie jedoch
nicht möglich – 80 % bis 90 % aller Investitionen dieser Art entfallen damit bereits.

Ereignisse werden falsch verknüpft: Eine sehr beliebte falsche
Wahrnehmung aufgrund der Verfügbarkeit betrifft die Verknüpfung
zweier Ereignisse oder Zustände. Ein Alltagsbeispiel dazu:

Der Täter eines Familienverbrechens (Körperverletzung oder gar Mord an einer Verwandten) sei Moslem. Wie wahrscheinlich ist diese Verknüpfung? Auch hier arbeitet unser Gehirn in der Regel fleißig an Mythen.

Da sehr oft männliche Moslems als »Täter« präsentiert werden, verknüpft das Geirn gerne die beiden Eigenschaften »Moslem« und Verbrecher in einem Familiendrama miteinander. Statistiken dazu werden in der Regel nicht bemüht.

Fairerweise müsste der urteilende Mensch sich statistisch die Frage vorlegen, wie viele Moslems es gibt und wie häufig diese Verbrechen begehen, wie viele Verbrechen es gibt, die ein Mensch anderen Glaubens verübt hat, wie viele Moslems es gibt, die keine Verbrechen begehen, und wie häufig Menschen anderen Glaubens keine Verbrechen begehen. Erst wenn diese Kombinationen als Zahlenmaterial vorliegen, könnten Sie daraus statistisch sinnvolle Schlüsse ziehen.

Tipp: Statistiken heranziehen

Hier hilft der Blick in Statistiken. Wenn Sie vor wichtigen, weitreichenden Entscheidungen stehen, bemühen Sie die Statistik. Falls Sie strategisch etwa untersuchen, ob Sie offene Immobilienfonds oder Immobilienaktien kaufen wollen, fragen Sie sich angesichts der Schließung vieler offener Immobilienfonds ebenfalls vierfach:

➤ Wie viele Immobilienfonds bringen tatsächlich Verluste – in den vergangenen 10 oder 20 Jahren?

➤ Wie viele Immobilienaktien brachten welche Verluste – im selben Zeitabschnitt?

➤ Wie viele Immobilienfonds brachten keine Verluste – in den vergangenen 10 oder 20 Jahren?

➤ Wie viele Immobilienaktien brachten keine Verluste – im selben Zeitabschnitt?

In der Vermögensentwicklung kann das Problem beispielsweise in dieser Verkleidung auftauchen: Mieter verursachen Ärger. Es ist unspektakulär, über gelingende Vermietungen zu sprechen oder gar in den Medien über diese zu berichten. Daher tauchen Mietverhältnisse regelmäßig in Medien oder in privaten Gesprächen nur dann auf, wenn der »böse Mieter« Ärger verursacht.

Auch hier wären vier Statistiken interessant: Wie viele Mieter gibt es, die den Ärger mit einer Immobilie verursachen? Wie viele Situationen gibt es, in denen nicht der Mieter, sondern andere Interessengruppen den Ärger mit der Immobilie verursachen? Wie viele Mieter gibt es, die keinen Ärger verursachen? Und schließlich: Wie viele Situationen gibt es, in denen eine Immobilie überhaupt keinen Ärger verursacht? Erst dann können Sie Nachrichten über Mieter-Ärger richtig einschätzen.

e) Die Repräsentativitätsheuristik

Diese Falle führt uns immer dann in die Irre, wenn wir ein Ereignis als stellvertretend für eine ganze Gruppe von Ereignissen (Prozessen) oder von Menschen betrachten. Ein Datum gilt als maßgeblich, ohne dass wir uns über die Zusammensetzung der zugrunde liegenden Daten auch nur im Entferntesten klar sind. Auch hierzu ein Beispiel aus dem Alltag:

Wandeln Sie zur Oktoberfestzeit durch München und sehen Sie sich in den öffentlichen Verkehrsmitteln um: Trachten-Träger, so weit das Auge blickt. Mit hoher Sicherheit denken Sie sich, dies seien Münchner oder zumindest Bayern. Der Grund: Wir Menschen sind »Deutungsmaschinen«. Wahrnehmungen gleicht das Gehirn mit vorhandenen Erfahrungen und Erlebnissen ab. Das Bild vom Trachten-Träger passt besser zu Bayern als zu anderen Menschen. Dies kann ein großer Irrtum sein, weil wir bei solchen Zuschreibungen die Datenquelle nicht berücksichtigen. So könnte es sein, dass zur Oktoberfestzeit in der S-Bahn, die Sie benutzen, ausgerechnet diejenigen anreisen, die vom Flughafen kommen. Der Anteil der Bayern an sich in der öffentlichen Bahn wäre bereits geringer als sonst üblich.

Der Fehler besteht darin, dass wir uns in der Regel niemals klarmachen, wie sich die »Grundgesamtheit« unserer Beobachtungen zusammensetzt und ob sich diese von sonst üblichen Grundgesamtheiten unterscheidet. Auch der Repräsentativitätsheuristik liegen verschiedene Parameter zugrunde:

Wenn zwei Aussagen verknüpft werden, klingt das plausibler: Ein berühmtes Beispiel für diese Falle ist die ehemalige Philosophie-Studentin »Linda«. Welche der beiden Aussagen halten Sie für wahrscheinlicher?

- Linda ist eine Bankangestellte.
- Linda ist eine Bankangestellte und in der Frauenbewegung aktiv.

Untersuchungen zeigen, dass die zweite Aussage als wahrscheinlicher wahrgenommen wird. Logisch ist die Annahme falsch. Die zweite Aussage schränkt die Bedingungen noch ein und reduziert daher auf jeden Fall die Wahrscheinlichkeit für den Wert »wahr«.

Die zweite Aussage wirkt aber dennoch »repräsentativer«. Vielleicht, weil sie etwas mehr Informationen zur Person Lindas bereithält.

In der Geldanlage könnte sich in diesen unruhigen Zeiten etwa eine solche Frage stellen: Welche Aussage trifft auf Anleihen zu?

- Staatsanleihen bringen stattliche Zinsen.
- Staatsanleihen bringen stattliche Zinsen und sind sicher.

Die zweite Aussage gilt auch hier als repräsentativer, da Staatsanleihen in der westlichen Welt in den vergangenen Jahren selten ausgefallen sind. Tatsächlich aber bringen Staatsanleihen zunächst nur Zinsen. Und selbst dabei ist nicht klar, inwiefern diese überhaupt helfen, in einer Inflation Werte zu erhalten.

Achtung: Ein Beispiel aus der Werbung zeigt ebenso eindrucksvoll, wie effektvoll wir uns gerade in der Krise von rationalen Überlegungen entfernen werden. Die Werbung für Aktien-Anleihen suggeriert alleine durch die Verknüpfung der Chancen von Aktien und der sicheren Zinsen von Anleihen gute Chancen und überdurchschnittliche Sicherheit. Mit Aktien jedoch haben Aktien-Anleihen wenig zu tun – bis auf den Umstand, dass eine schlechte Kursentwicklung der zugrunde liegenden Aktie die Rendite einer solchen »Anleihe« verschlechtern wird.

Tipp: Aussage für Aussage unter die Lupe nehmen

Mit solchen Darstellungen arbeiten natürlich Emittenten von Wertpapieren bewusst und Journalisten oft unbewusst. Je mehr Attribute eine Wertpapieranlage erhält, die wir kennen, desto wahrscheinlicher wird die Aussage. Wenn Sie die Zeit vor gravierenden Entscheidungen haben: Analysieren Sie Aussagen im wahrsten Sinne des Wortes. Zerpflücken Sie die Sätze und legen Sie Aussage für Aussage nebeneinander. Schnell zeigt sich, welche Annahmen vergleichsweise sicher sind und welche nicht.

Die Tendenz zum Durchschnitt wird ignoriert: Auch dieses Vorkommen der Repräsentativitätsheuristik ist vergleichsweise bekannt. Es nennt sich auch »Regression zur Mitte« und beschreibt eigentlich, dass viele Prozesse den Hang haben, zum Durchschnitt zurückzukehren. Wir Menschen aber unterschätzen diesen Hang und ziehen daraus falsche Schlüsse.

Aus dem Lehreralltag ist bekannt: Wer seine Schüler nach überdurchschnittlichen Leistungen oder besonders guten Noten lobt, wird oft enttäuscht. Die nächsten Ergebnisse werden schlechter. Wer nach unterdurchschnittlichen Leistungen unzufrieden ist und dies äußert, sieht seine Taktik aber oft bestätigt: Die Leistungen des betreffenden Schülers werden besser. Der Fehlschluss: Lob schadet, Tadel jedoch hilft. Allzu natürlich jedoch ist die Regression zur Mitte: Die Leistungen werden auch ohne die eine oder andere Äußerung in Richtung Durchschnitt tendieren.

Ein Beispiel aus der Geldanlage lässt sich gerade für Krisenzeiten schnell finden. Wer Trendwerte kauft, kann damit hohe Gewinne schaffen. Denn die Kurse drehen wieder in Richtung ihrer gleitenden Durchschnitte. Sobald dies der Fall ist, sobald also ein Kurs eine Linie nach oben oder unten durchkreuzt, werden Sie als Anleger zum Profiteur dieser »Regression zur Mitte« – und läuten den nächsten zeitweise stattfindenden Trend ein. Da sich genau jetzt aber viele Preisblasen bilden werden, achten Sie in der aktuellen Situation an den Finanzmärkten auf diese Trendwechsel und die immerwährende Neigung der Kurse, sich wieder der Mitte anzunähern.

> **Tipp: Seien Sie misstrauisch bei grundlosen Kursgewinnen**
>
> Blasen werden immer wieder entstehen. Halten Sie sich gerade in den nächsten Wochen und Monaten vor Augen, dass die zunehmende Unsicherheit Geld wandern lässt. Bilden sich an einzelnen Märkte überdurchschnittliche Kursgewinne, deren Grund Sie nicht kennen, meiden Sie einen solchen Trend. Investieren Sie nach einer Trendfolgestrategie erst dann neu, wenn es wieder eine »Regression zur Mitte« und damit einen Trendwechsel gibt.

Rohstoffe werden ein klassisches Beispiel sein. Öl etwa wird knapp, ein Preisanstieg ist wirtschaftlich logisch. Andere Rohstoffe ohne diese natürliche und nicht änderbare Knappheit jedoch neigen zur Blasenbildung. Die Kurse aber werden zur Mitte zurückkommen. Denken Sie stets daran: Die Regression zur Mitte ist nahezu naturgesetzlich – in der Schule wie in der Vermögensanlage.

Die falsche Stichprobengröße verfälscht das Ergebnis: Der Fall kommt aus der Statistik. Ist die Stichprobe eines Versuchs nicht groß genug, ist das Ergebnis falsch. Dies kann zu vollständig falschen Wahrnehmungen führen. Ein Alltagsbeispiel kennen Sie selbst: das Anfängerglück.

Welches Spiel oder welchen Versuch wir auch immer unternehmen, stets haben wir Menschen den Eindruck, Anfänger hätten besonders viel Glück. Bringen Sie beispielsweise jemandem Spiele mit überschaubaren Optionen bei (Kartenspiele im Casino etwa), stellt sich das Gefühl schnell ein.

Der Grund ist einfach: Bei hundert Wiederholungen würde schnell sichtbar, dass ein Anfänger dem Profi weit unterlegen ist. Er wird fast nie gewinnen. Die hohe Zahl der Wiederholungen passt jedoch nicht zum Anfängerstatus. Anfänger werden nur wenige Wiederholungen starten – ein zufälliger Gewinn reicht, um immer wieder das Märchen vom Anfängerglück zu bestätigen. Dabei ist nur die Stichprobe der zu wenigen Spiele entscheidend.

In der Geldanlage existiert dasselbe Phänomen: das Anfängerglück. Oder das Glück, wenn Sie erstmals mit Hebelprodukten hantieren.

Diese sind jeweils genau kalkulierbar. Die Emittenten wissen anhand der Absicherungsstrategien am Markt jederzeit, wie teuer Optionen, Optionsscheine oder Hebelzertifikate sein dürfen. Am Ende gewinnt auch hier die Bank. Vermeintliche Siegeszüge gegen die Bank beruhen auf der kleinen Anzahl der Versuche. Sie können davon ausgehen: Die Masse verliert bei diesen Produkten.

Tipp: Kurzfristige Zufallserfolge ignorieren

Vor schwerwiegenden Entscheidungen vergewissern Sie sich am besten, worauf die Erkenntnisse beruhen. Jahrelange Erfahrung mit Sachverhalten wie etwa bei der Goldanlage und Goldpreisentwicklung sind wertvoller als kurzfristige Scheinerfolge mit Kupfer- oder Zucker-Investments. Die Datenreihe ist entscheidend. Je länger Sie zurückschauen, desto besser sind Ihre Entscheidungen: immer.

---

f) Die Ankerheuristik

Die Ankerheuristik erzeugt eine Falle, die Sie aus dem Alltag bestens kennen werden. Unser denk- und arbeitsfaules Gehirn (von dem wir annehmen, es sei so fleißig) orientiert sich bei seiner Wahrnehmung und Entscheidung an einzelnen Fakten statt am Gesamtbild. Schnell werden die Entscheidungen irrational.

Denken Sie an folgende Situation: Wenn Sie sich für ein Hotel entscheiden wollen, beispielsweise für eine Geschäftsreise, werden Sie sich bei der Auswahl in aller Regel auf wenige Kriterien, oft nur auf ein Kriterium konzentrieren. Beliebt ist das Frühstücksbüfett beziehungsweise die Bewertung. Portale im Internet haben dies erkannt und lassen eigens die Verpflegung beurteilen. Stellen Sie sich ein Hotel vor, das

- bestens liegt,
- sehr gut ausgestattet ist (inklusive Wellness-Bereich, Sauna etc.) und
- vergleichsweise günstig ist.

Nur Frühstück bietet es keines an. Dieses Hotel könnte bei Entscheidern mit einer Vorliebe für Frühstücksbüfetts in Hotels mit Sicherheit keine Buchung erwarten.

Umgekehrt: Sind Sie auf den Preis fixiert, spielt die Entfernung zur Innenstadt in der Regel keine Rolle mehr. 3 oder 5 Euro Ersparnis lassen Kunden auf der anderen Seite mehrere Kilometer Mehraufwand in Kauf nehmen.

Der Anker ist ein Fixpunkt, an dem sich viele Entscheidungen orientieren. Ein solcher »Anker« in der Geldanlage ist beispielsweise der Einstiegskurs oder ein einst erreichter Höchstkurs. Er verleitet auch zu Fehlentscheidungen beim Investieren. Typischerweise gibt es verschiedene Varianten der Ankerheuristik:

Der »Hindsight Bias« – die falsche Rückschau: Die falsche Rückschau ist ein interessanter Fehler im Rahmen der Ankerheuristik. Er dürfte so einige Eheprobleme verursacht haben: Grundlage ist die Neigung des Gehirns, nicht als Datenspeicher zu arbeiten, sondern als – permanenter – Datenerzeuger. Das Gehirn konstruiert die Welt jeweils neu. Dies betrifft auch Erinnerungen.

Wer sich an seine eigenen Schätzungen erinnern soll – etwa den Ausgang von Wahlen – wird sich bei der Erinnerung an die eigene Schätzung am tatsächlichen Ergebnis orientieren. Dies zeigen Studien (in anderen Anwendungen). Andere Autoren nennen diesen Effekt den **»Ich-habs-immer-gewusst-Effekt«.**

Sie können dies selbst probieren: Wie oft haben Sie sich in den vergangenen Monaten oder Jahren tatsächlich wesentlich geirrt? Fast sicher: Nie. Das Gehirn lässt nicht zu, dass Sie sich Erinnerungsfehler eingestehen. Es greift zu einem Trick. Auch die Erinnerung selbst bildet sich wieder neu. Dafür gibt es zwei Theorien: Entweder die neue Gedächtnisspur überschreibt die alte vollständig. Oder es existieren zwei Gedächtnisspuren, eine neue und eine, die das alte Urteil betrifft. Beide Gedächtnisspuren konkurrieren nach diesem Verständnis miteinander. In der Folge können

311

Sie bestenfalls mit einem Mischurteil rechnen. Kein Wunder, wenn zwei Menschen sich an gemeinsame Situationen vollkommen unterschiedlich erinnern.

Der Hindsight Bias ist wesentlich bedeutender, als es den Anschein haben mag. So sind in der Justiz Zeugenaussagen in aller Regel selbst bei bestem Wissen und Gewissen niemals objektiv. Der Hindsight Bias erklärt sogar, warum Zeugen oder gar Täter sich bei einem Verbrechen mit zeitlichem Abstand plötzlich neu und anders erinnern.

In der Vermögensanlage ist der Fehler der »korrigierten« Erinnerung allerdings effizienzhemmend, wenn nicht gar gefährlich. Wir haben es immer schon gewusst: der fallende Dax, überzogene Immobilienpreise in Spanien, die Rohstoff-Spekulationsblase - nichts, was uns im Nachhinein überraschen kann. Dies führt leider zur Selbstüberschätzung. Werber knüpfen daran an – mit Wertpapieren, die jeweils auf einzelne künftige Indexstände oder Kurse abzielen. Sie wissen: Dies ist nicht etwa Hindernis, sondern vielmehr Bestätigung für Sie und Ihre hervorragenden Schätzqualitäten.

Tipp: Dokumentieren Sie Ihre Einschätzungen

Vor dem Hindsight Bias können Sie sich kaum schützen. Einzige Möglichkeit: Wenn Sie Situationen einschätzen, machen Sie sich Notizen. Dokumentieren Sie einmal, mit welchen Erwartungen Sie welche Entscheidungen treffen – vielleicht hilft dies, später weniger spontan zu entscheiden.

In der Krise halten Sie sich den Spiegel vor: Wie gut ist Ihre Depotentwicklung während der Internet-Blase 2000 gewesen? Wie viel Geld haben Sie in der Krisenphase 2008 gewonnen? In der Regel werden Sie dort die falschen Entscheidungen getroffen haben. Dies kann auch 2011 passieren.

Das einfache Verschätzen: Diese Falle ist eher ein Trick, der in der Praxis oft angewandt wird. Aus eigenem Erleben weiß ich: Hält Ihnen ein Versuchsleiter oder ein Werbender eine Zahl vor Augen, werden Sie sich regelmäßig daran orientieren.

Ein bekannter Versuch gestaltet sich wie folgt: Multiplizieren Sie die Zahlen 1 bis 8 miteinander und schätzen Sie das Ergebnis. Schätzen Sie – oder Ihr Nachbar – auch das Ergebnis für die Datenreihe 8 bis 1. Das Ergebnis wird sein, dass die Multiplikation von $8 \times 7 \times 6 \times 5 \times 4 \times 3 \times 2 \times 1$ deutlich höhere Schätzresultate bringt als die Zahlen $1 \times 2 \times 3 \times 4 \times 5 \times 6 \times 7 \times 8$.

Probieren Sie es aus. Die Erklärung ist hier der Anker, die kleinen und die großen Zahlen vorne. Diese haben direkten Einfluss auf das Ergebnis der Schätzung.

In der Geldanlage ist der Anker ähnlich effektiv: Je nachdem, welche Zielmarke Sie etwa für einen Index wie den Dax oder den Goldpreis vorgeben, wird sich die Einstellung (das Schätzergebnis) von Befragten verändern. Wenn Sie etwa fragen, ob der Dax am Jahresende über oder unter einer Marke von beispielsweise 7.000 Punkten stehen wird und wo genau er landet, werden die Ergebnisse im Durchschnitt höher sein als bei der Frage, ob der Dax über oder unter 5.000 Punkten landen wird – und wo genau er dann steht. Die Folge kann teuer sein.

Je nach Einstellung zu einer Vermögensart werden Sie investieren oder in eine andere Vermögensklasse wechseln. Beim Goldpreis wird es in der aktuellen Krise besonders deutlich. Sie können den Goldpreis in Euro (niedriger) angeben und betrachten oder in Dollar immer neue Rekordstände ausrufen und so das Potenzial in den Augen von Investoren reduzieren.

Tipp: Einen gewissen Schutz bieten Mehrfach-Kalkulationen

Der Ankereffekt, die intuitive Orientierung an Zahlen, funktioniert immer, leider. Betrachten Sie daher vor größeren Entscheidungen in den kommenden Monaten Ihre Optionen auf jeden Fall von mehreren Seiten. In der Praxis sollten Sie zumindest zweimal kalkulieren. Kommen Sie an verschiedenen Zeitpunkten zu identischen Entscheidungen, wird der Ankereffekt sich reduzieren. Überhaupt: Wenn Sie wie empfohlen in Gold investieren, befreien Sie sich von der Aussicht auf Rekordstände oder ähnlich kleinteiligen Spekulationen. Gold, Silber, Immobilien und Aktien haben eine andere Funktion in der Krise. Sie schützen Ihr Vermögen.

Die falsche Vorstellung: Ein weiterer falscher Anker besteht darin, als Entscheider von idealen Welten auszugehen. Dies wird vor allem bei der Aktien-Analyse oft passieren. Ideale Bedingungen, ein Fortschreiben bisheriger Prozesse und Prognosen sowie stabile Rahmenbedingungen bilden die Voraussetzung für die Vorstellung und Prognose von Unternehmensergebnissen. Genau diese Vorstellung gilt nach der aktuellen Forschung als Anker und beeinflusst damit auch die Wahrnehmung der Realität.

Tipp: Negativ-Szenarien in die Prognose einbeziehen

Der einzige Schutz vor falschen, verzerrten Entscheidungen in diesem Zusammenhang kann nur darin bestehen, vor größeren (!) Entscheidungen auch schlechte Szenarien zu kalkulieren. Sie müssen keine genaue Berechnung vornehmen, vielmehr reicht es, wenn Sie auch schlechtere Ergebnisse erzeugen und somit eine Vielzahl an Ankern schaffen. Dann wird die Entscheidung, die regelmäßig unbewusst fällt, auf solideren Füßen stehen.

---

7. Verarbeitungsfehler

Neben den Heuristiken, die sich oft bewähren, gerade in krisenhaften Zeiten jedoch falsche Ergebnisse und Entscheidungen erzeugen, gibt es weitere Fehlerquellen bei Entscheidungen unter Unsicherheit. Eine prominente, da wirkungsvolle Auswahl finden Sie hier – gerade in kritischen Vermögenssituationen mögen Ihnen einzelne Fehler hoffentlich nicht unterlaufen.

a) »Gamblers Fallacy«

Bekannt ist der sogenannte Trugschluss der Spieler (»Gamblers Fallacy«) vor allem aus dem Spielkasino. Da die Finanzmärkte dieser Tage eher einem Kasino als einem wohlkalkulierten Markt gleichen, wird der Trugschluss auch für Sie als Anleger wichtig.

Stellen Sie sich vor, Sie säßen am Kasinotisch und würden »Farben spielen«, also auf Rot und Schwarz setzen. Die Chance auf Gewinne steht fast bei 50 : 50 – bis auf die »Null« der Spielbank. Zwei, drei, fünf oder sieben Mal hintereinander kommt eine Farbe, beispielsweise Schwarz. Unweigerlich werden Sie vermuten, dass das Schicksal diese Verzerrung bald wieder ausgleichen wird. Irgendwann muss Rot fallen. Wenn Sie dies in eine Anlagestrategie übersetzen, verdoppeln Sie Ihren Einsatz jeweils: Sobald die richtige Farbe – also Rot – kommt, werden Sie einen kleinen Gesamtgewinn erwirtschaften. Nur: Oft bleibt das gewünschte Ergebnis aus.

Die praktische Erklärung dafür lautet: Die Kugel kann sich an die letzte Farbe nicht erinnern. Jeder Versuch startet bei null. Etwas theoretischer: Jede einzelne Farbfolge ist so wahrscheinlich wie die anderen. Rot, Rot, Rot, Rot, Rot kann als Farbfolge genauso oft auftreten wie Rot, Schwarz, Rot, Schwarz, Rot. Erst in der Summe aller Ereignisse wird sich die Verteilung ausgleichen. Mit den einzelnen Farbfolgen hat diese relative Häufigkeit jedoch wenig zu tun.

In der Vermögensentwicklung und -anlage taucht dieser Fehler geradezu in allen Prozessen auf. Fallen die Kurse, finden sich schnell sogenannte Anti-Zykliker, die Verlustserien für unwahrscheinlich halten. So hatte der Dax im Sommer 2011 einen neuen Rekord hinsichtlich seiner Tages-Negativserien aufgestellt. Fünf, sechs Mal hintereinander verlor der Dax und schon mehrten sich die Stimmen, der Trend müsse bald umkehren. Das kann dann passieren, wenn genügend Investoren an die Trendumkehr glauben. In diesem Fall jedoch verlor der Dax elf Mal hintereinander – und vernichtete ein Milliardenvermögen.

Tipp: Ziehen Sie aus vergangenen »Serien« keine Schlüsse

Der berühmte Trugschluss greift nahezu immer. »Irgendwann muss ja mal ...« wird zu den beliebtesten Annahmen zählen. Nichts davon stimmt: Ziehen Sie aus vergangenen Ereignissen Ihre Schlüsse, orientieren Sie sich dabei aber an den Fakten – und nicht an statistischen Serien, wenn es um Anlagen in der Krise geht.

---

b) Das trügerische Selbstbewusstsein

In der Fachsprache heißt diese Falle »Overconfidence« (Selbstüberschätzung). Dieses Phänomen beschreibt unsere Neigung, unsere Fähigkeiten, unser Wissen und unsere Erfolge zu überschätzen. Ein einfaches Beispiel aus der Praxis:

Was meinen Sie – fahren Sie besser oder schlechter Auto als andere Verkehrsteilnehmer?

Auf diese und ähnliche Fragen antworten in den verschiedensten Studien deutlich mehr als 50%, sie würden besser fahren als der Durchschnitt. Logisch ist dies unmöglich. Maximal 50% können besser fahren als die anderen 50%.

Ein anderes Beispiel ist die Sicherheit, mit der verschiedene Annahmen begründet werden. Fragen Sie etwa nach der Sicherheit bei der Wegbeschreibung, könnte der Befragte mit 100% oder 80% antworten. Studien zeigen: Die tatsächlichen Ergebnisse sind durchweg niedriger, als die Schätzungen vorgaben.

Die Anwendung in der Geldanlage liegt nahe. Schätzen Sie die Entwicklung der Immobilien-, Gold- oder Aktienpreise. Sie werden die Sicherheit überschätzen, mit der Sie Ihre eigenen Prognosen belegen. Ein Grund dafür ist wiederum die selektive Wahrnehmung. Das Gehirn als Deutungsmaschine weiß sehr genau, dass es nur die richtigen Informationen braucht, um sich die eigene Schätzung schönzurechnen. Vorkehrungen können Sie auch in diesem Fall treffen – ohne 100%igen Schutz.

Tipp: Entwickeln Sie ein gesundes Misstrauen gegen eigene Einschätzungen

Wenn Sie grundsätzlich davon ausgehen, dass Sie Ihre Fähigkeiten überschätzen und sich im Zweifel sogar falsch erinnern werden, misstrauen Sie sich. Tauschen Sie Ihre Erwartungen mit der Familie, den sonstigen Verwandten, mit Freunden und Bekannten aus. Bei größeren Investitionsvolumina werden Fehler in den kommenden Jahren teuer werden. Sofern Sie sich beispielsweise für einen begnadeten Aktien-Investor halten, der immer die richtigen Einzeltitel aus mehreren Tausend Optionen herausgefischt hat, ist dies wahrscheinlich. Entscheidend für den Erfolg wird die Anlageklasse »Aktien« an sich sein. Investieren Sie im Zweifel weniger spekulativ, sondern besser in börsenhandelbare Fonds, die eine größere Streuung bieten.

---

c) Ein Trost: Der Fehler, der nicht schadet

Wenn Sie sich mit Spezialisten für »Behavioural Finance« unterhalten, werden diese unter anderem die sogenannte »Ambiguität« als Fehler bezeichnen. Dies beschreibt unsere Unfähigkeit, unklare Wahrscheinlichkeiten zu ertragen. Also Unsicherheiten, die wir selbst nicht mehr einschätzen können.

Ein Rechenbeispiel dazu: Sie gewinnen, wenn Sie aus einer Urne (die bei statistischen Versuchen gerne herhält) eine weiße Kugel ziehen. Sie wissen, dass die Urne zehn weiße und zehn schwarze Kugeln enthält. Die Gewinnwahrscheinlichkeit beträgt somit genau 50%.

Sie können aber auch ein Spiel wählen, in dem Sie ebenfalls gewinnen, wenn Sie die weiße Kugel ziehen. Im Unterschied zum Ursprungsziel jedoch wissen Sie nicht, wie schwarze und weiße Kugeln verteilt sind. Das Verhältnis kann von 20:0 bis 0:20 reichen. Achtung: die meisten wählen in dieser Situation Spiel 1.

Die Wahrscheinlichkeit des Gewinns ist jedoch im zweiten Spiel nicht geringer als 50%. Da jede Verteilung möglich ist, sind Schwarz und Weiß gleich wahrscheinlich. Die Unklarheit über die Unsicherheit jedoch ertragen wir nicht und wählen daher die scheinbar sicherere Variante 1. Dieser Rechenfehler spricht gegen unsere Fähigkeiten als »Rechengenie«. Aber:

Tipp: Das ist ein »Fehler«, der Ihnen nicht schadet

Behalten Sie diesen »Fehler« bei. Es gehört zu den angenehmen Seiten des Lebens, wenn sich Ihre Unsicherheit reduziert. Daher ist dies bereits ein Wert an sich – auch und gerade in der weiter um sich greifenden Unsicherheit der Finanzmärkte.

Übersetzt in einen Handlungsplan empfiehlt der Autor dieser Seiten: Investieren Sie lieber in Deutschland, wenn Sie hier bessere Kontrollmöglichkeiten vermuten. Vermögensverwalter und -berater warnen oft davor, dass sich »Klumpenrisiken« bilden und Sie besser international investieren sollten. Fachlich ist dies falsch, weil deutsche Großunternehmen auch international vertreten sind und Ihre Anteile daher auch im Ausland arbeiten. **Und Sie fühlen sich sicherer – weil Sie die Unsicherheit über die Unsicherheit reduzieren. Richtig so.**

d) Das »Mental Accounting« – lügen Sie sich nicht in die eigene Tasche

Eine beruhigende Variante bei der Verarbeitung menschlicher Fehlentscheidungen hat unser Gehirn mit dem »Mental Accounting« entwickelt. Diese Falle sorgt dafür, dass wir Vorgänge und Ergebnisse getrennt voneinander verbuchen, wenn es gerade passt. Sie werden den Effekt aus der Lebensführung kennen.

Stellen Sie sich Ihren letzten Urlaub vor, den Sie für eine bestimmte Summe gebucht hatten. In der Regel wird der Urlaub deutlich teurer als ursprünglich gedacht. Vor Ort kommt der Mietwagen hinzu, das eine oder andere ungeplante Essen, der Kleiderkauf. Schnell sind wir dabei, vor Ort diese Konsumsucht zu rechtfertigen – die wir uns im Alltag so nie gönnen würden.

Alles wird verbucht unter »Urlaub«, unter »verdienten und einmaligen« Ausgaben, auf irgendeinem »Wohlfühlkonto«. Wir unternehmen alles, um die Ausgaben noch vor Ort aus den normalen Bewertungsprozessen herauszunehmen – und verlieren dabei sowohl die Übersicht als auch viel Geld.

Exakt so kann es auch in Vermögensentscheidungen zu Problemen kommen: Verluste werden anders verbucht als Gewinne. Dies ist ein Grund dafür, dass wir Verluste eher aussitzen werden, als Gewinne laufen zu lassen. Wer 30 % verliert und über weitere Verlustgefahren nachdenkt, zuckt meist mit den Schultern. Weitere 5 %, 10 % oder 20 % spielen angeblich keine Rolle mehr. Bei Gewinnen jedoch werden wir knauserig. Kaum jemand erträgt es, wenn die heißgeliebten Buchgewinne schrumpfen. Sie werden schneller Positionen auflösen, um diese einzelnen Entscheidungen noch in glänzendem Licht zu belassen – garantiert. Denken Sie dann über die Erfolge der eigenen Vermögensentscheidungen nach, werden Sie das Konto der »Gewinner« stets präsenter haben als das Konto der »Verlierer«. Noch schlimmer: Verluste verbuchen wir gelegentlich als notwendige »Erfahrung«. All das aber können wir uns in den kommenden Jahren nicht mehr leisten. Hier hilft alles nichts:

Tipp: Buchführung bewahrt vor Fehlentscheidungen

Die einzige dauerhafte Lösung ist eine genaue Buchführung. Halten Sie Ihre Entscheidungen fest, schreiben Sie alles auf. Dies fängt beim Haushaltsbuch an und hört in der reinen Geldanlage an Aktienbörsen auf. Führen Sie auch bei Immobilien genau Buch: über Renovierungskosten, über notwendige Rücklagen und Steuern. Nur so kommen Sie zu realistischen Einschätzungen und damit besseren Entscheidungen in der Zukunft.

---

e) Die Kontrollillusion

Eine bekannte Falle im Zusammenhang mit der Selbstüberschätzung ist die sogenannte Kontrollillusion. Charakteristikum dieser Falle im psychischen Apparat, wie Sigmund Freud unser Verhalten und unsere Wahrnehmung nannte, ist wiederum die Deutungsmaschine, die unser Gehirn darstellt. Oder genauer: die Deutungskonstruktion, die sich immer wieder neu die Wirklichkeit zusammensetzt.

Dies lässt uns auch glauben oder zumindest wünschen, die Zukunft zu kennen und unter Kontrolle zu bekommen. **Dieses *Kontrollbedürfnis* ist einer der Wesenszüge von Menschen bei der Bewältigung der Existenz.** Auch und gerade in der aktuellen Krise nur zu verständlich, allein, dies ist eine Illusion. Wir denken uns Kontrolle, haben aber keine. Auch diese Falle äußert sich in ganz praktischen Dingen.

Wir erklären uns Ereignisse rückwirkend, sodass wir Erklärungen gewinnen, von denen wir glauben, dass sie auch in Zukunft gültig sind. Nehmen Sie als Beispiel Sportler-Interviews nach verlorenen

Wettkämpfen oder Politiker-Interviews nach Wahlen. Erklärungen sind schnell zur Hand – und damit der Glaube, die Situation in Zukunft im Griff zu haben.

So funktioniert auch unsere Börsenwahrnehmung. Sinkende Kurse können wir fast immer erklären, Immobilienblasen, Rohstoffverluste und so fort. In aller Regel jedoch ist die Welt so komplex, dass eine Erklärung nicht reicht. Millionen von Marktteilnehmern bestimmen die Preise, denken Sie daran.

Vorhersagbarkeit: Prognosen sind unsicher, besonders, wenn sie die Zukunft betreffen. So lautet das Bonmot, das neben Mark Twain noch verschiedenen klugen Köpfen zugeschrieben wird. Im Kern stimmt die Aussage: Prognosen sind so unsicher, dass wir Situationen bevorzugen, die wir scheinbar kontrollieren können. Dies erklärt die Vorliebe für Lebensversicherungen oder Sparbriefe bei Geldinstituten – das gute Kontrollgefühl bezahlen wir mit enormen Renditeverlusten.

Einflussnahme: Wenn wir unterstellen, dass uns alle das Bedürfnis nach Kontrolle treibt (deshalb auch die Deutungsmaschine »Gehirn«), liegt nahe, dass vor allem der Einfluss auf Situationen oder der scheinbare Einfluss maßgeblich für das Wohlbefinden sind. Wer glaubt, Prozesse zu beherrschen, wird allein deshalb schon diese Situationen und Handlungsweisen bevorzugen.

So erklären sich unzählige Rituale, mit denen eine scheinbare Ordnung immer wieder aufs Neue hergestellt wird. Dies fängt an beim Morgengebet Gläubiger und endet in der Datensammelflut ganzer Staaten. Zu den drastischsten Auswüchsen des verfehlten Kontrollbedürfnisses zählt sicher die permanente Regelsuche, gerade auch in der Geldanlage.

Schlagen Sie Zeitungen und Analysen auf. Niedrige Zinsen gepaart mit hohen Volumina an den Aktienbörsen treiben die Kurse nach oben, so der Glaubenssatz. Der wird zwar nicht immer funktionieren, weil nicht alle Anleger informiert sind, aber er befriedigt zumindest das Kontrollbedürfnis. Oder nehmen Sie die berühmten Faustformeln, etwa jene, mit denen Vermieter sich ihre Mietparteien aussuchen. Die Regeln betreffen dann Alter, Beruf, Familienstand – in der Annahme, diese dürren soziodemografischen Daten würden die Persönlichkeit widerspiegeln. Sehen Sie sich Täterbeschreibungen nach Amokläufen an: Die Hauptsache scheint zu sein, von irgendeinem einheitlichen »Profil« ausgehen zu können, das womöglich in Zukunft die Identifikation der Täter schon vor dem eigentlichen Amoklauf ermöglicht.

Das Kontrollbedürfnis treibt uns um – es kann allerdings zu stark vereinfachten oder sogar zu falschen Entscheidungen führen. In den kommenden Monaten und Jahren werden Sie voraussichtlich stark steigende Preise (= Preisinflation) erleben. Eine der Lehrmeinungen dazu lautet, Gold würde nicht helfen, wie die Geschichte angeblich beweise. Danach hat Gold in Inflationsphasen etwa 1,5 % bis 2 % zugelegt, in realen Preisen wohlgemerkt. Die daraus folgende Empfehlung könnte lauten: Kaufen Sie kein Gold, wie es übrigens seit langen Jahren bereits die Standardmeinung in den Medien ist. Im Nachhinein – siehe die rückwirkenden Erklärungen – will es niemand so gesagt haben. Jedenfalls dient die Faustformel vom fehlenden Zusammenhang zwischen Gold und Inflation dem etwas denkfaulen Gehirn, das da meint, die Zukunft zu »kontrollieren« mit derart unreflektierten Aussagen. Die Wahrheit sieht anders aus: Anders als in allen vorhergehenden historischen Phasen steht aktuell die gesamte Weltwirtschaft inklusive aller Währungen vor einem starken Umbruch. Nahezu sämtliche Währungen verlieren gegenüber Gold – nur in der Rechnung gegeneinander sehen einige Währungen naturgemäß stärker aus als andere. **Kurzfristige Geldanlagen orientieren sich daher gerne an scheinbaren Erholungen etwa des Dollars dem Euro gegenüber oder umgekehrt.**

Die nachträgliche Rechtfertigung: auch dabei geht es um die Kontrolle der Entwicklung sowie der Zukunft. Wer Fehler rechtfertigen kann, behauptet gleichzeitig, die Kontrolle über die Ereignisse zu haben und künftig zu nutzen.

Wer die falschen Entscheidungen etwa beim Kauf von Aktien getroffen hat, weil die Kurse gefallen sind, kann diese Entscheidungen auf die falschen Kennzahlen oder Ratgeber zurückführen. Solange eine Erklärung existiert, werden Investoren behaupten, diesen Fehler künftig auf keinen Fall mehr zu begehen.

Die Grundlagen der Fehlentscheidungen sind allerdings in der Regel andere. Wer sich diese Fehler nicht eingesteht, wer nicht mit der Unsicherheit leben kann, wird auch vermeidbare Fehler immer wieder begehen. Daher auch hier der Rat: Führen Sie ein Tagebuch – oder eine Aufzeichnung in einem anderen Rhythmus –, um die Entscheidungsgrundlagen nicht im Nachhinein zu verfälschen.

Die Determinantenfalle: Wer die Determinanten, also die verantwortlichen Faktoren für eine Entwicklung kennt, kann auch den Verlauf der Entwicklung bestimmen und »kontrollieren«. Das Kontrollbedürfnis also führt dazu, dass wir als Menschen die Determinanten stets zu kennen glauben. Dies betrifft sowohl die Wetter- als auch die Wirtschaftsforschung. Aber: Kein Mensch, ob Forscher oder Anwender, wird alle Determinanten komplexer Systeme kennen.

Verabschieden Sie sich von dieser Vorstellung, auch wenn dies zunächst scheinbar zu mehr Hilflosigkeit führt. Unsicherheiten gehören nicht nur zu Vermögensentscheidungen, sondern zum Leben insgesamt. Diese Unsicherheiten können Sie durch geeignete Verfahren allenfalls reduzieren.

Die Wahrheit also lautet: Wir haben mehr Kontrolldefizite als unser Kontrollbedürfnis zulässt. Ein Vorteil dieser Erkenntnis: Sie reduzieren Ihr Risiko. Die Forschung kennt den Zusammenhang zwischen Risikobereitschaft und Kontrollillusion. Je höher die scheinbare Kontrolle, desto größer ist das Risiko, das Investoren eingehen. Umgekehrt: Sie werden mit Kontrolldefiziten zu größerer Vorsicht neigen – und eventuell geeignetere Verfahren zur Kalkulation anwenden.

Gerade in den nächsten Phasen der Krise werden wir Abschied nehmen müssen von der Vorstellung, alles unter Kontrolle zu haben. Sie können sich auf die verschiedenen Szenarien nur mit möglichst geeigneten Strategien einstellen, die den unterschiedlichen Wahrscheinlichkeiten gerecht werden und die ein möglichst breites Spektrum möglicher Szenarien abdecken. Beispiele dafür finden Sie in den Abschnitten mit konkreten Empfehlungen.

Der Einfluss des Rahmens – eine Anwendung: Wie Sie auf den vorgehenden Seiten gesehen haben, legt unser Gehirn uns fortlaufend rein oder spielt uns Streiche. Als Deutungsmaschine konstruiert es sich und uns die Welt so, wie es sie sehen will.

Diese Deutung wird im Wesentlichen durch zwei Faktoren beeinflusst: Durch die eigenen Erfahrungen, also einzelne Situationen und die Bewertungen derselben, auf der einen Seite. Auf der anderen Seite durch den »Rahmen«, in dem sich Situationen präsentieren. Der Einfluss der Darstellung und deren Folgen ist in zahlreichen Studien nachgewiesen worden. So fällt die Wahl zwischen Handlungsmöglichkeiten bei Krankheiten unterschiedlich aus, je nachdem, wie die Folgen präsentiert werden:

- Eine bestimmte Operation kann in 80 % der Fälle todkranker Patienten Linderung bis hin zur Heilung bringen. Oder:
- Dieselbe Operation führt in 20 % der Fälle zum vorzeitigen Tod.

Dies ist das Grundmuster dieser Studien. Die beiden zu testenden Gruppen entscheiden sich – bei ein und demselben Sachverhalt – jeweils unterschiedlich.

Zur Geldanlage gibt es ebenso interessante Ergebnisse (vgl. hierzu Götte, Rüdiger, Finanzgenie oder Bankrotteur – wie psychische Effekte an der Börse wirken, ibidem-Verlag Stuttgart, 2006, S. 54) So haben Bankberater ihren Kunden folgende Frage(n) gestellt:

- Wie wollen Sie (Investoren) Ihr Vermögen zwischen Aktien und Anleihen aufteilen?

- Wie wollen Sie Ihr Vermögen zwischen nationalen Aktien, internationalen Aktien und Anleihen aufteilen?

Das Ergebnis zur Frage eins: Die Aufteilung lautete etwa 60% Anleihen-Investition gegenüber 40% Aktien-Investition. Das Ergebnis zur Frage zwei: Die Aufteilung lautete 50% Aktien und 50% Anleihen. Die 50% Aktien-Investition teilte sich zu 60% auf inländische und 40% ausländische Aktien auf. Das Depot sah also so aus: 50% Anleihen, 30% inländische Aktien, 20% ausländische Aktien.

Das »Framing« finden Sie bereits auf einer der vorhergehenden Seiten unter dem Stichwort falsche Wahrnehmungen.

f) Das Herdenverhalten

Auch wir Menschen sind Herdentiere – selbst wenn dies unser Selbstbewusstsein so nicht wahrhaben möchte. Dies ist aus der Massenpsychologie bekannt: So entstehen Massenbewegungen mit irrationalen Auswüchsen, so entstehen auch Blasen in der Geldanlage, die aus der reinen Bewertung der Vermögenspositionen nicht entstehen dürften.

Viele von Ihnen werden sich an die »Internetblase« im Jahr 2000 erinnern, in der Technologie-Werte weit jenseits jeder realistischen Bewertung nach oben getrieben wurden. Die Aktie der Deutschen Telekom – dem Status nach eine Substanz-Aktie – stieg auf einen Kurswert von mehr als 100 Euro. Seit Jahren bereits notiert die Aktie um etwa 10 Euro herum – bei ähnlichem Geschäftskonzept und hohen Marktanteilen.

Auch die Immobilienblase in den USA ist ein Massenphänomen gewesen. Bekannt ist, dass etliche Mittelstandshaushalte sich Immobilien leisteten, die sie sich bei Lichte betrachtet nie hätten leisten können. Die Finanzierung durch die Banken belief sich teils auf mehr als 100% der Kaufsumme – auch dies sicher ein Massentreiber.

Massenbewegungen beinhalten nach Begründern wie Gustave LeBon oder Sigmund Freud im Kern zwei Verhaltensweisen:

- Imitation
- Ansteckung

Die Imitation beschreibt, wie wir als Einzelne Verhaltensweisen entweder der Massen oder einzelner Helden der Bewegung kopieren, ohne eigene Vorstellungen zu berücksichtigen. Dies ist in der Menschheitsgeschichte oft vorteilhaft gewesen, weil sich erfolgreiche Verhaltensweisen schnell verbreiten konnten. Alleine die Produktionstechniken der vergangenen Jahrtausende sind auch aus Massenbewegungen heraus entstanden. Auch in der Geldanlage kann die Imitation sinnvoll sein. Wer auf die richtigen Verfahren zur Aktienbewertung zurückgreift, wer die Informationen von Rating-Agenturen nutzt und das Verhalten von Versicherungen gegenüber herabgestuften Anleihen adaptiert, nutzt das Wissen anderer kostenfrei und effizient. Ohne diese Technik wäre kein Investor imstande, auch nur Daumenregeln für die Beurteilung von Anlagen zu entwickeln.

Auf der anderen Seite führt die Imitation dazu, Verantwortung an die Masse, an Ideen oder einzelne »Führer« abzugeben. Da wir die Konsequenzen unseres Handelns jedoch selbst tragen müssen, entstehen regelmäßig Dramen.

Bedenken Sie: die Konsequenzen tragen Sie in aller Regel direkt oder indirekt selbst. Die Verantwortung für Entscheidungen können Sie nicht delegieren, auch nicht an übergeordnete Ideen. Das heißt für die nächsten Jahre ebenso: Sie werden ein immer intensiveres Auf und Ab an den Anlagemärkten erleben, allein die Zins- und Geldpolitik der Krisenstaaten sorgt für enorme wandernde Kapitalströme.

Wohin auch immer das große Kapital sich bewegt, dort werden Kurse und Preise steigen. Entscheiden Sie sich hingegen für Ihre eigene Strategie, orientieren Sie sich – wenn es um Ihren langfristigen

Vermögensschutz geht – nicht an den Modetrends. Ohne Strategie und klare Vorstellungen werden Sie Massenphänomenen schnell zum Opfer fallen.

> **Tipp: Legen Sie Ihre Strategie fest und verfolgen Sie sie konsequent**
>
> Um der Imitation in Vermögensentscheidungen zu entgehen, brauchen Sie eine Strategie. Diese halten Sie am besten schriftlich fest. Sobald die Märkte anfangen, Massenbewegungen auszubilden, greifen Sie auf Ihre Dokumentation zurück. Sie erkennen Massenbewegungen daran, dass die Handelsaktivitäten zunehmen. Die Schwankungen der Preise oder Kurse nehmen zu, vor allem aber der Umsatz an den Märkten. An den Aktienmärkten können Sie sich die Umsätze über Portale wie www.finanzen.net oder www.onvista.de zeigen lassen. Vergleichen Sie die Umsätze mit Umsätzen aus vergangenen Jahren. Es reicht nicht, Umsätze tageweise zu vergleichen. Diesen Fehler allerdings begehen auch Journalisten oft. Vor wichtigen Entscheidungen lohnt sich der Aufwand.

Ähnlich gefährlich wie die Imitation ist die Ansteckung mit Ideen – gerade an den Finanzmärkten. Die »Macht des Schwarms« oder die »Schwarmintelligenz« ist laut Ansicht einiger Autoren sogar ein positiver Effekt der Ansteckung mit Ideen. Das aber ist ein folgenschwerer Irrtum – gerade in turbulenteren Zeiten.

Eines der brisantesten Negativbeispiele ist die US-Immobilienblase, die bis nach Deutschland wirkte: Banken bündelten damals die ausstehenden Kredite amerikanischer Privathaushalte in Anleihen. Deutsche Investoren wie Banken bis hin zu Stadtkämmerern kauften genau diese Anleihen, weil diese leicht höhere Zinsen brachten. Scheinbar abgesichert durch Banken, deren Kredite und die zugrunde liegenden Immobilien schienen diese Anleihen eine einfache Methode, 1 bis 2 Prozentpunkte mehr ohne größeres Risiko einzunehmen. Heute klagen Kämmerer gegen Banken, die sie in diese

> **Tipp: Meiden Sie Mode-Investments**
>
> »Ansteckung« steht hier für Modeinstrumente, Modethemen und Modebegriffe. Also aktuell für das Jahr 2012 beispielsweise Garantie-Produkte. In anderen Phasen sind es Neuemissionen oder BRIC-Investments. Notieren Sie in Ihren Zielen, welchen Ideen und Anlageformen Sie nachgehen wollen und konzentrieren Sie sich darauf. Lehnen Sie damit jedwede Moden ab, wo immer möglich.

Investments getrieben hätten. Die Experten aus den Kommunen, in denen Sie und ich wohnen, als falsch beratene Opfer? Meiner Meinung nach waren sie in erster Linie Opfer ihrer eigenen Fehler – Opfer der »Ansteckung« mit einer wahnwitzigen Idee. "There is no free lunch", wissen die Amerikaner: Mehr Rendite schenkt Ihnen niemand ohne mehr Risiko.

8. Ein abschließender Hinweis

Kenntnis schützt vor Fehlern nicht – diese Erfahrung machen nicht nur private, sondern auch professionelle Investoren immer wieder. Aber: Gegen einige Fehlentscheidungen können Sie sich schützen – und das, was Sie hier gelesen haben, wird Ihnen hoffentlich dabei helfen.

Gerade in der schwelenden Krise wird es schwieriger werden, klaren Kopf zu bewahren und meist interessegebundenen Ratschlägen, wie von Versicherungen oder Banken, eine Absage zu erteilen. Am einfachsten ist es, wenn Sie Buch führen – eine nicht immer spannende, aber wirkungsvolle Maßnahme. Schreiben Sie auf, was Sie wann entschieden und gekauft haben und welche Ziele diese Positionen stützen sollten. Haben Sie sich beispielsweise einmal für die Langfristanlage »Aktie« entschieden, machen Sie es wie Warren Buffett – am liebsten »ein Leben lang« würde der Großmeister der Geldanlage seine Aktien halten, ob die Kurse nun steigen oder fallen. Übereilen Sie nie etwas. Denn: Der größte aller Fehler in der strukturellen Geldanlage, noch dazu in der Finanzkrise, ist die schnelle Entscheidung. Sie mag gut sein für Trader. Wenn Sie sich aber gegen eine Krise mit ungewissem Verlauf schützen wollen, entscheiden Sie besser gründlich und nie schnell.

Deshalb: Führen Sie Buch – und orientieren Sie sich an den damals notierten Zielen, wenn Sie zweifeln. Und: Bevor Sie schwerwiegende Entscheidungen treffen, schlafen Sie eine Nacht drüber. Es gibt keine Aktie, keinen Optionsschein und auch keine Immobilie, die es wert wäre, einen bedeutenden Anteil am eigenen Vermögen schnell aufs Spiel zu setzen. Optimales Timing gibt es sowieso nur als statistische Ausnahme. Lassen Sie sich Zeit und notieren Sie sich alles. Und nochmals zum Schluss: Es gibt keine Zukunftsforscher, die den Weltenlauf kennen – auch in der Krise nicht. Zweifeln Sie daher. An anderen, an sich, an allen Prognosen. Stellen Sie sich stets zwei Fragen:

a) Wer empfiehlt Ihnen da etwas und warum? Und b) Was passiert, wenn alles anders läuft?

Das Ergebnis dieser Fragen wird sein – so ist es jedenfalls in aller Regel – dass Sie sich für Vorsicht und eher für solide Sachwerte entscheiden werden. Sie werden so zwar nicht zum Renditekönig, dafür werden Sie aber die Krise überstehen.

Resümee

Die Proteste, die seit September 2011 in den Welthandelszentren stattfinden und ihren Ausgang in New York nahmen, zeigen das zunehmende und durchaus verständliche Unbehagen einer breiten Schicht über die wirtschaftliche Entwicklung und die sich entfaltenden finanziellen Zwänge. Obwohl dieses Gefühl weit verbreitet ist, fehlt jedoch den Demonstrierenden oft der Blick auf globale Zusammenhänge.

Hohe Boni von Bankangestellten, Gier, Bestechlichkeit, Korruption, Insiderhandel, **leichtfertige oder betrügerische Kreditvergabe, ungedeckte Leerverläufe und Anlegertäuschung sind zwar kritikwürdig, aber** nur oberflächlich die Ursachen für die sich ausbreitende Finanzkrise. Selbst die amerikanische Hypothekenkrise, der Beinahe-Kollaps des Finanzsystems 2008/2009 und die Finanzierungskrise europäischer Staaten sind nicht der Urgrund der Krise. Es ist zudem wenig sinnvoll, Bankangestellte anzupöbeln.

Im Zentrum der Betrachtung sollte Natur und Wesen des Kredites stehen. Da im modernen Geldsystem alles Geld durch Kreditvergabe entsteht und durch Tilgung wieder verschwindet, kommt den Banken als Produzenten des Kreditgeldes eine Schlüsselfunktion zu. **Deshalb sind auch die Bestrebungen, Investmentbanking und normales Bankgeschäft zu trennen sowie die Eigenkapitalvorschriften zu verstärken, durchaus zielführend.**

In diesem Buch wurde gezeigt, wie die Finanz- und Weltgeschichte unauflösbar mit Wellen von Kreditexpansion und Kreditkontraktion verwoben ist. Nicht Eigentum, Märkte oder das Streben nach Einkommen und Gewinn sind das Merkmal Nummer eins des Kapitalismus, sondern Geld, das durch Kredit erzeugt wird.

Das wirtschaftliche Auf und Ab der Wirtschaftsgeschichte ist dadurch gekennzeichnet, dass die Volumen aller Kredite schneller wuchsen als die Wirtschaftsleistung und dann wieder schmerzhaft (relativ zur Wirtschaftsleistung) zurückgingen, was in der Folge die wirtschaftliche Nachfrage bremste. Neben den konjunkturellen Schwankungen existieren regelrechte Kredit-Megazyklen, die historisch jeweils etwa 50 bis 60 Jahre dauerten.

Ob die Hintergründe dieser langfristigen Kreditzyklen wiederum in Innovationen oder extremer Kapitalakkumulation oder in fehlendem politischem und unternehmerischem Langfristdenken oder schlicht in den Grenzen des wirtschaftlichen Wachstums zu suchen sind, dürfte auch unter Experten sehr umstritten sein.

Fakt scheint: Die Weltwirtschaft ist nun dabei, den ausgeprägtesten Zyklus der Wirtschaftsgeschichte zu beenden. Die Kreditvolumen erreichen in den etablierten Industrieländern ein Niveau, das im Verhältnis zur Wirtschaftsleistung nicht mehr ausgedehnt werden kann. Der Gesellschaft wird die Erkenntnis, dass ein Teil des bisherigen Wohlstands auf Kredit finanziert war, bitter schmecken. **Nicht nur, dass die Deregulierung des Bankensystems ein Rohrkrepierer war,** auch staatliche Leistungen hätten wohl niemals dauerhaft über Kredite (Haushaltsdefizite) finanziert werden dürfen, sondern nur mit direkten Steuern. Der Weg zurück **zu einem nachhaltigen Gleichgewicht** wird hart. Auch alle Alternativen zum vorsichtigen Gürtel-enger-Schnallen sind mit Tücken besetzt. Wir dürfen nicht vergessen: Alles Geld ist mit unseren Schulden gedeckt.

Sie haben auch einige denkbare Szenarien kennen gelernt − eine Zukunft, in der eine globale Deflation ebenso wie Hyperinflation, Staatsinsolvenzen, Währungs- und Handelskonflikte oder auch militärische Konflikte eine tragende Rolle spielen könnten. Was immer auch kommt, es bleibt die hoffnungsvolle Perspektive eines anschließenden neuen globalen Wirtschaftszyklus.

Das ambitionierte Ziel dieses Buches war es, den »normalen« Bürgern einen Einstieg in die ökonomische Gedankenwelt zu ermöglichen. Schließlich erfordern die immer drängender werdenden ökonomischen Fragen unserer Zeit in einer Demokratie ein Verständnis für wirtschaftliche Zusammenhänge. Wenn dies gelungen ist, dann würde uns das freuen. Ausgehend davon werden Sie es wesentlich leichter haben als andere, Ihr Wissen zu vertiefen und die kommenden Jahre unbeschadet zu überstehen.

In diesem Sinne

Ihr

Markus Lindermayr   Janne Jörg Kipp

STICHWORTVERZEICHNIS